이벤트 소싱과 마이크로서비스 아키텍처

이벤트 소싱과 마이크로서비스 아키텍처

성공적인 이벤트 기반 시스템 구축하기

손경덕 지음

i!i
에이콘

 에이콘출판의 기틀을 마련하신 故 정완재 선생님 (1935-2004)

클라우드는 IT 전반에 크고 작은 변화를 일으키고 있습니다. 클라우드 인프라 분야는 기존의 인프라와는 전혀 다른 환경으로 변신하고 있고, 그에 따라 인프라 엔지니어들의 활동은 다양한 하드웨어와 솔루션을 직접 다루는 방식에서 벗어나 구성 정보를 변경하고 조정하는 방식으로 변하고 있습니다. 자원을 제약하던 조건은 점점 사라지고 있고, 한 명의 엔지니어가 다룰 수 있는 자원 스케일의 경계는 하루가 다르게 확장되고 있습니다.

클라우드가 IaaS^{Infrastructure as a Service}를 지나 올 때는 하드웨어 구성을 자동화하는데 집중했습니다. 2024년 진행 중인 PaaS^{Platform as a Service} 스타일 클라우드에서는 애플리케이션의 운영환경 표준화와 자동화를 목표로 하고 있습니다. 이 목표를 마무리하고 나면 SaaS^{Software as a Service} 클라우드에서는 애플리케이션과 인프라가 매듭없이 하나가 돼 돌아갑니다. 미래의 애플리케이션은 적은 개발 비용, 짧은 개발 기간, 원하는 서비스만 구독, 최적화 운영 등과 같은 소프트웨어의 이상을 실현할 수 있습니다.

PaaS 단계 이후 애플리케이션 인프라는 운영체제를 기반으로 하는 단순 서버가 아니라 자유롭게 자원할당과 해제가 가능한 유연한 플랫폼으로 진화하고 있습니다. 그 플랫폼의 핵심은 경량 컨테이너와 그 컨테이너를 조율하고 조정하는 오케스트레이션이며, 이를 위한 다양한 오픈소스 소프트웨어들이 등장하고 있습니다.

클라우드가 가져온 거대한 흐름 속에서 기업은 IT를 통한 사업 민첩성^{Business agility}을 확보할 수 있는 기회를 잡기위해 디지털 전환^{Digital transformation}을 시도하고 있습니다. 새로운 기술은 끝없이 등장하고 있고, 그런 흐름의 끝에서 AI는 IT 분야 뿐만 아니라 사회 전 분야를 변화의 소용돌이 속으로 안내하고 있습니다.

충격과 같은 변화 속에서 소프트웨어 개발자들은 마이크로서비스 방식의 설계로 대응하고 있습니다. 우리는 새로운 아키텍처 스타일을 MSA^{Microservices Architecture}라고 부릅니다. 모노리스에 대응하는 개념으로 등장했지만, 새로운 개념은 아닙니다. 소프트웨어 설계를 이끌어 오던 "관심사 분리" 기반의 "모듈화"가 그 정점에 이르렀을 뿐입니다. 클라우드로의 변화에 애플리케이션 개발자들은 MSA로 맞장구를 치며 SaaS 세계를 향해 진화하고 있습니다.

MSA 스타일 설계를 지원하는 다양한 소프트웨어 기술들이 있습니다. OOAD$^{\text{Object Oriented Analysis and Design}}$, DDD$^{\text{Domain-Driven Design}}$, EDA$^{\text{Event-Driven Architecture}}$, 실시간 추적, 마이크로서비스, 마이크로앱 등은 마이크로 특성을 위한 기술들이며, 멀티-테넌트, 테넌트별 작업공간, 표준 프로그래밍 모델, 구독과 과금, 앱스토어 등은 SaaS를 지향하는 기술들입니다. 마이크로서비스는 MSA를 가능하게 하는 핵심 기술입니다. 그런데 마이크로서비스를 가능하게 하는 기술이 EDA입니다.

마이크로서비스 아키텍처에서 이벤트 기술을 바라보는 다양한 관점이 있습니다. 빠른 메시지 송수신, 새로운 로그수집 방식, 단방향 협업, 비동기 메시징, 사건기록방식 정보관리 등 어떤 관점은 기술이고 어떤 관점은 용도입니다. MSA는 이벤트 기술을 의존성이 발생하는 API 방식 협업을 대체할 효율적이며 빠른 협업 방식으로 바라봅니다.

하지만, 이벤트 기술의 뿌리를 따라 올라가면 거래(이벤트)를 기록하고, 특정 기간의 거래를 합산하여 중간값을 계산하는 전통적인 장부기반의 정보관리에 이르게 됩니다. 현재의 거래에 초점을 두고, 최종 상태는 계산을 하여 얻는 방식입니다. 반면 현대의 애플리케이션 기록방식은 최종 상태에 초점을 두고 있습니다. 최종 상태가 아닌 개별 거래를 중심으로 정보를 관리하도록 설계하는 것을 이벤트 소싱$^{\text{Event sourcing}}$이라고 합니다. 이런 방식은 상태 업데이트 개념 없이 추가에 집중하므로 대용량 거래에서 빠른 성능을 보여줍니다. 대신 최종 상태를 계산하는 과정이 필요하다는 약점이 있습니다.

이벤트 소싱은 전통적인 거래방식을 소프트웨어 설계로 구현했습니다. 이벤트의 다양한 용도 중에 새로운 정보관리 방식으로 사용한 것입니다. 빅데이터 저장소 중에 Append-only 방식의 저장소는 다양하게 사용되고 있습니다. 최종 상태에 익숙한 개발자들에게 일단 기록 후 나중에 합산하는 이벤트 소싱은 받아들이기 어렵습니다. 정보관리의 패러다임 자체가 다르기 때문입니다. 하지만 놀랍게도 그 패러다임은 우리들의 일상속에 자연스럽게 녹아들어 있습니다. 이런 방식은 일단은 쓰고, 최종 상태는 필요한 시점에 판단하며, 보고자 하는 정보는 별도로 만들어서 제공해야 합니다. 이벤트 소싱 스타일이 CQRS^{Command Query Responsibility Segregation} 스타일과 늘 함께 다니는 이유입니다.

거래 개념은 익숙하지만 설계에서는 사용해 보지 않은, 이벤트 소싱은 개발자들에게 매우 흥미로운 주제일 수 밖에 없습니다. 이벤트 소싱은 생소하지만 우리 곁에 늘 있었습니다. 이벤트를 다루는 기술의 정점에는 이벤트 소싱이 있습니다. 이벤트 기술을 단계로 표현하면, 이벤트를 이용한 데이터 수집은 1단계, 이벤트를 이용한 협업은 2단계, 이벤트를 이용한 정보관리는 3단계로 볼 수 있기 때문입니다.

이 책은 이벤트 소싱이라는 흥미롭지만 쉽지 않은 주제를 마이크로서비스 아키텍처 관점에서 다루고 있습니다. 이벤트 기술에 관심이 있거나 이벤트 기술의 정점에 이르고 싶은 개발자라면 읽어야 할 책입니다. 저자는 다양한 MSA 프로젝트 경험에서 얻은 예들을 제시했습니다. 설계의 기본을 중시하는 저자이기에 객체지향 조언들을 곳곳에 남겨뒀습니다. 이런 경험과 조언들은 자칫 어려움에 빠질 수 있는 이벤트 소싱을 편하게 이해할 수 있게 도와줄 수 있을 것입니다. 이벤트 소싱을 이해한 다음 실제로 프로젝트에 적용해보면, 이벤트 기반 데이터 수집과 협업, 이벤트 기반 추적 등은 편하게 다가올 것입니다.

엔지니어의 일상은 경험의 연속입니다. 그런데 그 경험을 정리하고 공유하기 위해서는 경험의 양에 해당하는 지식이 필요하며, 경험만큼의 지식 탐구 역시 필요합니다. 엔지니어들의 경험이 정리돼 세상으로 나오기 위해서는 경험과 지식만으로는 충분하지 않습니다. 하나의 주제를 완성해가는 집요함과 인내, 그리고 용기가 필요합니다. 이 책은 저자의 열정적인 엔지니어링 활동, 지식 탐구 그리고 인내와 용기의 산물입니다. 독자 여러분을 이벤트 소싱의 세계로 안내하려는 저자의 노력은 지난 수 년간 계속돼 왔고 이제 그 결실을 보게됐습니다. 이 책을 통해 이벤트 소싱을 넘어, 이벤트 협업, 이벤트 기록, 이벤트 추적 등의 세계로 편안하게 다가설 수 있기를 바래봅니다.

– 송태국, 넥스트리(주) 대표이사

이벤트 소싱은 데이터 일관성을 유지하고 시스템 감사를 효과적으로 추적할 수 있도록 도와주며 다양한 이벤트에 대한 복잡한 로직을 쉽게 다룰 수 있게 해줍니다. 하지만 이를 실제 개발에 적용하려면 어떻게 해야 할까요? 이 책은 저자의 경험을 바탕으로 이 질문에 대한 답을 제시하고 있습니다. 도메인 주도 설계와 객체지향 설계의 개념부터 마이크로서비스 협업과 실제 클라우드 환경 구성까지 구체적인 예제와 상세한 설명은 높은 확장성과 가용성을 갖춘 애플리케이션을 개발하려는 실무자에게 좋은 교과서가 될 것으로 기대합니다.

– 정재부, 네이버 Data Centric AI

복잡하고 다양한 요구사항에 빠르고 올바르게 대응하기 위해 앱 현대화를 선택하고 구현하는 건 쉽지 않은 과정이라 생각합니다. 개발, 기술 스택, 배포 전략, 운영 등 많은 것을 새로 습득해야 하는 상황이 어렵고 어떻게 구현할 수 있거나 적용할 수 있을지 명확한 그림이 그려지지 않는 상황이 발생할 것입니다.

여러 마이크로서비스 패턴에 대해 고민하고 구현하고자 하는 사람에게 이 책을 추천합니다. 마이크로서비스 아키텍처를 접하는 많은 사람이 궁금해하는 이벤트 소싱, CQRS 패턴, 사가 패턴 등 데이터 관리 패턴에 대한 핵심 원리와 구현 방법에 대해 집중하고 있기에 마이크로서비스에 관심 있는 사람이라면 철학과 실무에서 참고할 수 있는 많은 팁을 얻을 수 있습니다.

저자가 많은 현장에서 많은 고민을 통해 경험한 성공사례, best practice로 얻은 노하우는 초심자와 실무자에게 든든한 길잡이가 될 것입니다.

- 김재식, VMware Tanzu Labs

신입 개발자 시절 MSA의 약자가 무엇인지도 모르던 때 이해보단 현장에서 살아남기 위해서 암기로 대했던 DDD, SOLID, 이벤트 소싱, CQRS 등의 개념들이 저자의 기술에 대한 이해와 실무 현장의 현실적인 경험이 만나 지금의 저에게 색다른 느낌으로 다가왔습니다.

MSA와 이벤트 소싱에 대한 개념은 물론이고 실무에서 사용 가능한 수준의 도커, 스프링부트, 카프카, JPA 등과 같은 기술을 기반으로 이벤트 소싱 시나리오와 보상 트랜잭션의 오케스트레이션 및 코레오그래피와 같이 현장에 발생하는 문제점들에 대한 예제가 소스코드로 설명돼 초급 개발자부터 중급 개발자가 성장 하는데 도움이 될 것입니다.

- 김창형, 넥스트리(주)

| 지은이 소개 |

손경덕

웹 스크래핑 기반 서비스 회사에서 개발자로 시작한 후 보험 관련 SI 회사를 거쳐 현재
는 넥스트리에서 근무하고 있습니다. 2018년 아키텍처 컨설팅을 시작으로 모든 시스
템을 마이크로서비스 아키텍처로 구축하면서 다양한 상황에서 해결책을 찾고 있습니
다. 최근에는 멀티-테넌트 아키텍처에서 역할 및 권한 관리와 마이크로 프론트엔드의
효율적인 구현/배포 방법을 고민하고 있습니다.

3년 전, 첫 페이지를 시작하고 본격적으로 작업한지 어느덧 2년이 지났습니다. "10년 이면 강산도 바뀐다."라고 말하긴 하지만, 트렌드가 자주 바뀌는 IT 업계에서는 1년도 꽤 긴 시간입니다. 어느 덧 3년이 지났지만 이 책에서 다루는 핵심 주제가 기술 트렌드가 아니기 때문에 저술을 마치는 지금까지 큰 변화는 없다는 것이 다행일 따름입니다.

먼저 도메인 주도 설계와 객체지향 설계 원칙SOLID을 소개한 이유를 언급해야 할 것 같습니다. 기술 자체에 심취했던 시절을 지나 모델링에 관심을 가지면서 객체지향 설계 원칙을 제대로 이해하고 적용하는 데 4년 정도의 시간이 걸렸고, 심지어 도메인 주도 설계는 아직도 이해하는 중입니다. 두 챕터로 시작하는 이유는 필요하기도 하지만 몇 가지 사례와 함께 본질을 이해하면 어렵지 않은 것을 저자처럼 오랜 시간 홀로 고군분투할 또는 고군분투 중인 개발자에게 조금이라도 도움이 되길 바라는 마음 때문입니다.

이벤트 소싱이 소개되고 많은 시간이 흘렀지만 2023년 DDD Europe(https://2023.dddeurope.com)에서 10개의 세션이 있을 정도로 활발하게 논의하고 있고 세션의 주제를 살펴보면 이벤트 소싱 자체보다는 경험을 통해 한 걸음 더 나아간 주제가 많습니다.

적어도 저자가 알기로 국내에는 이벤트 소싱을 사용한 프로젝트가 없습니다. 최근 프로젝트에서 고객 정보에 이벤트 소싱을 사용했는데 이해가 부족하다 보니 예상보다 많은 오류가 발생한 것을 보면 패러다임의 변화가 쉽지 않음을 한번 더 확인할 수 있었습니다.

2000년대 후반 아이폰이 국내에 출시될 당시만 해도 스마트폰에 대한 평가는 부정적이었습니다. 당시 부정적인 평가의 주요 이유는 "통화와 문자만으로 충분하다."였습니다. 하지만 스마트폰 사용자가 피처폰의 용도 확장을 경험하면서 수요는 폭발적으로 증가했습니다. 같은 맥락에서 고객이 이벤트 소싱의 용도 확장을 경험하면 폭발적이지는 않더라도 지속적으로 요구가 증가할 것으로 기대합니다.

| 감사의 말 |

먼저 이 책의 핵심인 이벤트 소싱에 관한 주요 주제 인용을 흔쾌히 허락해 준 그렉 영에게 감사함을 전합니다.

이벤트 소싱이란 용어와 개념만 알고 있을 때 더 깊게 공부할 수 있도록 의지를 북돋아 주신 넥스트리 송태국 대표님께도 감사드립니다.

책을 쓰는 동안 베타 리더로 많은 피드백을 준 오랜 친구이자 IT 업계 동료인 재부, 종민, 은석과 다양한 방법으로 토론에 참여해 주신 넥스트리 동료분들께도 감사의 말씀을 전합니다. 또한 지난 프로젝트에서 연이돼 많은 의견을 주신 VMware Tanzu Labs 김재식님께 특별히 감사드립니다.

차례

8장   사용자 인터페이스 375

마이크로서비스 아키텍처 스타일을 적용하면서 다양한 도전 과제를 만났고 초기에는 기술에 많이 의존해 문제를 해결했습니다. 기술에만 의존하다 보니 시행착오도 많았고 그때마다 다시 처음으로 돌아와 새로운 해결책을 찾으면서 길을 잃은 것은 아닐까 하는 걱정도 많았습니다.

논리정연하게 설명할 재주는 없지만 어느 순간 생각의 중심에 "이벤트"가 자리잡으면서 그 동안 힘들게 해결했던 문제들이 훨씬 더 쉽게 풀리기 시작했습니다. 자연스럽게 이벤트 소싱에 더욱 관심을 가지게 됐고 지금에 이르렀습니다. 어떻게 보면 이 책은 저자가 실무에서 이벤트 소싱을 적용하기까지의 긴 여정을 정리한 기록이라 할 수 있습니다.

이벤트 소싱은 구조적 모델에 기반한 시스템을 설계하는 방법과 전혀 다르고 이 문제를 해결할 수 있는 정도도 없습니다. 무엇보다 이벤트 소싱은 데이터와 구조적 모델에 기반한 방식과 달리 설계의 중심에 객체가 있어야 하고 이 객체가 풍부한 기능을 제공하면서 서로 협력해야 합니다.

객체 설계가 이론적으론 단순하다고 할 수 있지만 비즈니스 시스템에 적용하는 것은 여전히 어렵습니다. 데이터 중심에서 객체 중심의 설계로 전환하려면 많은 시간과 연습이 필요합니다. 책에서 설명하고 있는 애그리게이트, 커맨드, 이벤트 등을 잘 이해하고 있는 시스템에서 찾아 보는 것이 좋은 출발점이 될 수 있습니다.

이전에는 이벤트 소싱을 사용하면 마치 모든 문제를 해결할 수 있을 것이란 기대가 있었습니다. 이벤트 소싱이 이론적으로 완벽한 해결책이 될 수 있겠지만 현실에서는 한계가 있음을 인정할 수밖에 없습니다. 많은 아키텍트가 모델은 맞다 틀리다의 문제가 아닌 목표 시스템에 적합한가로 평가해야 한다고 말합니다. 이벤트 소싱도 현재 상태만을 관리하는 방법과 비교했을 때 어느 하나가 옳고, 다른 것은 틀리다는 이분법적으로 판단할 수 없고 그렇게 해서도 안됩니다. 비즈니스 로직이 없는 전형적인 CRUD로 충분한 시스템 또는 데이터 일관성과 실시간 갱신이 매우 중요한 경우처럼 이벤트 소싱을 잘못 적용하면 득보다 실이 많을 수 있으므로 신중하게 선택해야 합니다. 그럼에도 기업 시스템은 이벤트 소싱을 활용할 수 있는 하위 도메인은 반드시 있기 마련이고 특히 컴플라이언스 제약을 완벽하게 해결할 수 있는 최상의 선택지가 될 수 있습니다.

마지막으로 이 책이 이벤트 소싱으로 전환하는 터닝 포인트가 돼 자신만의 길을 찾고 이벤트 중심의 시스템을 구축할 수 있는 토대가 되길 기대해 봅니다.

이 책을 읽기 전에

마이크로서비스 아키텍처를 다루는 많은 서적에서 이벤트 소싱, CQRS, 결과적 일관성이 무엇이고 사용할 때의 장점과 단점을 설명합니다. 그러나 서비스를 구현하는 개발자가 참조할 수 있는 구체적인 사례는 여전히 부족합니다.

이 책은 그렉 영Greg Young이 공개한 『CQRS Documents』와 그의 책 『Versioning in an Event Sourced System』에서 소개한 이벤트 소싱을 구현하는 방법과 부족한 사례를 채우는 것을 목표로 합니다. 비록 프로젝트에서 바로 적용하기에는 부족함이 있겠지만 핵심 원리와 구현 방법을 이해한다면 어렵지 않게 실무에 적용할 수 있습니다.

또한 이 책에서 사용하는 대부분의 용어가 독자의 조직에서 사용하는 의미와 비슷할 것이라 기대하지만 전혀 다를 수 있다는 것을 잘 알고 있습니다. 문맥상 앞/뒤 문장과 연결되지 않는다면 책에서 사용한 용어의 의미가 조직에서 사용하는 의미와 다를 수 있음을 기억해 주기 바랍니다.

배경 지식

이 책은 마이크로서비스 아키텍처의 여러 패턴들 중 데이터와 관련있는 몇 가지 패턴과 이론을 자세히 다룹니다. 이 패턴들을 이해하기 위해서는 다음과 같은 배경 지식이 필요합니다.

선수 지식

- 객체지향 프로그래밍 언어(자바)와 객체지향 설계

- 도메인 주도 설계

사용 기술

- 자바 8

- 스프링 부트, H2/마리아DB, JPA, 메이븐

- 도커 데스크탑, 쿠버네티스, 이스티오

- 스벨트^{Svelte}, 비트^{Vite}

- 부트스트랩(UI)

- 카프카

선수 지식에 대한 이해나 경험이 없는 독자를 위해 도메인 주도 설계와 객체지향 설계 원칙을 설명하지만 부족함이 있을 수 있습니다. 또한 이벤트 소싱과 예제 서비스를 구현하면서 대부분의 개발자에게 익숙한 기술을 사용했습니다. 선수 지식이나 사용 기술에 대한 지식이나 경험이 없다면 관련 기술을 다루는 서적을 참고하기 바랍니다. 특히,

최신 프론트엔드 기술 스택에 익숙치 않은 개발자를 위해 실험적으로 스벨트를 선택했습니다.

이 책에서 다루는 내용

- 도메인 주도 설계의 빌딩 블록과 객체지향 설계 원칙^{SOLID}을 사례로 설명
- 이벤트 소싱을 사용할 때 만나는 대표적인 문제와 해결 방법 소개
- 마이크로서비스 아키텍처에서 서비스간 RESTful API와 이벤트를 사용한 협력 설명
- 결과적 일관성을 구현하는 상세한 방법과 이벤트 소싱으로 결과적 일관성 구현
- 결과적 일관성의 비동기 프로세스와 사용자 인터페이스 구현 방법 설명
- 명령과 조회 책임 분리^{CQRS}에 대한 다양한 사례 연구 소개
- 쿠버네티스/이스티오를 활용한 서비스 배포와 모니터링

이 책의 대상 독자

- 도메인 주도 설계나 객체지향 설계 원칙을 처음 접하는 개발자
- 이벤트 소싱을 체계적으로 학습하고 실무에 적용하고 싶은 개발자
- 결과적 일관성을 구현하는 구체적인 방법을 알고 싶은 개발자
- 마이크로서비스 아키텍처에서 주요 주제에 대해 정리하고 싶은 개발자

예제 구성

예제는 환경 설정을 제외하고 다운로드 후 바로 실행해서 확인할 수 있는 마이크로서비스로 제공합니다.

- /solid: 2장 객체지향 설계 원칙

- /classic-orchestrator: 오케스트레이션으로 구현한 계좌 이체

- /classic-choreographer: 코레오그래피로 구현한 계좌 이체

- /eventsourcing: 이벤트 소싱을 적용한 계좌 이체

- /es-account-kafka: 이벤트 소싱을 적용한 계좌 서비스

- /es-transfer-kafka: 이벤트 소싱을 적용한 계좌이체 서비스(폴링)

- /es-transfer-kafka-websocket: 이벤트 소싱을 적용한 계좌이체 서비스(푸시)

- /commerce/cart: 이벤트 소싱과 웹 컴포넌트

- /commerce/order: 이벤트 소싱과 이벤트 버저닝(업캐스팅)

- /commerce/catalog: 웹 컴포넌트를 사용하는 프론트엔드

- /infrastructure: 쿠버네티스 및 이스티오 설정

예제 다운로드

예제 코드는 에이콘출판사 홈페이지에서 다운로드할 수 있습니다.

- http://acornpub.co.kr/book/microservices-eventsourcing

이 책에 대한 문의사항

이 책에 대한 궁금한 사항이나 개선 의견이 있다면 저자의 이메일(kyoungduk@gmail.com)이나 에이콘출판사 편집팀(editor@acornpub.co.kr)으로 연락 주시길 바랍니다.

이 책은 총 9장으로 구성돼 있습니다. 도메인 주도 설계, 객체지향 설계 원칙에서 시작해 이벤트 소싱, CQRS와 함께 마이크로서비스 간 협력 방법 그리고 보상 트랜잭션 Compensating Transaction 또는 사가 SAGA 로 알려진 결과적 일관성을 다룹니다. 후반부에는 마이크로서비스 아키텍처에서 사용자 인터페이스와 관련된 이슈와 배포 및 운영을 위한 도커 Docker 와 쿠버네티스 Kubernetes 처럼 클라우드 환경에서 많이 사용하는 기술을 다룹니다.

1장, 도메인 주도 설계

도메인 주도 설계의 기본 요소인 엔티티, 값 객체, 애그리게이트, 서비스, 리포지토리, 팩토리를 소개합니다. 특히 마이크로서비스 아키텍처는 도메인 주도 설계에서 말하는 애그리게이트와 잘 어울리는 접근법입니다. 이 여섯 개 구성 요소를 정확하게 이해하는 것만으로도 단일 마이크로서비스의 내부 아키텍처를 설계할 수 있습니다.

2장, 객체지향 설계 원칙

1장에서 설명한 도메인 주도 설계의 빌딩 블록과 함께 객체지향 설계 원칙인 SOLID를 살펴봅니다. SOLID는 오래된 원칙이지만 여전히 중요하며 효과가 있습니다.

3장, 이벤트 소싱 I

그렉 영이 공개한 『CQRS Documents』에서 제시한 아이디어를 기반으로 이벤트 소싱 메커니즘에 대해 설명하고 구현합니다. 이 메커니즘은 이어지는 장에서 설명하는 이벤트 소싱의 주요 특징과 이슈를 해결하기 위해 지속적으로 개선합니다.

4장, 이벤트 소싱 II

이벤트 소싱을 적용했을 때 발생할 수 있는 대표적인 문제를 살펴봅니다. 긴 라이프사이클을 가지는 애그리게이트는 많은 이벤트가 발생합니다. 이벤트들을 리플레이할 때 사용 가능한 메모리의 한계와 성능 저하를 방지하는 방법을 알아봅니다. 또한 시스템을 유지보수할 때 요구사항을 수용하면서 이벤트의 변화(버전 변화)를 처리하는 방법도 소개합니다. 애그리게이트는 독립적인 존재이지만 같은 애그리게이트가 동시에 다른 명령을 처리하면서 같은 속성을 변경할 때 부수적으로 발생할 수 있는 문제와 해결 방법을 알아봅니다.

5장, 마이크로서비스 협업

핵사고날 아키텍처Hexagonal Architecture에서 서비스 간 협력 방법인 인바운드와 아웃바운드 어댑터를 설명하고 대표적인 구현 기술인 RESTful API와 이벤트를 살펴봅니다. 인바운드 어댑터는 외부의 요청을 받아 비즈니스 로직을 처리하고 아웃바운드 어댑터는 비즈니스 로직 수행 전반에 걸쳐 다른 서비스와의 협력에 사용합니다.

6장, 결과적 일관성

마이크로서비스 아키텍처에서 논란의 중심이 되는 결과적 일관성(분산 트랜잭션, 보상 트랜잭션, 사가)과 이를 해결하는 원리를 설명합니다. 에릭 에반스Eric Evans가 도메인 주도 설계에서 소개한 계좌 이체를 사가로 구현해 봅니다.

7장, 명령과 조회 책임 분리(CQRS)

3장과 4장에서 설명한 이벤트 리플레이의 단점을 보완하기 위해 조회 전용 데이터를 미리 생성하는 CQRS를 다루고 대표적인 활용 사례를 소개합니다. CQRS는 트랜잭션 요구사항에 따라 마이크로서비스 간뿐만 아니라 단일 마이크로서비스에도 적용할 수 있습니다.

8장, 사용자 인터페이스

마이크로서비스 아키텍처에서 백엔드 분리만큼 프론트엔드의 분리도 중요합니다. 8장에서는 백엔드처럼 사용자 인터페이스를 분리하는 마이크로 프론트엔드와 마이크로서비스의 독립성을 높이기 위한 배포 방법을 소개합니다. 프론트엔드가 백엔드로 요청 후 응답을 받았지만 비즈니스 트랜잭션은 아직 진행 중일 수 있습니다. 이는 백엔드 간 결과적 일관성을 달성하기 위해 이벤트를 활용하고 비동기로 동작하기 때문입니다. 결국 프론트엔드 요청과 응답간 단절이 발생하는데 이를 해결하는 대표적인 패턴들을 설명하고 스벨트로 구현해 봅니다.

9장, 클라우드 환경

클라우드 운영에 필요한 주요 기술을 설명하고 앞서 개발한 서비스를 배포해 봅니다. 독립적인 마이크로서비스를 운영하면서 블루-그린/카나리 배포를 지원하는 최적의 오픈소스 솔루션인 도커와 쿠버네티스의 기본 구성 요소를 소개합니다. 마이크로서비스 개발 시 클라우드 관련 기술 요소를 코드베이스와 분리해 비즈니스에 더욱 집중할 수 있게 하는 서비스 메시인 이스티오Istio 및 배포한 애플리케이션의 매트릭을 모니터링해 시계열 데이터로 수집하는 프로메테우스Prometheus, 프로메테우스로 수집한 매트릭을 시각화하는 그라파나Grafana, 키알리Kiali를 설치하고 설정해 봅니다.

도메인 주도 설계

1장에서 다루는 내용

- 도메인 로직을 구현하는 패턴
- 핵사고날 아키텍처와 마이크로서비스 아키텍처
- 도메인 주도 설계와 유비쿼터스 언어
- 도메인 모델과 빌딩 블록
- 도메인 객체와 라이프사이클

그레디 부치^{Grady Booch}는 모델을 "단순하게 표현한 실제 세계"라고 했습니다. 모델은 소프트웨어 분야에만 국한해서 사용하지 않고 수학, 물리, 의료 같이 다양한 분야에서도 자주 사용합니다.

데이터에 익숙한 개발자는 모든 속성을 모델에 표현해야 하는 일종의 관성이 작용해 적게는 몇 개 많게는 수십 개의 속성을 가진 데이터 모델을 만듭니다. 데이터 중심 모델은 단 하나의 시각^{Viewpoint}으로 문제를 표현하기 때문에 잡음이 많아질 수밖에 없는데 이 잡음은 모델을 이해하기 어렵게 만듭니다.

개발 초기에는 쏟아지는 요구사항으로, 많은 속성을 가진 몇 개의 도메인 객체로 시작합니다. 시간이 지나 비즈니스 케이스가 추가되고 몇 개의 도메인 객체에 속성을 계속 추가하면 모델은 더욱 이해하기 어려워집니다. 도메인의 핵심을 정확하게 짚어내지 못한 모델로 문제를 설명하려면 여러 가지 상황으로 수식해야 하는데 이는 도메인 전문가, 설계자, 개발자에게 그리 도움이 되지 않습니다.

소프트웨어에서 모델은 해결해야 하는 문제를 바라보는 다양한 관심사 중 하나를 선택해서 문제를 설명하는데 꼭 필요한 것만 표현해야 합니다. 문제 영역을 관심사별로 분리하면 모델은 전체가 아닌 특정 영역이나 속성으로 한정하기 때문에 잡음을 더 쉽게 제거할 수 있습니다. 또한 관심사로 범위를 한정하면 언어 선택도 수월해질 뿐만 아니라 표현 방법에서 많은 자유를 얻을 수 있습니다.

> **참고**
>
> **관심사의 분리(Separation of concerns, Soc)**
> 관심사의 분리는 소프트웨어에 질서를 부여하기 위해 구성 요소간 관계를 정의합니다. 소프트웨어에 질서를 부여하면 응집도(Cohesion)가 높은 구성 요소를 만들 수 있고 구성 요소간 결합도(Coupling)를 낮춰 유지보수에 도움이 됩니다.

또한 관심사를 잘 분리한 모델은 말 그대로 대상의 핵심을 잘 표현하므로 설명이 장황하거나 복잡해질 필요가 없어 개발자를 포함한 이해 당사자간 효율적인 커뮤니케이션을 가능하게 합니다.

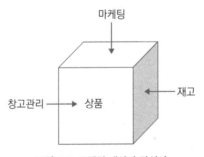

그림 1-1 모델링 대상과 관심사

커머스 도메인에서 같은 상품이지만 관심사에 따라 중요하게 다루는 속성이 다릅니다. 재고 담당자와 마케팅 담당자 시각에서 상품을 모델링하면 그림 1-2와 그림 1-3처럼 서로 다른 두 개의 모델로 표현할 수 있습니다.

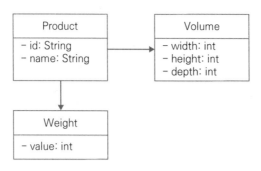

그림 1-2 재고 담당자의 관심사와 상품

재고 담당자는 상품을 보관할 위치와 적재 순서를 결정하기 위해 부피^{Volume}, 무게 ^{Weight}, 수량을 중요하게 생각합니다. 재고 담당자에게 가격이나 색상 같은 옵션은 중요하지 않거나 전혀 신경쓰지 않는 속성입니다.

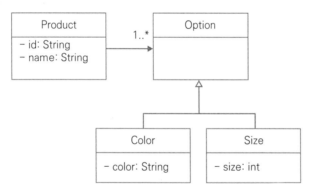

그림 1-3 마케팅 담당자의 관심사와 상품

한편 고객의 관심을 이끌어내 구매로 유도해야 하는 마케팅 담당자는 상품 색상과 사이즈처럼 고객이 선택할 수 있는 옵션^{Option}을 중요하게 생각합니다.

업무 담당자의 관심사를 더 깊게 이해할수록 모델에서 불필요한 속성을 제거하거나 새로운 객체로 분리해 꼭 필요한 정보를 명확하게 표현하는 모델로 정제할 필요가 있습니다. 잘 설계한 모델은 문제 역영에서 중요한 부분을 명확하게 표현하는 것을 볼 수 있습니다.

1.1 도메인 로직 패턴

"소프트웨어에서 도메인 로직을 어디에 두는 것이 좋은가?"라는 질문에 다양한 답이 있는데 마틴 파울러^{Martin Fowler}는 엔터프라이즈 애플리케이션 아키텍처 패턴에서 도메인 로직을 구현하는 방법을 네 가지로 정리했습니다. 오래된 정리여서 지금의 개발 방식과 차이가 있는 패턴도 있지만 도메인 주도 설계에서 하위 도메인 분류(핵심/지원/일반 하위 도메인)를 마이크로서비스로 구현할 때 어떤 패턴을 사용할지 결정하는데 도움이 됩니다.

> **참고**
>
> 도메인 로직을 구현하는 패턴의 자세한 설명은 https://martinfowler.com/eaaCatalog에서 예제와 함께 확인할 수 있습니다.

1.1.1 트랜잭션 스크립트 패턴

트랜잭션 스크립트^{Transaction Script}는 클라이언트가 요청한 비즈니스 로직을 하나의 프로시저가 모두 처리합니다. 이 패턴은 비즈니스 애플리케이션이 제공하는 기능 대부분을 반복적인 CRUD로 처리할 수 있는 경우에 적합합니다. 가장 단순한 트랜잭션 스크립트는 클라이언트 요청에 따라 데이터베이스를 조회하거나 변경하지만 일부 트랜잭션 스크립트는 요청의 유효성을 검사하거나 복잡한 로직을 수행하기도 합니다.

지금은 많이 사용하지 않는 서블릿^{Servlet}과 JSP^{Java Server Pages}가 트랜잭션 스크립트를 사용하는 대표적인 사례입니다. 서블릿은 자바를 이용해 웹 서비스를 만드는 기술로 클라이언트의 요청을 처리하고 결과를 HTML로 반환합니다. 서블릿을 이용해 서비스를 제공할 수 있지만 웹 페이지를 만들기 위해 많은 코드를 작성해야 하는 단점이 있습니다. 서블릿보다 훨씬 간편하게 웹 프로그래밍을 가능하게 개선한 것이 JSP입니다.

예제 1-1 트랜잭션 스크립트와 JSP

```
<%
  Class.forName("org.mariadb.jdbc.Driver");
  Connection connection = DriverManager.getConnection(url,
                                                id, password);

  connection.setAutoCommit(false);

  List<Cart> carts;
  List<Wish> wishs;

  try {
    connection.begin();

    Statement stmt = connection.createStatement();
    stmt.prepareStatement("SELECT * FROM CART WHERE USER_ID = ?");
    stmt.setString(1, userId);
    ResultSet resultSet = stma.executeQuery();
    while (resultSet.next()) {
      // 생략
    }

    // 카트 목록 조회
    // 관심 상품 목록 조회
    connection.commit();
  } catch(SQLException e) {
    connection.rollback();
  } finally {
    connection.close();
  }
%>

<!-- 카트 아이템 -->
<table>
</table>

<!-- 관심 상품 -->
<table>
</table>
```

예제 1-1은 데이터베이스 접근과 트랜잭션 그리고 비즈니스 로직을 하나의 JSP 파일에 구현합니다. 그림 1-4는 카트에 담긴 상품과 관심 상품을 조회해 웹 페이지를 반환하는 트랜잭션 스크립트와 그 외 구성 요소간의 관계를 보여줍니다.

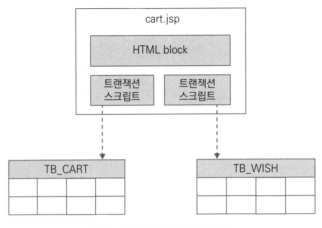

그림 1-4 트랜잭션 스크립트 패턴

JSP는 하나의 프로시저가 모든 비즈니스 로직을 포함하는데 프로시저는 데이터베이스를 직접 호출하거나 간단한 데이터베이스 래퍼^{Wrapper}를 사용하기도 합니다. 기능의 중복 구현을 피하기 위해 하위 프로시저로 나누기도 하지만 하위 프로시저도 자신만의 트랜잭션 스크립트를 가집니다. JSP는 include 지시어를 사용해 하위 프로시저를 분리할 수 있습니다.

1.1.2 테이블 모듈 패턴

테이블 모듈^{Table Module}은 데이터베이스 테이블(또는 뷰) 단위로 비즈니스 로직을 처리하는 클래스를 분리합니다. 전체 비즈니스의 흐름은 이 클래스가 제공하는 기능을 사용해 처리합니다. 테이블 모듈은 JDBC^{Java Database Connectivity}가 제공하는 ResultSet을 주로 사용하지만 필요에 따라 ResultSet과 유사한 구조를 가진 RecordSet이나 DataSet을 선언하고 기능을 추가해서 사용하기도 합니다. 예제 1-2는 JDBC와 ResultSet을 활용해 테이블 모듈로 구현한 도메인 로직을 보여줍니다.

예제 1-2 테이블 모듈 - JDBC와 ResultSet

```
public class Cart {

  public ResultSet retrieve(String cartId) {
```

```
    Class.forName("org.mariadb.jdbc.Driver");
    Connection connection = DriverManager.getConnection(url,
                                                        id,
                                                        password);

    try {
      Statement statement = connection.createStatement();
      ResultSet resultSet = statement
              .executeQuery("SELECT * FROM TB_CART WHERE CART_ID = ..");
    } catch (SQLException e) {
      e.printStackTrace();
    } finally {
      connection.close();
    }
    return resultSet;
  }

}
```

그림 1-5는 테이블 모듈과 구성 요소간 관계를 보여줍니다. 데이터베이스 테이블에
대응하는 클래스를 테이블 모듈로 선언하고 대상 테이블의 데이터를 조회하거나 변경
하는 프로시저를 포함합니다.

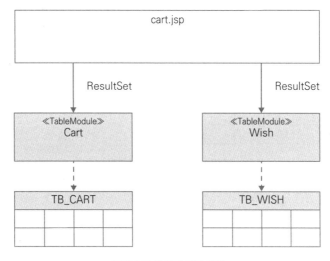

그림 1-5 테이블 모듈 패턴

1.1.3 서비스 레이어 패턴

사용자 인터페이스, 데이터 조회와 저장도 중요하지만 애플리케이션은 다른 시스템과의 통합도 중요합니다. 이 패턴은 그림 1-6처럼 서비스 레이어^{Service Layer}로 부르는 독립된 클래스에 시스템 통합과 전체 흐름을 조정하는 책임을 부여합니다. 현대 소프트웨어에서 가장 많이 사용하는 패턴으로 서비스 레이어는 비즈니스 로직뿐만 아니라 로깅, 권한 체크와 같은 공통 기능을 구현하기에 가장 적합한 후보입니다. 서비스 레이어의 책임은 여러 리소스간 통합과 통합 결과에 따른 흐름 조정처럼 여러 책임을 가질 수 있어 주의를 기울이지 않으면 복잡도가 급격하게 증가합니다.

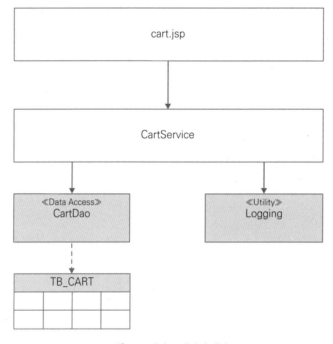

그림 1-6 서비스 레이어 패턴

서비스 레이어는 애플리케이션이 제공하는 사용 가능한 기능 집합(인터페이스와 오퍼레이션 목록)을 정의합니다. 따라서 서비스 레이어는 이를 사용(호출)하는 클라이언트에게 애플리케이션 경계로 보입니다. 이 경계가 제공하는 기능 집합은 비즈니스 로직을 캡슐화하므로 클라이언트에 영향을 주지 않으면서 변화를 수용하거나 성능 개선 같은 다양한 활동이 가능합니다.

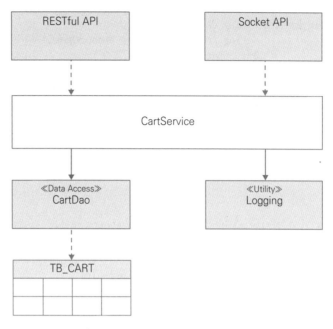

그림 1-7 서비스 레이어와 서비스 발행 레이어

그림 1-7은 서비스 경계를 사용하는 클라이언트와 통합을 위해 추가한 서비스 발행 레이어^Service Publish Layer^를 보여줍니다. 서비스 발행 레이어는 서비스 레이어를 변경하지 않으면서 HTTP뿐만 아니라 Socket, gRPC 등 다양한 프로토콜을 요구하는 클라이언트를 지원하게 확장할 수 있습니다.

1.1.4 도메인 모델 패턴

예제 1-3은 서비스 레이어인 CartService가 카트에 담을 수 있는 상품의 개수 제한 규칙을 검사합니다. 단일 프로시저로 구현한 비즈니스 로직은 시간이 지나면서 점점 복잡해지고 더 이상 유지하기 어려운 상황이 되면 기능별로 프로시저를 분리해야 합니다. 트랜잭션 스크립트 패턴과 마찬가지로 모든 비즈니스 로직을 서비스 레이어 한 곳에 구현하면 가독성이 떨어지고 유지보수하기 어려워지는 한계가 있습니다.

```
public class CartService {

  public void addItem(String cartId,
                      String productNo, String productName,
                      int quantity) {
    int size = CartDao.selectItemSize(cartId);
    if (size >= 10) {
      throw new RuntimeException("...");
    }
    // 생략
  }

}
```

앞서 알아본 세 가지 패턴과 달리 데이터와 행위를 하나의 객체로 설계하는 도메인 모델 패턴Domain Model Pattern은 그림 1-8처럼 다양한 규칙과 논리의 복잡한 관계를 여러 객체(도메인 객체)에 분산시키고 객체간 협력으로 구현합니다.

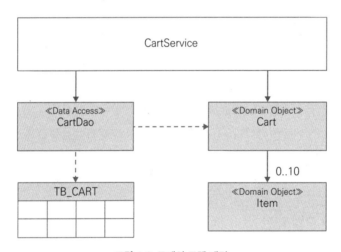

그림 1-8 도메인 모델 패턴

도메인 모델 패턴에서 CartService는 도메인 객체에 명령을 전달하기 위한 준비 흐름만 있고 예제 1-4처럼 도메인 객체인 Cart가 상품 개수를 제한하는 규칙을 검사합니다. 도메인 로직을 도메인 객체에 적절하게 구현하면 2장에서 다루는 다양한 객체지향 설계 원칙을 준수하면서 변경 요청에 유연하게 대응할 수 있습니다.

예제 1-4 비즈니스 로직과 도메인 객체

```
public class CartService {

  public void addItem(String cartId,
                      String productNo, String productName,
                      int quantity) {
    Cart foundCart = cartDao.select(cartId);
    foundCart.addItem(productNo, productName, quantity);
    cartDao.update(foundCart);
  }

}

//

public class Cart {

  private List<Item> items;

  public void addItem(String productNo, String productName,
                      int quantity) {
    if (this.items.size() >= 10) {
      throw new ItemLimitExceedException();
    }
    this.items.add(new Item(this.cartId,
                            productNo, productName,
                            quantity));
  }

}
```

이 패턴은 앞서 소개한 테이블 모듈 패턴과 구별하기 어려울 수 있는데 테이블 모듈은 카트와 연관된 기능을 처리하기 위해 데이터베이스에 접근하는 프로시저(또는 메소드)를 가진 하나의 객체를 사용하지만 도메인 모델 패턴은 카트별로 인스턴스를 생성해 기능을 제공합니다.

최근 함수형 프로그래밍이 관심을 받고 있지만 아직까지 비즈니스 애플리케이션에서는 객체지향 프로그래밍이 소프트웨어 개발의 주류로 자리 잡고 있습니다.

1.2 헥사고날 아키텍처

한 기업의 시스템은 시장에서 경쟁 기업보다 우위를 가지는 특화된 기능이 필요하고 경쟁력을 유지하기 위해 끊임없이 변화해야 합니다. 이런 변화는 기업의 성장과 함께 지속적으로 개선함과 동시에 소프트웨어의 기술 변화도 수용할 수 있어야 합니다. 이런 내/외부 변화에 빠르게 대응하려면 기업의 경쟁력인 핵심 기능이 특정 기술에 의존하기 않게 주의를 기울일 필요가 있습니다.

국내에서 유스케이스 명세로 더 많이 알려진 엘리스터 코번은 2005년 헥사고날 아키텍처Hexagonal Architecture를 소개하면서 기술과 관계없는 비즈니스 로직과 기술에 의존하는 구성 요소인 어댑터 간 분리를 강조했습니다. 기술에 의존하는 요소인 어댑터는 외부 요청을 수신해 비즈니스 로직을 시작시키는 인바운드 어댑터와 비즈니스 로직을 실행하면서 영구 저장소에 데이터를 저장하거나 다른 시스템과 협력하는 아웃바운드 어댑터로 구분합니다.

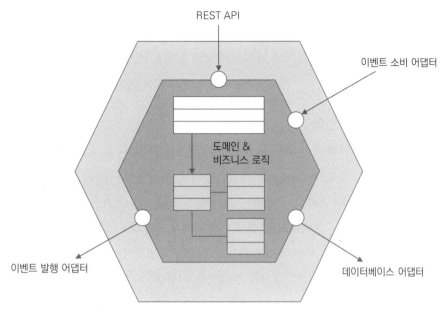

REST API

이벤트 소비 어댑터

도메인 &
비즈니스 로직

이벤트 발행 어댑터

데이터베이스 어댑터

그림 1-9 헥사고날 아키텍처

도메인 주도 설계도 기술에 의존하지 않는 도메인 객체를 강조하는데 헥사고날 아키 텍처의 목표와 같다고 할 수 있습니다. 자바 진영에서 POJO^{Plain Old Java Object}로 돌아가 고자 하는 이유도 다르지 않습니다.

> **참고**
>
> 헥사고날 아키텍처뿐만 아니라 제프리 팔레르모(Jeffrey Palermo)가 제안한 어니언 아키 텍처(Onion Architecture)와 로버트 C. 마틴(Robert C. Martin)의 클린 아키텍처(Clean Architecture)도 기업의 핵심 비즈니스(기능)와 기술의 분리를 강조합니다.

1.3 도메인 주도 설계

에릭 에반스는 도메인 주도 설계^{Domain Driven Design}에서 소프트웨어 설계의 방대한 영역 을 다룹니다. 도메인 주도 설계는 관심사를 바운디드 컨텍스트^{Bounded Context}로 한정하고 바운디드 컨텍스트 간 관계와 바운디드 컨텍스트 내에서 효과적인 모델링을 위한 실용적인 접근법이라 할 수 있습니다. 여기서는 이 책의 주제와 관련 있는 유비쿼터스 언어와 소프트웨어를 표현하는데 사용하는 빌딩 블록을 소개합니다.

1.3.1 유비쿼터스 언어

유비쿼터스 언어[Ubiquitous Language]는 개발 프로세스나 방법론에서 말하는 용어집 (Glossary 또는 Terminology)과 유사합니다. 도메인 주도 설계는 유비쿼터스 언어를 식별하면 비즈니스 전문가와의 대화에서 이 언어(용어)를 적극적으로 사용할 것을 강조합니다. 프로젝트 초기 유비쿼터스 언어는 명확하게 정의할 수 없어 대화가 어색할 수 있지만 자주 사용할수록 의미가 명확해집니다. 개발 방법론에서 용어를 정의하고 프로젝트를 진행하면서 해당 용어 정의를 지속적으로 정제[Refine]해야 하는 것 또한 동일합니다.

또한 분석/설계/구현을 분리해서 접근한 소프트웨어 개발은 분석 언어와 구현에 사용한 언어인 클래스간 개연성이 부족해 추적성을 유지하기 어렵습니다. 이 문제를 극복하기 위해 유비쿼터스 언어를 코드베이스까지 사용하고 목표 시스템을 더 깊게 이해하면서 언어를 더 명확하게 정의하고 코드베이스와 끊임없이 일치시켜야 합니다.

사전상 유비쿼터스가 "보편적인"이라는 의미를 갖지만 유비쿼터스 언어를 사용할 수 있는 범위를 한정했을 때 비로소 "보편적"이라 할 수 있습니다. 용어집이 목표 시스템에서 유일한 언어로 정의되는 반면 유비쿼터스 언어는 사용하는 컨텍스트에 따라 의미가 다를 수 있기 때문입니다.

앞서 설명한 그림 1-2와 그림 1-3은 커머스 도메인에서 "상품"이란 언어가 표면적으로 같은 의미를 갖지만 반대로 전혀 다른 의미를 갖기도 합니다. 반 버논[Vaughn Vernon]은 도메인 주도 설계 핵심에서 보험 도메인을 사례로 들어 같은 언어를 한 시스템에서 유일한 의미로 정의할 수 없음을 설명했습니다. 그림 1-10처럼 보험 도메인의 3개 부서에서 "Policy"라는 같은 언어를 사용하지만 그 의미나 형태에는 큰 차이가 있습니다.

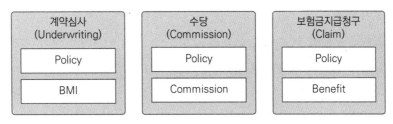

그림 1-10 유비쿼터스 언어와 바운디드 컨텍스트

각색해 조금 더 구체적으로 설명하면 보험을 가입하겠다는 의사를 밝히는 청약서를 작성하면 계약심사^{Underwriting} 부서는 해당 청약서를 검토해 가입 가능(인수) 여부를 결정합니다. 이 때 "Policy"란 언어를 사용하는데 계약심사 부서에서 Policy는 고객의 직업으로 인한 상해 발생 확률과 이전 병력 또는 가족력에 따른 질환 발생 확률 등을 고려해 인수 여부를 결정하는데 사용하는 일종의 위험율 계산식입니다.

보험 설계사가 보험을 판매하면 보험사는 보험 설계사에게 일정 비율의 수수료^{Commission}를 지급합니다. 판매 상품에 따라 수수료 지급 기간(예를 들어 24개월)과 기간에 따른 수수료율이 정해져 있는데 이 또한 "Policy"란 언어를 사용합니다.

마지막으로 계약 후 고객이 상해나 질병 발생으로 보험금을 청구^{Claim}하면 보험사는 가입한 보험(주계약과 특약)의 지급 조건을 검토해 보상금으로 지급할 금액을 계산합니다. 지급 조건으로 지급할 보상금 계산식도 "Policy"라고 합니다.

> **참고**
>
> 도메인 주도 설계에는 바운디드 컨텍스트라는 중요한 개념이 있습니다. 바운디드 컨텍스트는 주관적인 요소가 많이 적용되기도 하고 이 책의 주요 주제가 아니어서 자세히 설명하지 않습니다.
> 유비쿼터스 언어는 앞서 설명한 Policy란 언어가 동일하게 해석돼야 하는 부서(범위)의 업무 이름인 Underwriting, Commission, Claim을 바운디드 컨텍스트로 식별하는데 도움을 줍니다.

1.3.2 빌딩 블록

에릭 에반스는 도메인 모델을 작성할 때 사용할 수 있는 기본적인 빌딩 블록을 정의했습니다. 빌딩 블록은 명확해 보이는 반면 구체적인 사례가 부족해 초기에는 소프트웨어 설계자와 개발자가 다양하게 해석하면서 논란의 소지가 있었지만 현재는 훨씬 명확해 졌습니다.

그림 1-11은 헥사고날 아키텍처 구성 요소와 이어서 설명할 도메인 주도 설계의 빌딩 블록간 의존 관계를 보여줍니다. 여기서 비즈니스와 관련이 있는 도메인 객체^{Domain} ^{Object}는 이어서 설명할 엔티티, 값 객체 그리고 서비스 분류 중 하나인 도메인 서비스입니다.

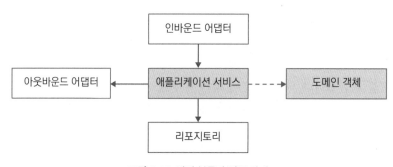

그림 1-11 빌딩 블록과 의존 관계

그림 1-12는 빌딩 블록간 전형적인 호출 흐름을 보여줍니다. 외부 요청을 받은 인바운드 어댑터는 애플리케이션 서비스로 요청을 전달①합니다. 애플리케이션 서비스는 리포지토리에 데이터 조회를 요청②하고 리포지토리는 데이터베이스에서 조회한 결과를 도메인 객체로 변환해 반환③합니다. 애플리케이션은 다시 도메인 객체에 요청을 전달해 비즈니스 로직을 수행④합니다. 도메인 객체가 비즈니스 로직을 처리하면 애플리케이션 서비스는 리포지토리를 사용해 결과를 다시 데이터베이스에 저장⑤합니다. 또한 애플리케이션 서비스는 비즈니스 로직 흐름 전반에 걸쳐 아웃바운드 어댑터를 이용해 부가적인 정보를 획득하거나 비즈니스 로직의 수행 완료를 외부에 전달 ⑥ 합니다.

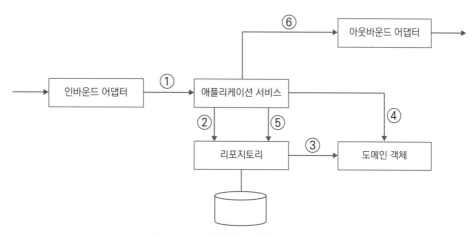

그림 1-12 빌딩 블록과 전형적인 호출 흐름

1.3.3 엔티티

개발자는 도메인 객체보다 데이터에 집중하는 경향이 있습니다. 소프트웨어 설계를 데이터로 시작하는 데이터 주도 접근법에 익숙한 개발자는 도메인 주도 설계에서 언급하는 엔티티^{Entity}를 테이블로 간주합니다. 테이블과 관계 중심의 데이터 모델을 먼저 만들고 테이블에 대응하는 클래스로 매핑하면 엔티티는 가장 기본적인 책임을 가진 인포메이션 홀더의 역할을 가져 getter와 setter 메소드만 제공합니다.

> **참고**
>
> 레베카 워프스-브록과 앨런 맥킨은 저서 『Object Design: Roles, Responsibilities, and Collaborations』(Addison-Wesley Professional, 2002)에서 객체의 역할을 6개로 분류했습니다.
>
> - 컨트롤러(Controller)
> - 코디네이터(Coordinator)
> - 인포메이션 홀더(Information Holder)
> - 인터페이서(Interfacer)
> - 서비스 프로바이더(Service Provider)
> - 스트럭처러(Structurer)

데이터 모델에서 엔티티를 객체지향 언어의 클래스와 매핑할 수 있지만 클래스는 인 포메이션 홀더 그 이상의 의미와 가치가 있습니다. 객체지향 언어를 사용하면서 도메 인 객체를 풍부한 행위(메소드)로 설계하지 않으면 앞서 알아본 서비스 레이어 패턴의 서비스 레이어가 비즈니스 로직인 행위를 처리해야 합니다. 서비스 레이어에 비즈니스 로직을 구현하면 결합도가 높아지고 응집도가 낮아져 유지보수에 도움이 되지 않습니 다. 이런 설계 접근은 2차원으로 표현하는 데이터 모델에서도 동일하게 "엔티티"란 언 어를 사용해 혼란을 주기 때문이기도 합니다.

에릭 에반스가 도메인 주도 설계에서 많은 지면을 할애해 엔티티를 상세하게 설명하 는 것은 그 만큼 중요하기 때문입니다.

수많은 객체는 본질적으로 해당 객체의 속성이 아닌 연속성과 식별성이 이어지느냐를 기준 으로 정의된다.

…

객체 모델링을 할 때 우리는 객체의 속성에 집중하곤 하는데, 엔티티의 근본적인 개념은 객 체의 생명주기 내내 이어지는 추상적인 연속성이며, 이런 추상적인 연속성은 여러 형태를 거 쳐 전달된다는 것이다.

…

어떤 객체를 일차적으로 해당 객체의 식별성으로 정의할 경우 그 객체를 엔티티라 한다.

에릭 에반스, 『도메인 주도 설계』(위키북스, 2011)

엔티티에서 무엇보다 중요한 것은 식별성입니다. 어떤 클래스의 인스턴스를 시스템의 다른 인스턴스와 구분해야 하면 이 클래스를 엔티티로 설계해야 합니다.

기업에 입사 후 인사발령으로 다른 부서로 이동하고 승진을 하면 직원Employee의 소속 부서와 직급 속성의 값이 변합니다. 심지어 개명해 이름이 바뀌기도 합니다. 일반적으 로 한 기업에서 직원을 식별하기 위해 "사원번호"를 사용합니다. 기업마다 사번 발급 규칙에 차이는 있지만 일반적으로 직원이 퇴사하더라도 사번은 재사용하지 않습니다. 어떤 기업은 사번을 영구적으로 삭제하기도 하지만 여전히 사번은 식별자로 사용할 수 있는 최적의 후보입니다.

예제 1-5 직원 엔티티와 식별자

```
public class Employee {
  private String employeeNo;
  private String name;
}
```

객체지향 언어에서 속성에 새로운 값을 할당할 때 '상태가 변한다'고 합니다. 엔티티는 비즈니스에서 고유함을 가지는 대상으로 시간이 지나면서 나이가 들고 이사로 거주지의 주소가 바뀌듯이 상태가 계속 변하지만 식별자는 변하지 않습니다. 또한 엔티티는 변경 요청으로 속성이 추가되거나 삭제돼 최초 설계와 전혀 다른 형태가 되기도 하지만 이 객체가 가지는 많은 속성 중 식별자로 사용하는 사번은 변하지 않습니다.

예제 1-6 상품 엔티티와 식별자

```
public class Product {
  private String no;
  private String name;
}
```

커머스 도메인의 상품 엔티티도 이름을 변경할 수 있지만 상품 번호는 변하지 않습니다. 때로는 상품 번호를 변경하기도 하는데 이 경우 사용자가 인지하고 사용하는 상품 번호를 시스템이 사용하는 상품 번호와 분리해 관리합니다. 사용자가 사용하는 상품 번호는 상품을 검색하거나 화면에 표시하는 용도로 사용하고 시스템이 사용하는 상품 번호는 사용자에게 보여주지 않는 별도의 고유 번호를 사용합니다.

> **참고**
>
> 사용자와 관계없이 시스템에서 사용하는 식별자(고유 번호)는 데이터베이스 시퀀스나 UUID(Universally Unique IDentifier)를 사용할 수 있습니다. 객체지향에서는 OID(Object IDentifier)라고도 합니다.

```
              Product

      – id: String
      – no: String
      – name: String
      – width: int
      – depth: int
      – height: int
```

그림 1-13 상품 엔티티와 시스템 식별자

상품번호(no)와 이름(name)은 사용자가 확인하고 활용할 수 있도록 상품 목록이나 상세 화면에 표시합니다. 상품 상세 내용을 변경하거나 상품을 삭제할 때는 화면에 보이지 않는 상품 고유번호(id)를 요청에 포함시켜 백엔드에 전달합니다.

1.3.4 값 객체

엔티티와 달리 개념적으로 식별자가 필요하지 않은 객체도 있습니다. 일반적으로 식별자가 없는 객체는 다른 객체(엔티티)를 수식하기 위해 존재하는데 이를 값 객체^{Value} ^{Object}라고 합니다. 값 객체는 엔티티뿐만 아니라 또 다른 값 객체를 수식하기도 합니다.

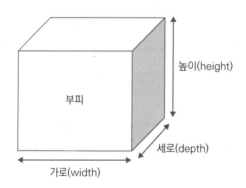

그림 1-14 상품을 수식하는 부피(Volume) 값 객체

데이터 주도 접근법은 엔티티 객체를 수식하는 속성을 단순한 나열로 설계합니다. 예를 들어 상품의 부피는 가로^{width} × 세로^{depth} × 높이^{height}입니다. 부피가 독립적으로 존재하는 것은 의미가 없고 상품을 수식할 때 가치가 있습니다.

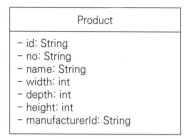

그림 1-15 엔티티에서 단순한 속성의 나열

그림 1-15는 단순히 속성을 나열해 설계한 상품 클래스입니다. 제조사^{Manufacturer} 정보가 필요하면 manufacturerId를 추가합니다.

예제 1-7 단순 속성의 집합으로 설계한 상품 엔티티

```java
public class Product {
  private String id;

  private String no;
  private String name;

  private int width;    // 가로
  private int depth;    // 세로
  private int height;   // 높이

  private String manufacturerId;  // 제조사ID
}
```

하지만 도메인에서는 "상품의 가로, 세로, 높이"라고 하지 않고 "상품의 부피"라는 언어를 사용합니다. 그리고 이해 당사자와 "부피"로 대화하는 것이 훨씬 편하고 자연스럽습니다. 예시처럼 도메인에서 사용하는 언어들 중에 엔티티를 수식하는 것을 단순한 속성의 나열이 아닌 값 객체로 선언합니다. 객체라는 이름 때문에 속성을 2개 이상 가져야 한다고 생각할 수 있지만 도메인을 더 명확하게 표현할 수 있다면 단일 속성을 가지는 객체를 선언하는 것은 큰 문제가 되지 않습니다.

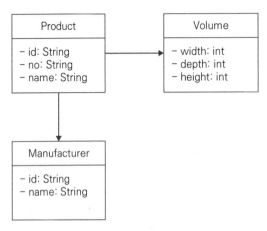

그림 1-16 상품 엔티티와 부피 값 객체

값 객체의 가장 중요한 특징은 불변^{Immutable}입니다. 프로그래밍 언어로는 setter가 없어야 하고 setter가 꼭 필요하다면 Volume 클래스 외부에서 호출할 수 없도록 private으로 선언해야 합니다.

예제 1-8 상품 엔티티와 부피 값 객체

```
public class Product {
  private String id;
  private String no;
  private String name;

  private Volume volume;
}

//

public class Volume {
  private int width;   // 가로
  private int depth;   // 세로
  private int height;  // 높이

  public Volume(int width, int depth, int height) {
    this.width = width;
    this.depth = depth;
    this.height = height;
  }
```

```
    // getter only
}
```

값 객체는 불변이기 때문에 상품의 부피 변경은 새로운 Volume 인스턴스를 생성해서 Product의 속성에 할당하는 것이 유일한 방법입니다.

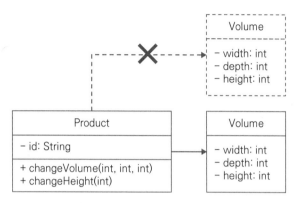

그림 1-17 엔티티 메소드와 값 객체 변경

값 객체는 엔티티를 수식하므로 그림 1-17처럼 값 객체에 직접 접근해서 속성을 변경하지 않고 엔티티 객체를 통해서만 변경해야 합니다. 예제 1-9는 엔티티 객체가 제공하는 메소드를 사용해 값 객체인 부피를 변경하는 방법을 보여줍니다.

예제 1-9 엔티티 메소드를 이용한 값 객체 변경

```
public class Product {

  public void changeVolume(int width, int depth, int height) {
    this.volume = new Volume(width, depth, height);
  }

  public void changeHeight(int height) {
    this.volume = new Volume(this.volume.getWidth(),
                             this.volume.getDepth(),
                             height);
  }
```

```
    }
```

특히 값 객체는 비즈니스 규칙이 있을 때 훨씬 큰 가치가 있음을 보여줍니다. Volume
의 width, depth간에 최소 비율이 1:1.5인 규칙이 있을 때 속성 목록과 getter,
setter만 가지는 객체로 구현하면 이 규칙은 예제 1-10처럼 서비스 레이어가 검사해
야 합니다.

예제 1-10 애플리케이션 서비스와 비즈니스 규칙

```java
public class ProductService {

  public void changeVolume(String productNo,
                            int width, int depth, int height) {
    if (width * 1.5 < depth) {
      throw new VolumeRatioException("depth >= width * 1.5");
    }
    // 생략
  }

}
```

비즈니스 규칙을 기능의 전체 흐름을 조정하는 서비스 레이어에 구현하면 여러 곳(대
부분 애플리케이션 서비스)에 코드가 분산되고 중복돼 유지보수에 도움이 되지 않습니다.
width와 depth의 최소 비율은 Volume이 소유한 두 속성 간 관계이므로 그림 1-18
처럼 값 객체인 Volume 클래스의 생성자에 책임을 부여할 수 있습니다. 생성자에 책
임을 부여하는 것은 앞서 언급했듯이 값 객체는 setter를 사용해 상태를 변경할 수 없
기 때문이기도 합니다.

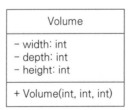

그림 1-18 값 객체 생성자와 비즈니스 규칙

예제 1-11은 값 객체인 Volume 클래스의 생성자가 width와 depth의 최소 비율 규칙을 검사합니다. 이제 Volume 클래스는 최소 비율 규칙에 변화가 있을 때 생성자만 변경하면 되므로 유지보수성에 변화가 없습니다. 이 설계는 2장에서 설명하는 객체지향 설계 원칙 중 하나인 단일책임 원칙과 관계가 있습니다.

예제 1-11 값 객체와 비즈니스 규칙

```
public class Volume {

  private int width;    // 가로
  private int depth;    // 세로
  private int height;   // 높이

  public Volume(int width, int depth, int height) {
    if (with * 1.5 >= depth) {
      throw new InvalidVolumeRatioException("depth >= width * 1.5");
    }

    this.width = width;
    this.depth = depth;
    this.height = height;
  }

  // getter only
}
```

도메인 객체에 비즈니스 규칙을 구현하는 것은 매우 중요합니다. 앞서 설명한 코드 중복, 응집도, 유지보수에 도움을 줄 뿐만 아니라 예제 1-12처럼 다른 클래스에 의존하지 않고 테스트가 가능해 실용주의 프로그래밍 기법을 효율적으로 활용할 수 있습니다.

예제 1-12 값 객체와 단위 테스트

```
public class VolumeTest {

  @Test
  public void testValidRatio() {
    Volume volume = new Volumne(100, 150, 100);
  }
```

```
@Test
public void testInvalidRatio() {
  Assertions.assertThrows(InvalidVolumeRatioException.class,
    () -> { new Volume(100, 100, 100); });
}

}
```

값 객체는 원칙적으로 불변이지만 특별한 상황에서는 setter를 이용한 변경을 허용하기도 합니다.

- 값이 자주 변경돼 메모리를 효율적으로 사용하지 못하는 경우

- 객체 생성이나 삭제에 많은 비용이 드는 경우

- 교체로 인해 클러스터링이 제한되는 경우

- 값을 공유할 일이 많지 않거나 클러스터링을 향상시키기 위해 또는 다른 기술적인 이유로 공유가 보류된 경우

> **참고**
>
> 스프링은 HTTP 통신에서 객체를 JSON으로 직렬화하기 위해 fasterxml 라이브러리를 사용합니다. 이 라이브러리는 직렬화/역직렬화 대상 클래스에 setter 메소드 구현을 강제합니다.
> 개발의 편의성을 위해 선택한 라이브러리의 제약으로 setter를 꼭 구현해야 하더라도 값 객체는 불변이어야 함을 기억하고 setter를 직접 사용하지 않게 주의해야 합니다.

또 다른 예로 커머스 도메인은 집, 회사와 같이 배송지 목록을 관리하는 기능을 제공해 매 주문마다 주소를 검색해 입력하지 않고 미리 등록해 놓은 배송지 목록인 나의 배송지에서 선택할 수 있게 사용자 편의성을 높입니다. 일부 커머스 서비스는 그림 1-19처럼 주문 배송지가 나의 배송지 엔티티 식별자를 참조하게 설계하기도 합니다.

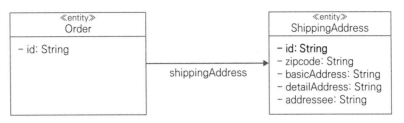

그림 1-19 엔티티를 참조하는 주문과 배송지

이 모델이 사용자 편의성과 데이터의 일관성에 문제를 발생시키지는 않지만 개발자에게는 이해하기 어려운 기능을 제공합니다. 사용자가 나의 배송지 주소를 변경하면 해당 배송지를 참조하는 모든 주문은 주문할 때 입력한 배송지 주소가 아닌 지금 변경한 나의 배송지 주소를 보여줍니다. 따라서 주문과 연결돼 있는 나의 배송지를 변경할 수 없게 제약 조건을 추가해야 합니다. 반대로 나의 배송지를 삭제하면 이전 주문의 배송지를 제공할 수 없기 때문에 데이터베이스에서 삭제하지 않고 삭제한 것으로 상태를 변경합니다. 이 모델은 소프트웨어 복잡도만 증가시킬 뿐 근본적인 문제를 해결할 수 없습니다.

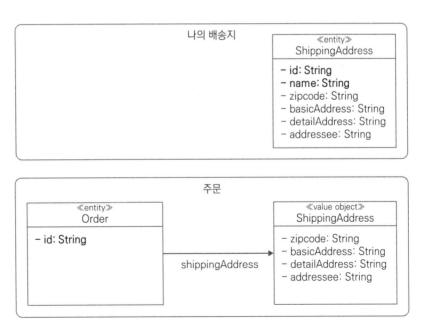

그림 1-20 엔티티와 값 객체로 설계한 주문과 배송지

그림 1-20처럼 나의 배송지 목록으로 설계한 엔티티를 참조하지 않고 주문 시 선택한 나의 배송지 엔티티인 ShippingAddress를 주문의 ShippingAddress 값 객체로 설계를 변경해 나의 배송지와 주문 배송지가 서로 영향을 주지 않게 분리합니다. 이 설계 변경은 주문을 생성할 때 주문자가 선택한 나의 배송지 엔티티를 값 객체인 주문 배송지로 변환하는 코드를 추가해야 합니다.

> **참고**
>
> 나의 배송지와 주문에서 같은 이름을 가진 ShippingAddress 클래스를 사용합니다. 앞서 유비쿼터스 언어에서 소개한 바운디드 컨텍스트가 다르기 때문에 동일한 언어를 사용할 수 있습니다.

간단한 설계 변경이지만 사용자는 주문 시 나의 배송지 목록에서 선택할 수 있는 사용자 편의성을 유지하면서 앞서 설명한 진행 중인 주문과 연결한 나의 배송지를 변경하지 못하게 방지하는 불필요한 로직을 제거할 수 있습니다.

1.3.5 서비스

서비스 지향 아키텍처^{Service-Oriented Architecture}, 마이크로서비스, 애플리케이션 서비스, 도메인 서비스뿐만 아니라 스프링도 서비스란 언어를 사용해 혼란을 더욱 가중시킵니다. "서비스"란 언어 또한 컨텍스트에 따라 다양하게 해석해야 합니다. 여기서는 도메인 주도 설계에서 설명하는 "서비스"로 한정합니다.

에릭 에반스는 도메인 주도 설계에서 서비스^{Service}를 세 가지로 분류했습니다.

- 인프라스트럭처 서비스
- 애플리케이션 서비스
- 도메인 서비스

1.3.5.1 인프라스트럭처 서비스

인프라스트럭처 서비스를 구별하기 가장 쉽습니다. 인프라스트럭처 서비스는 헥사고 날 아키텍처에서 정의한 어댑터입니다. 어댑터는 데이터베이스, 네트워크를 통해 다른 시스템이 제공하는 API 호출, 메일 보내기, 이벤트 발행처럼 기술적인 문제를 다룹니 다. 이 서비스를 다른 서비스와 분리하지 못하면 기술과 관련있는 다양한 이슈가 도메 인 모델까지 전파돼 온전한 도메인 모델을 유지하기 어렵게 합니다. 기술적 이슈와 결 합된 도메인 모델은 더 이상 POJO가 아니므로 값 객체에서 언급한 독립적인 테스팅 도 어렵게 합니다.

1.3.5.2 애플리케이션 서비스

애플리케이션 서비스는 대표적으로 트랜잭션 관리, 인프라스트럭처와 상호 작용을 포 함한 비즈니스 유스케이스의 흐름을 조정하는 두 개의 책임을 가집니다. 애플리케이션 서비스가 두 가지 책임을 올바르게 처리하면 레이어드 아키텍처^{Layered Architecture}에서 도메인 로직을 잘못된 위치에 구현해 유지보수를 어렵게 만드는 것을 방지할 수 있습 니다.

> **참고**
>
> 스프링 프레임워크도 "서비스"란 단어를 사용하면서 혼란을 줘 도메인 서비스나 도메인 객체의 책임 을 애플리케이션 서비스에 구현한 코드를 많이 볼 수 있습니다.

애플리케이션 서비스의 첫 번째 책임은 클라이언트 요청부터 응답까지를 하나의 트랜 잭션으로 처리하는 것입니다. 도메인 객체가 작업을 완료하지 못하면 에러를 반환하거 나 예외를 던지는 오류 처리 또한 애플리케이션 서비스의 책임입니다. 같은 이유로 트 랜잭션 처리 실패도 애플리케이션 서비스가 담당해야 합니다. 서비스 레이어 패턴에서 언급한 로깅^{Logging}, 매트릭^{Metrics}, 모니터링^{Monitoring} 관련 기능도 애플리케이션 서비스 의 책임입니다.

두 번째 책임은 비즈니스 유스케이스를 수행하는 일련의 흐름 조정입니다. 애플리케이션 서비스는 데이터를 조회해 도메인 객체를 재구성하고 도메인 객체간 협력으로 비즈니스 로직을 처리합니다. 도메인 객체가 사용하는 정보가 다른 서비스에 있는 경우 이를 획득하기 위해 어댑터를 사용해야 하므로 인프라스트럭처 서비스가 제공하는 메소드를 호출해 결과를 얻어 도메인 객체에 전달하기도 합니다. 도메인 객체가 처리를 완료하면 최종 상태를 데이터베이스에 다시 기록하고 필요시 외부 시스템에게 알리기 위해 이벤트를 발행합니다.

그림 1-21은 애플리케이션 서비스가 비즈니스 유스케이스 흐름을 조정하기 위해 엔티티, 도메인 서비스, 인프라스트럭처 서비스간 의존성을 보여줍니다. 도메인 서비스는 이어서 설명합니다.

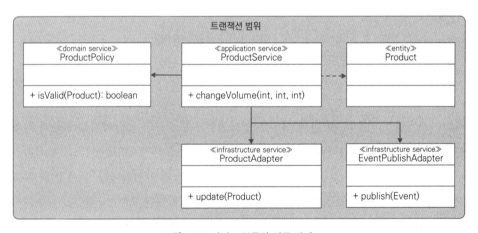

그림 1-21 서비스 분류와 의존 관계

1.3.5.3 도메인 서비스

에릭 에반스는 "엔티티에 부여하기 적합하지 않은 책임을 도메인 서비스에 부여하라."고 했습니다. 도메인 서비스는 말 그대로 도메인을 위해 존재하는 객체이므로 기술에 의존성이 없는 POJO로 구현해야 합니다. 반 버논은 도메인 주도 설계 구현에서 도메인 서비스를 사용해야 할 때 고려할 세 가지 휴리스틱을 제시했습니다.

> **참고**
>
> 휴리스틱(heuristics)은 경험에 근거한 판단 또는 접근법으로 경험법칙 또는 발견법이라고도 합니다.

- 중요한 비즈니스 프로세스를 수행할 때

- 어떤 컴포지션에서 다른 컴포지션으로 도메인 객체를 변환할 때

- 하나 이상의 도메인 객체에서 요구하는 입력 값을 계산할 때

첫 번째 중요한 비즈니스 프로세스에 대한 사례로 에릭 에반스는 도메인 주도 설계에서 계좌 이체로 설명했습니다. 계좌 이체는 입금, 출금, 잔액조회 같은 계좌Account의 책임이 아니라 두 계좌간 연속적인 입금과 출금입니다. 계좌 이체는 TransferMoneyService라는 도메인 서비스로 정의하고 이체가 성공하면 그 결과인 TransferMoney 엔티티를 반환합니다.

그림 1-21에서 ProductService가 사용하는 ProductAdapter는 데이터베이스에서 데이터를 읽거나 저장하는 책임을 가집니다. EventPublishAdapter는 레디스나 카프카 같은 브로커에 메시지를 발행합니다. 두 객체 모두 특정 기술에 의존하는 인프라스트럭처 서비스입니다.

상품을 등록하는데 복잡한 조건이 필요하면 예제 1-13처럼 ProductService에 구현하지 않고 이어서 설명할 도메인 서비스인 ProductCreationPolicy를 선언하고 이 클래스를 호출해 사전 조건을 검사합니다. ProductCreationPolicy 객체는 상품 등록을 위한 다양한 조건을 검사하는 로직을 isValid 메소드에 구현합니다. 이 객체는 존재 자체로 상품 생성(등록)과 관련된 정책(규칙)이 있음을 인지하는데 큰 도움을 줄

니다.

```
public class ProductService {

  private final ProductAdapter productAdapter;
  private final EventPublishAdapter eventPublishAdapter;

  @Transactional
  public void createProduct(String name) {
    Product product = new Product(name);
    ProductCreationPolicy policy = new ProductCreationPolicy();
    if (!policy.isValid(product)) {
      throw new InvalidProductPolicyException();
    }
    this.productAdapter.insert(product);
    this.eventPublishAdapter.publish(new ProductCreated(product));
  }

}

//

public class ProductCreationPolicy {

  public boolean isValid(Product product) {
    // 비즈니스 규칙
    return true;
  }

}
```

에릭 에반스가 도메인 서비스의 필요성을 소개한 반면 반 버논은 도메인 주도 설계 구현에서 무분별한 도메인 서비스의 사용이 빈약한 도메인 모델을 초래하기 때문에 꼭 필요한 경우가 아니라면 자제할 것을 강조합니다. 도메인 서비스의 무분별한 사용을 방지하기 위해 결과적 일관성을 사용할 수 있고 결과적 일관성은 6장에서 설명합니다.

두 번째 변환은 타입의 변환$^{converting, mapping}$입니다. 특정 도메인 객체를 사용하기 위해 다른 도메인 객체나 데이터 전송 객체$^{Data\ Transfer\ Object,\ DTO}$로 변환하거나 반대로 데이터 전송 객체를 도메인 객체로 변환하는데 사용합니다. 값 객체 사례에서 나의 배송지 엔티티를 주문의 주문 배송지 값 객체로 변환할 때 도메인 서비스를 사용할 수 있습니다.

마지막 세 번째는 도메인 객체에 전달할 목적으로 무엇인가를 계산하는 것입니다. 예를 들어 전화 상담원의 일일 총 통화시간을 계산할 때 애플리케이션 서비스에서 통화목록을 조회한 후 반복문을 이용해 누적값을 계산할 수 있습니다. 하지만 총 통화 시간 계산은 비즈니스와 밀접하게 연관돼 있으므로 애플리케이션 서비스의 책임으로 부여하기에 적절하지 않습니다. 반대로 "통화"라는 엔티티에 계산 책임을 부여하면 다른 엔티티에 의존성을 가져야 하고 이는 불필요한 의존성(결합도)을 가지므로 이 또한 적절치 않습니다. 총 통화 시간처럼 도메인과 밀접하게 관련된 기능이면서 엔티티나 값 객체에 어울리지 않는 책임을 도메인 서비스에 부여합니다. 계산과 관련된 책임의 대안은 7장 명령과 조회 책임 분리에서 사례와 함께 설명합니다.

> **강조**
>
> 도메인 서비스의 클래스 이름에 Service로 포함하는 것보다는 ProductCreationPolicy나 PasswordWritingPolicy처럼 문제 영역에서 클래스 역할을 더 명확하게 표현할 수 있는 이름을 사용하는 것이 좋습니다.

앞서 설명한 세 가지 사례를 보면 도메인 서비스는 전달받은 파라미터만 사용해 비즈니스 로직을 수행하고 그 결과를 반환하는 무상태^{stateless}라는 공통된 특징을 가집니다.

1.3.6 모듈

정보가 지나치게 많으면 오히려 없는 것과 같다고 했습니다. 사람은 이런 정보를 나누고 분류해 빠르게 찾을 수 있도록 자연스럽게 조직화하는데 에릭 에반스는 이를 인지적 과부하$^{cognitive\ overload}$라고 했습니다. 주변에서 쉽게 볼 수 있는 것으로 가나다 순으로 정리한 사전처럼 오래전부터 사용해 온 것도 있고 커머스 도메인의 상품 분류도 있습니다. 모듈^{Module}은 설계자가 의도한 기준으로 도메인 객체들을 분류한 것으로 자바 언어에서는 패키지^{package}를 사용합니다.

모듈은 모델링 초기 설계자의 통찰력으로 결정합니다. 시간이 지나 도메인을 더 깊게 이해하면서 더 명확한 기준을 찾아 조정하기도 합니다. 지금까지 알아본 빌딩 블록은 그림 1-22처럼 entity와 service 패키지로 분류할 수 있습니다.

왼쪽은 주문 서비스에서 주문(엔티티)과 주문 배송지(값 객체)를 entity 패키지에 두고 애플리케이션 서비스를 service 패키지로 분리합니다. 오른쪽 나의 배송지는 하나의 엔티티를 가지는 entity와 service 패키지로 분리했습니다. 앞으로 각 장에서 다룰 주제별로 마이크로서비스의 모듈(내부 구조)도 함께 소개합니다.

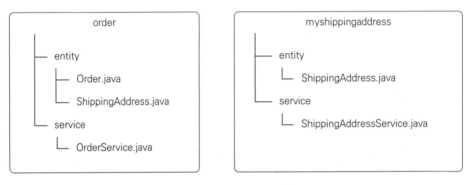

그림 1-22 도메인 주도 설계와 모듈

1.4 라이프사이클

1.4.1 애그리게이트

애그리게이트Aggregate는 도메인 객체들의 연관 관계에서 불변식Invariants을 보장해야 하는 단위입니다. 애그리게이트는 엔티티와 값 객체로 구성하는데 여러 개의 엔티티와 값 객체를 포함할 수 있으며 애그리게이트를 대표하는 엔티티를 애그리게이트 루트Aggregate Root라고 합니다.

다수의 엔티티로 애그리게이트를 구성할 때 애그리게이트 루트를 제외한 다른 엔티티는 애그리게이트 내에서 식별할 수 있는 식별자를 가집니다. 예를 들어 Cart에 담겨있는 Item도 식별자가 필요한데 이 식별자는 다른 Cart에 포함된 Item 식별자와 중복될 수 있지만 불변식의 범위인 하나의 Cart 안에서는 중복될 수 없습니다. 그림 1-23에서 a001과 k124 카트에 담긴 Item의 식별자인 itemId가 1과 2로 동일하지만 하나의 애그리게이트 내에서는 중복되지 않습니다.

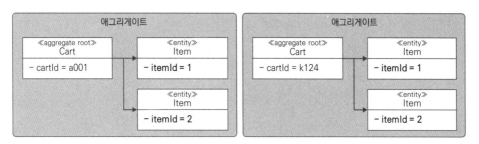

그림 1-23 여러 엔티티로 구성한 애그리게이트와 식별자

> **참고**
>
> 카트를 하나의 애그리게이트로 설계하는 것은 논란의 소지가 없지만 아이템을 엔티티나 값 객체로 설계할지는 시각에 따라 차이가 있습니다. 이 책에서는 설명을 위해 상황에 따라 엔티티나 값 객체로 설계했고 클래스 다이어그램에 스테레오 타입으로 표기합니다.

애그리게이트가 정의하는 범위 밖에서는 애그리게이트 루트를 통해서만 애그리게이트의 상태를 변경해야 합니다. 즉, 애그리게이트가 제공하는 기능은 애그리게이트 루트가 제공하는 메소드에서 시작해야 하고 실행이 완료되면 애그리게이트를 구성하는 객체들 간에 불변식을 유지해야 합니다.

도메인 주도 설계에서 애그리게이트는 도메인 서비스와 더불어 명확하게 규명되지 않은 패턴이어서 얼핏보면 엔티티와 값 객체를 식별하면서 애그리게이트의 불변식 경계를 정의하는 것이 어렵지 않아 보입니다. 하지만 애그리게이트는 비즈니스 케이스를 잘 살펴 거대한 경계를 갖지 않게 주의를 기울여야 합니다.

앞서 언급했듯이 명확하게 규명되지 않은 패턴이라 논란의 소지도 많고, 다양한 의견이 존재합니다. 이는 설계자가 문제 영역을 바라보는 시각의 차이로 인해 바운디드 컨텍스트를 어떻게 정의하느냐에 따라 애그리게이트의 범위가 정해지기 때문입니다.

불변식의 경계로 어렵지 않게 이해할 수 있는 장바구니(Cart)를 살펴보겠습니다. 카트 마이크로서비스가 제공하는 대표 기능은 아래와 같습니다.

- Product를 Cart에 추가한다.

- Cart에 들어있는 Item의 수량을 변경한다.

- Cart에 있는 Item을 제거한다.

- Cart에 있는 Item을 Wishs로 이동시킨다.

네 번째 관심 상품(Wishs)으로 이동하는 것은 결국 Cart에서 Item을 삭제하고 Wish 에 추가하는 두 가지 기능을 포함합니다. 이는 Cart 서비스만의 책임이 아닙니다. 카트 와 관심 상품간 관계는 6장 결과적 일관성에서 다시 설명합니다.

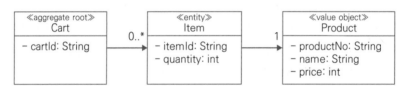

그림 1-24 카트 애그리게이트

그림 1-24는 카트 애그리게이트를 구성하는 엔티티와 값 객체입니다. 앞서 애그리 게이트 외부에서는 애그리게이트 루트를 통해서만 애그리게이트 내부에 있는 객체에 접근할 수 있다고 했습니다. 즉, 위 3개의 기능은 엔티티이면서 애그리게이트 루트인 Cart 클래스가 메소드로 제공해야 합니다.

예제 1-14 카트 애그리게이트와 제공 기능

```java
public class Cart {

  private String cartId;
  private List<Item> items;

  public Cart(String cartId) {
```

```
    this.cartId = cartId;
    this.items = new ArrayList<>();
  }

  public void addItem(Product product, int quantity) {
    Item newItem = new Item(product, quantity);
    this.items.add(newItem);
  }

  public void removeItem(String productNo) {
    Item foundItem = this.findItem(productNo);
    this.items.remove(foundItem);
  }

  public void changeQuantity(String productNo, int quantity) {
    Optional<Item> foundItem = this.findItem(productNo);
    if (foundItem.isEmpty()) {
      return;
    }
    foundItem.get().changeQuantity(quantity);
  }

  private Optional<Item> findItem(String productNo) {
    return this.items.stream()
              .filter((item) -> {
                return productNo.equals(item.getItemId());
              })
              .findFirst();
  }

  public boolean isEmpty() {
    return this.items.isEmpty();
  }

}
```

애플리케이션 서비스인 CartService는 예제 1-15처럼 카트 애그리게이트가 제공하는 메소드를 호출하기 위해 비즈니스 케이스의 흐름을 조정합니다.

예제 1-15 카트 애플리케이션 서비스

```
public class CartService {
```

```
  private ProductDao productDao;
  private CartDao cartDao;

  public void addItem(String cartId, String productNo,
                      int quantity) {
    Cart foundCart = this.cartDao.retrieve(cartId);
    Product product = this.productDao.retrieve(productNo);

    foundCart.addItem(product, quantity);
    this.cartDao.update(foundCart);
  }

  public void removeItem(String cartId, String productNo) {
    Cart foundCart = this.cartDao.retrieve(cartId);
    foundCart.removeItem(productNo);
    this.cartDao.update(foundCart);
  }

  public void changeQuantity(String cartId, String productNo,
                             int quantity) {
    Cart foundCart = this.cartDao.retrieve(cartId);
    foundCart.changeQuantity(productNo, quantity);
    this.cartDao.update(foundCart);
  }

}
```

각 메소드는 인프라스트럭처 서비스를 이용해 요청을 전달할 대상인 Cart 애그리게이트를 데이터베이스에서 조회합니다. 데이터베이스에서 애그리게이트를 찾으면 애그리게이트(루트인 Cart)에 요청을 전달하고, 명령을 처리하면 다시 인프라스트럭처 서비스를 호출해 최종 상태를 데이터베이스에 저장합니다.

> **참고**
>
> 인터페이스를 선언(CartService)하고 인터페이스 구현 클래스(CartServiceImpl)를 사용하는 것이 더 좋은 설계로 알려져 있습니다. 하지만 인터페이스를 선언한다는 것은 최소 2개의 구현 클래스가 있음을 내포합니다. 처음부터 구현 클래스를 2개 이상 만들어야 하는 상황이 아니라면 굳이 인터페이스로 선언할 필요가 없습니다. 2개 이상의 구현 클래스가 필요할 때 인터페이스로 분리하는 것으로도 충분합니다.

1.4.2 애그리게이트와 단위 테스트

비즈니스 로직을 애그리게이트에 두면 비즈니스 로직을 처리하는 협력 대상도 기술에 중립적인 POJO 클래스로 한정하는 효과가 있습니다. POJO 프로그래밍의 장점은 스프링처럼 프로그램이 실행되는 환경에 의존성이 없어 자유로운 단위 테스트가 가능합니다.

예제 1-16은 카트 애그리게이트가 제공하는 대표 기능을 테스트합니다. 각 테스트 케이스에서 Product, Cart를 생성하는 코드 중복을 제거하기 위해 테스트 케이스 메소드를 실행할 때마다 Product와 Cart를 초기화하도록 @BeforeEach 어노테이션을 사용합니다.

예제 1-16 카트 애그리게이트와 단위 테스트

```
public class CartTest {

  String productNo;
  Product product;
  Cart cart;

  @BeforeEach
  public void beforeEach() {
    Product product = new Product(productNo, 680000, "iPad mini");
    Cart cart = new Cart("1234");
  }

  @Test
  public void testAddItem() {
    cart.addItem(product, 2);
    Assert.assertEquals(1360000, cart.getTotal());
  }

  @Test
  public void testChangeQuantity() {
    cart.addItem(product, 2);
    cart.changeQuantity(productNo, 1);
    Assert.assertEquals(680000, cart.getTotal());
  }

  @Test
```

```
    public void testRemoveItem() {
      cart.removeItem(productNo);
      Assert.assertTrue(cart.isEmpty());
    }

  }
```

1.4.3 애그리게이트 설계 규칙

반 버논은 도메인 주도 설계 구현에서 애그리게이트 설계에 적용할 수 있는 4가지 휴리스틱을 소개했습니다. 이 규칙은 https://www.dddcommunity.org/library/vernon_2011/에 공개돼 있습니다.

- Part I considers the modeling of an aggregate

- Part II looks at the model and design issues of how different aggregates relate to each other.

- Part III discusses the discovery process: how to recognize when a design problem is a hint of a new insight, and how different aggregate models are tried and then superseded.

규칙 #1. 비즈니스 불변식을 애그리게이트로 한정

애그리게이트는 불변식의 범위를 결정하는 것이 가장 중요합니다. 불변식은 애그리게이트가 제공하는 기능을 호출하고 처리가 완료됐을 때 애그리게이트 내에 존재하는 엔티티와 값 객체가 준수해야 하는 조건(비즈니스 규칙)입니다. 불변식은 다른 식별자를 가진 애그리게이트와 독립적으로 유지되고 데이터베이스에 저장돼야 하기 때문에 트랜잭션 범위Transaction Boundary나 일관성의 범위라 부르기도 합니다.

규칙 #2. 작은 애그리게이트로 설계

productNo가 PRD001인 상품이 120,000명의 회원 Cart에 담겨 있고 상품의 판매가격을 변경한다고 가정합니다. 그림 1-25처럼 Cart를 애그리게이트로 설계하고 Item을 애그리게이트의 값 객체로 설계하면 모든 Cart를 조회하고 productNo가

PRD001의 Item을 찾아 가격을 변경한 후 다시 저장해야 합니다. 이 흐름은 데이터 베이스에서 해당 상품을 포함하지 않는 Cart도 조회하므로 효율적이지 않습니다. 또한 상품의 판매가격을 변경하는 동안 카트 소유자가 카트 변경을 요청하면 애그리게이트의 불변식을 유지하지 못할 가능성이 있고 한번에 큰 객체를 사용하므로 더 많은 메모리가 필요합니다.

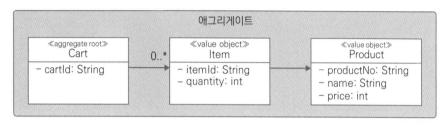

그림 1-25 Item을 값 객체로 설계한 카트 애그리게이트

반대로 그림 1-26은 Item을 별도의 애그리게이트로 분리했습니다. Item을 애그리게이트로 분리하면 가격을 변경한 productNo로 Item을 조회한 후 가격을 변경하는 흐름으로 전체를 업데이트할 수 있습니다. Cart와 Item을 하나의 애그리게이트로 설계했을 때와 달리 Cart와 Item이 독립적이면서 불변식의 범위를 가진 존재이므로 Item의 판매 가격 변경을 위한 메소드가 Cart에 영향을 주지 않습니다.

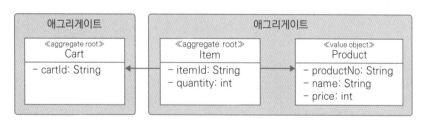

그림 1-26 카트와 아이템을 분리한 애그리게이트

규칙 #3. 다른 애그리게이트는 식별자로 참조

Cart와 Item을 독립적인 애그리게이트로 설계하면 Item이 어느 Cart에 포함되는지 알 수 있는 참조값이 필요합니다. 가장 좋은 방법은 CartId로 네이밍한 식별자 타입을

선언하는 것입니다.

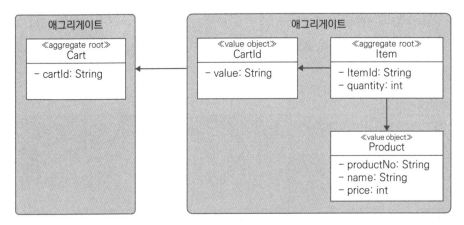

그림 1-27 식별자 클래스를 활용한 애그리게이트 참조

하지만 자바에서 String은 상속 불가능한 sealed 클래스이므로 Item 클래스에 프리미티브 타입(String)으로 cartId 속성을 선언하거나 단순히 하나의 프리미티브 타입을 가지는 식별자 클래스로 CartId를 선언해 애그리게이트를 참조합니다.

예제 1-17 자바에서 애그리게이트 식별자 참조

```java
public class Item {
  private String cartId;
}

//

public class Item {

  private CartId cartId;

  public static class CartId {
    private String value;
  }

}
```

자바와 달리 코틀린^{Kotlin}은 typealias를 이용해 String을 CartId 타입으로 선언할 수 있습니다. CartId 타입을 선언하면 도메인에서 사용하는 유비쿼터스 언어를 코드까지 자연스럽게 확장할 수 있습니다. Cart와 Item을 독립적인 애그리게이트 루트로 설계한 사례와 비교했을 때 불변식에는 변화가 없습니다.

예제 1-18 코틀린에서 애그리게이트 참조와 식별자 타입

```
typealias CartId: String

class Item {

  private val cartId: CartId

  constructor(cartId: CartId, …) {
    this.cartId = cartId
    // 생략
  }

}
```

규칙 #4. 애그리게이트간 변화는 결과적 일관성을 이용

Item의 수량이나 가격을 변경하면 Cart에 담긴 전체 금액도 다시 계산해야 합니다. Cart와 Item을 애그리게이트로 분리하면 Item은 수량 변경 이벤트 (QuantityChanged)를 발행하고 Cart가 이 이벤트에 반응해 total을 다시 계산할 수 있습니다. 이벤트를 활용한 결과적 일관성은 비즈니스 프로세스를 시스템 전체가 아닌 애그리게이트로 한정하는 효과가 있어 애플리케이션 서비스를 훨씬 단순하게 구현할 수 있습니다.

또한 결과적 일관성을 사용하면 마이크로서비스를 더 작은 단위로 분할하거나 반대로 통합할 때 추가적인 비용이 거의 들지 않습니다. 결과적 일관성과 마이크로서비스 분할 및 통합은 6장에서 설명합니다.

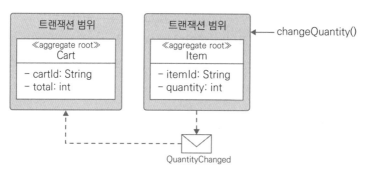

그림 1-28 이벤트를 이용한 애그리게이트간 일관성 유지

1.4.4 팩토리

애그리게이트를 생성하는 방법이 복잡하거나 애그리게이트의 내부를 너무 많이 드러내는(생성할 때만 사용해야 하는 public 메소드가 너무 많은) 경우 팩토리Factory를 이용해 캡슐화합니다.

복잡한 객체와 애그리게이트의 인스턴스를 생성하는 책임을 별도의 객체로 옮겨라. 이 객체 자체는 도메인 모델에서 아무런 책임도 맡지 않을 수도 있지만 여전히 도메인 설계의 일부를 구성한다.
모든 복잡한 객체 조립 과정을 캡슐화하는 동시에 클라이언트가 인스턴스화되는 개체의 구체 클래스를 참조할 필요가 없는 인터페이스를 제공하라. 전체 애그리게이트를 하나의 단위로 생성해서 그것의 불변식이 유지되게 하라.

에릭 에반스, 『도메인 주도 설계』

도메인 객체의 생명주기를 고려했을 때 생성은 한번이지만 객체가 소멸되기까지 상태는 계속 변합니다. 즉, 객체의 생성과 생성 이후의 행위는 크게 관계가 없다고 할 수 있습니다. 따라서 객체의 복잡한 생성 과정을 도메인 객체와 분리하면 도메인을 이해하고 변경하는 것이 훨씬 수월해 집니다.

팩토리는 어디에나 존재할 수 있지만 애그리게이트 루트, 팩토리 패턴을 사용한 전용 클래스가 가장 적합합니다. 대상 객체와 밀접한 관계에 있는 객체라는 기준도 있지만 모호해 추천하지 않습니다. 애그리게이트가 불변식을 유지하는 단위이므로 팩토리가 새로운 애그리게이트를 생성한 후에도 불변식을 유지해야 합니다.

팩토리의 책임을 부여한 애그리게이트 루트와 전용 클래스를 사례와 함께 알아봅니다.

1.4.4.1 애그리게이트 루트

커머스 도메인에서 Cart와 Item은 "has a" 관계입니다. 따라서 Item을 생성하는 팩토리의 책임을 Cart에 부여할 수 있습니다. Cart에 책임을 부여하는 것은 Item을 생성할 때 필요한 속성인 cartId를 Cart가 소유하기 때문이기도 합니다.

예제 1-19 팩토리와 애그리게이트 루트

```
public class Cart {

  private String cartId;
  private List<Item> items;

  public Cart(String userId) {
    this.cartId = userId;
  }

  public void addItem(String productNo, String productName,
                      int price, int quantity) {
    Item item = new Item(this.cartId, productNo, productName,
                         price, quantity);
    this.items.add(item);
  }

}
```

예제 1-19는 카트에 담은 Item을 값 객체로 설계했을 때 팩토리의 구현입니다. Item을 엔티티로 설계하면 addItem 메소드는 예제 1-20처럼 생성한 Item 클래스의 인스턴스를 반환해야 합니다.

```
public class Cart {

  public Item addItem(String productNo, String productName,
                      int price, int quantity) {
    return new Item(this.cartId, productNo, productName,
                    price, quantity);
  }

}
```

1.4.4.2 전용 클래스

고객의 등급에 따라 Cart에 담을 수 있는 총 금액에 제한이 있고 등급(A, B, C – C등급
이 제일 높음)에 따른 제한 금액을 각각 10, 20, 30만원으로 가정합니다. Cart는 상품을
추가할 때 제한 금액을 알고 있어야 하므로 Cart 애그리게이트를 생성할 때 제한 금
액을 파라미터로 전달합니다. Cart 클래스의 제한 금액인 limit를 파라미터로 받는 생
성자(1)를 추가하고 카트에 상품(아이템)을 추가할 때마다 제한 금액 초과를 확인(2)합
니다.

예제 1-21 카트 애그리게이트와 금액 제한

```
public class Cart {

  private int limit;
  private int total;

  public class Cart(String userId, int limit) { (1)
    this.userId = userId;
    this.limit = limit;
  }

  public void addItem(String productNo, String productName, int price,
                      int quantity) {
    if (total + (price * quantity) > limit) {    (2)
      throw new ExceedCartLimitException();
    }
    Item item = new Item(cartId, productNo, productName, price,
                         quantity);
```

```
      this.items.add(item);
  }

}
```

사례에서 전용 클래스는 고객 등급이 필요합니다. 데이터 접근 객체를 사용해 고객 등급을 조회(1)하고 등급에 따른 제한 금액을 한번 더 조회(2)해 Cart를 생성할 때 파라미터로 전달(3)합니다.

예제 1-22 팩토리와 전용 클래스

```
public class CartFactory {

  private UserDao userDao;
  private LimitDao limitDao;

  public Cart createCart(String userId) {
    User foundUser = this.userDao.select(userId);        (1)
    Limit foundLimit = this.limitDao
                             .select(foundUser.getGrade()); (2)
    return new Cart(userId, foundLimit);                  (3)
  }

}
```

예제 1-22는 리포지토리인 UserDao와 LimitDao를 사용했지만 마이크로서비스 아키텍처에서는 다른 마이크로서비스를 호출해 조회하거나 front에서 전달받을 수 있습니다. 또한 7장에서 설명할 CQRS를 적용해 Cart 서비스에 사용자별 제한 금액을 실시간으로 동기화해 서비스 간 독립성을 높일 수 있습니다.

1.4.5 리포지토리

대부분 쿼리를 이용해 도메인 객체를 재구성하는 경우 이 객체를 인포메이션 홀더(또는 데이터 컨테이너)로 생각합니다. 도메인 객체를 인포메이션 홀더로 생각하면, 설계가 객체간의 관계와 협력이 아닌 데이터를 조회하는 쿼리 자체나 쿼리가 반환한 객체의 값을 변경할 때 애플리케이션 서비스에 구현할 가능성이 높아집니다.

리포지토리Repository는 마이바티스MyBatis나 자바 영속성 APIJava Persistence API, JPA 같은 라이브러리 또는 프레임워크를 이용할 때 애그리게이트 단위로 기능을 제공해야 합니다. 리포지토리는 이를 사용하는 클라이언트에게 쿼리를 어떻게 작성하는가와 같은 상세한 구현을 숨기면서 저장하고 조회하는 행위에 집중할 수 있게 합니다. 이런 접근법은 좀 더 도메인 객체를 중심으로 설계하도록 유도하는 효과가 있습니다.

Cart 애그리게이트에서 Item을 엔티티로 설계했을 때 리포지토리가 애그리게이트 단위로 기능을 제공하지 않으면 Item에 직접 접근해 상태를 변경할 수 있습니다. 이런 접근을 허용하면 Cart와 Item간에 존재하는 비즈니스 규칙을 적용하는 코드가 누락되거나 여러 곳에 분산돼 오류 발생 가능성이 높아집니다.

예제 1-23 카트 애그리게이트와 리포지토리

```java
public class CartRepository {

  public void create(Cart cart) {
    // Cart - Items - Product의 연관관계를 한번에 저장한다.
  }

  public void retrieve(String cartId) {
    // Cart - Items - Product의 연관관계를 한번에 조회해 반환한다.
  }

  public void update(Cart cart) {
    // Cart -Items - Product의 연관관계를 한번에 변경한다.
  }

  public void delete(String cartId) {
    // Cart에 포함된 Items, Product도 함께 삭제한다.
  }

}
```

> **강조**
>
> 예제 1-23의 CartRepository 클래스는 스프링이 제공하는 Repository 인터페이스가 아닙니다.

리포지토리는 개발자 성향에 따라 다양하게 설계할 수 있습니다. 여기서는 대표적인 세 가지 설계 방법을 소개합니다. 어떤 설계 접근법을 선택하더라도 리포지토리가 제공하는 메소드는 애그리게이트 단위로 제공하면서 하나의 트랜잭션으로 처리해야 합니다.

1.4.5.1 단일 테이블

Cart - Items - Product 관계를 하나의 테이블에 저장합니다. 관계형 데이터베이스에서 Item을 기준으로 Cart, Product가 중복된 테이블로 설계할 수 있습니다. Item을 값 객체로 설계했다면 Cart 객체를 JSON으로 직렬화한 문자열을 하나의 컬럼과 매핑할 수 있습니다. 그림 1-29에서 왼쪽 테이블은 값 객체인 Item이나 Product 속성을 컬럼과 매핑해 조회 편의성을 높였습니다.

TB_CART				
CART_ID	ITEM_ID	...	PRICE	QUANTITY
19472				
19472				

CartId를 중복하고 Item을 레코드로 저장

TB_CART	
CART_ID	ITEMS
19472	{JSON}
98416	{JSON}

JSON으로 직렬화한 문자열로 저장

그림 1-29 애그리게이트와 단일 테이블

1.4.5.2 다중 테이블

가장 일반적인 설계로 TB_CART와 TB_ITEM 테이블로 분리합니다. TB_ITEM 테이블은 어느 Cart에 속하는지 찾기 위해 CART_ID를 외래 키로 가집니다. Item 객체의 속성은 TB_ITEM 테이블의 개별 컬럼과 매핑합니다.

1. Cart, Item, Product를 개별 테이블로 분리한다.

2. Cart와 Item/Product 두 개 테이블로 분리한다.

TB_CART
CART_ID
19472
98416

TB_ITEM				
CART_ID	ITEM_ID	...	PRICE	QUANTITY
19472				
19472				

그림 1-30 애그리게이트와 다중 테이블

1.4.5.3 하이브리드 테이블

앞서 설명한 단일/다중 테이블의 장점을 조합해 TB_CART와 TB_ITEM 테이블로 분리하고 Item이 소유한 값 객체 Product를 JSON으로 직렬화합니다. 특정 상품을 포함하는 카트를 조회해야 하면 TB_ITEM 테이블에 값 객체인 Product의 상품번호 속성을 컬럼으로 매핑합니다.

TB_CART
CART_ID
19472
98416

TB_ITEM			
CART_ID	ITEM_ID	PRODUCT	QUANTITY
19472		{JSON}	
19472		{JSON}	

그림 1-31 애그리게이트와 하이브리드 테이블

기술적으로는 리포지토리를 호출해 애그리게이트를 조회할 때 새로운 인스턴스를 생성하므로 리포지토리를 앞서 설명한 팩토리로 생각할 수 있습니다. 하지만 팩토리는 애그리게이트의 라이프사이클에서 최초 생성을 담당하고 리포지토리는 라이프사이클의 중간 단계인 애그리게이트를 재구성reconstitution하므로 구분할 필요가 있습니다.

1.5 추상화된 핵심

도메인 주도 설계를 주제로 논의해 보면 엔티티, 값 객체, 서비스, 리포지토리, 애그리게이트, 애그리게이트 루트를 제일 많이 언급합니다. 하지만 이것들만 사용해 실무에 적용하기에는 한계가 있습니다. 빌딩 블록 외에 중요한 것들 중 하나가 추상화된 핵심(Abstract Core)입니다. 추상화된 핵심은 도메인 주도 설계 15장 마지막에 두 페이지로 아주 짧게 소개합니다. 에릭 에반스는 추상화된 핵심에서 "모델의 가장 근본적인 개념을 식별해서 그것을 별도의 클래스나 추상 클래스 또는 인터페이스로 추출하라."고 했습니다.

여기서는 항만의 크레인과 컨테이너 사례로 추상화된 핵심을 소개합니다. 크레인은 컨테이너를 컨테이너선에서 야적장으로 이동하거나 야적장에 쌓여 있는 컨테이너를 차량으로 옮깁니다. 물론 컨테이너선에서 차량으로 직접 옮기는 경우도 있습니다. 크레인의 주요 책임은 컨테이너를 이동시키는 것이고 핵심 시나리오는 다음과 같습니다.

1. 선박에서 차량으로 직접 이동

2. 선박에서 야적장의 특정 위치로 이동

3. 야적장의 특정 위치에서 야적장의 다른 위치(차량에 싣기 좋은 위치로 이동)로 이동

4. 야적장의 특정 위치에서 차량으로 이동

위의 네 가지 케이스를 모델링하면 엔티티는 그림 1-32와 같이 이동 대상인 컨테이너 Container와 컨테이너가 위치할 수 있는 선박Ship, 야적장Yard, 차량Vehicle이 있습니다. 마지막으로 컨테이너를 이동시키는 크레인Crane이 있습니다. 선박, 야적장, 차량은 크레인이 컨테이너를 옮기는 출발지이면서 도착지입니다.

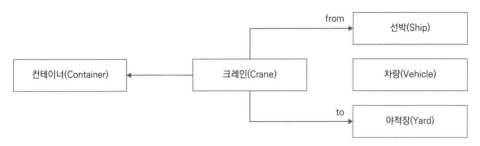

그림 1-32 컨테이너 하역과 도메인 객체

컨테이너 이동을 애플리케이션 서비스의 책임으로 부여하고 기능을 식별하면 moveContainer 오퍼레이션이 필요하고, 각 출발지와 도착지에 따라 다양한 파라미터를 전달하게 오버로드해야 합니다. 이는 하역과 관련있는 오퍼레이션이고 반대의 경우를 생각하면 몇 개의 오퍼레이션이 더 필요합니다.

예제 1-24 컨테이너 이동 인터페이스와 오퍼레이션

```
public interface MovingService {

  moveContainer(Ship ship, Yard yard,
                Container container);
  moveContainer(Yard fromYard, Yard toYard,
                Container container);
  moveContainer(Yard yard, Vehicle vehicle,
                Container container);
  moveContainer(Ship ship, Vehicle vehicle,
                Container container);

}
```

이 설계는 컨테이너 위치 중 하나인 야적장을 더 세분화하면 오퍼레이션을 더 추가해야 합니다. 오퍼레이션을 추가할수록 상황에 맞게 파라미터를 전달하기 위해 고민하는 시간도 증가합니다. 이럴 때일수록 도메인의 핵심을 더 단순하게 표현할 수 있는 방법이 있는지 한번 더 생각해 볼 필요가 있습니다.

선박, 차량, 야적장을 하나의 개념으로 추상화해서 세 개를 대표하는 적합한 개념과 유비쿼터스 언어를 찾을 수 있습니다. 즉, 크레인은 컨테이너를 한 위치에서 다른 위치로

이동하는 것으로 정의할 수 있습니다. 따라서 선박, 차량, 야적장을 위치^{Location}로 일반
화시키고 업무 담당자와의 대화에서 이 언어를 사용할 수 있습니다.

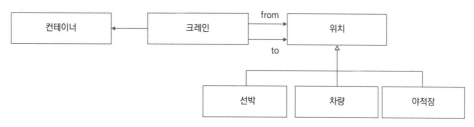

그림 1-33 컨테이너 이동과 추상화된 핵심

> **참고**
>
> 야적장은 여러 구역으로 나뉠 수 있고 컨테이너를 켜켜이 쌓아 올리므로 "단"이라는 개념도 필요합
> 니다. 지금 집중하는 것은 선박, 차량, 야적장을 대표하는 개념을 찾는 것이므로 위치를 더 상세하게
> 고려하지 않습니다.

지금까지 우리가 직접 볼 수 있는 것 중심으로 설계를 충분히 할 수 있지만 놓친 도메
인 객체가 하나 더 있습니다. 경험이 풍부한 설계자는 여기서 놓친 새로운 위치를 하나
더 발견할 수 있는데, 그것이 바로 크레인입니다.

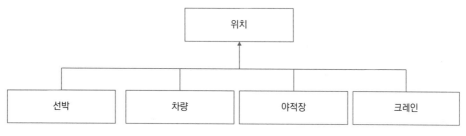

그림 1-34 위치와 크레인

이제 컨테이너의 이동은 일반화시킨 한 위치에서 다른 위치로의 이동이므로 예제
1-25처럼 하나의 오퍼레이션을 가진 인터페이스로 통합할 수 있습니다.

예제 1-25 컨테이너 이동 인터페이스

```java
public interface MovingService {

  void move(Container container, Location from, Location to);

}
```

지금까지 우리는 선박, 야적장, 차량, 크레인과 같이 구체적인 클래스에 상관없이 컨테이너를 이동시킬 수 있게 모델링했고 오퍼레이션도 단순해 졌습니다.

1.6 요약

1장에서는 비즈니스 로직의 중요성과 소프트웨어 구성 요소에서 로직을 구현할 수 있는 코드 베이스에서 위치 그리고 도메인 주도 설계의 빌딩 블록과 라이프사이클에 대해 알아봤습니다.

- 비즈니스 로직은 트랜잭션 스크립트, 테이블 모듈, 서비스 레이어, 도메인 모델 패턴으로 구현할 수 있습니다.

- 비즈니스 로직이 복잡하고 객체지향 언어를 사용하면 도메인 모델 패턴을 우선적으로 고려합니다.

- 도메인 주도 설계에서 기본 설계 요소인 빌딩 블록에 대해 알아 봤습니다.

- 엔티티가 식별자를 가지는 반면에 값 객체는 식별자를 가지지 않고 엔티티를 수식하는 속성의 그룹입니다.

- 서비스는 외부 시스템과 협력하는 인프라스트럭처 서비스, 트랜잭션 범위를 한정하는 애플리케이션 서비스 그리고 순수 비즈니스 로직을 담으면서 무상태 클래스인 도메인 서비스로 분류합니다.

- 애그리게이트는 도메인의 불변식을 유지하는 단위로 여러 개의 엔티티와 값 객체로 구성합니다.

- 애그리게이트의 대표 엔티티를 애그리게이트 루트라고 합니다.

- 애그리게이트로의 모든 요청은 애그리게이트 루트가 제공하는 메소드 호출로 시작해야 합니다.

- 반 버논이 제시한 애그리게이트 설계 경험 법칙 4가지에 대해 알아 봤습니다.

- 팩토리는 도메인 객체나 전용 팩토리 클래스를 사용할 수 있습니다.

- 리포지토리는 애그리게이트 단위로 일관성을 보장하는 CRUD 오퍼레이션을 제공해야 합니다.

- 도메인을 더 깊게 이해할수록 추상 클래스와 인터페이스를 활용해 도메인의 핵심을 표현할 수 있습니다.

CHAPTER 2

객체지향 설계 원칙

2장에서 다루는 내용

- 책임 주도 설계
- 리스코프 치환 원칙
- 단일 책임 원칙
- 인터페이스 분리 원칙
- 개방/폐쇄 원칙
- 의존성 역전 원칙

자바와 같은 객체지향 언어를 사용했다고 소프트웨어를 객체지향으로 개발했다고 할 수 없습니다. 우리는 객체지향 언어를 사용하면서 너무 쉽게 절차지향 소프트웨어를 만들고 있습니다.

디자인 패턴을 살펴보면 객체지향 설계 원칙을 잘 적용한 것을 알 수 있습니다. 말 그대로 객체지향 설계 원칙을 준수했을 때 비로소 높은 응집도와 낮은 결합도를 가진 소프트웨어를 만들 수 있습니다. 2장에서는 이전 장에서 살펴본 도메인 주도 설계 빌딩 블록과 함께 객체지향 설계 원칙에 대해 알아봅니다.

가상의 설문조사 기업 COSMOS는 프로모션으로 수집한 고객에게 전화 설문을 진행하는 비즈니스 모델을 가지고 있습니다. 이 기업은 설문 조사원에게 다양한 조건으로 고객을 배정하는 소프트웨어 개발을 의뢰했습니다. 다른 경쟁사와의 차별점으로 고객과 설문 조사원의 특성을 고려한 배정으로 응답률을 극대화하길 원합니다. 담당자는 최적의 응답율을 찾아내기 위해 배정 알고리듬을 빠르게 변경해 다양한 방법으로 고객을 설문 조사원에게 배정하고 결과를 효율적으로 분석하길 원합니다. 또한 이 배정 기능으로 빠르게 시장 점유율을 높이고 경쟁력에서 우위를 유지하고자 합니다.

> **참고**
>
> 도메인 주도 설계에서 하위 도메인은 핵심/지원/일반 하위 도메인으로 구분합니다. 핵심 하위 도메인은 경쟁사와 차별화해야 하는 대상이므로 일반적으로 구매할 수 없습니다. 핵심 하위 도메인은 지원/일반 하위 도메인과 달리 복잡할 뿐만 아니라 경쟁력을 유지하기 위해 자주 변경합니다.

우리는 어렵지 않게 고객[Customer]과 설문 조사원[Surveyor] 애그리게이트를 식별할 수 있는데 이 두 개의 애그리게이트와 간단한 요구사항으로 객체지향 설계 원칙을 적용해 봅니다. 시스템 자원인 메모리는 무한하다고 가정합니다.

- 나이, 연락처 종류(핸드폰, 유선전화), 성별로 배정 대상 고객을 추출한다.

- 추출한 고객을 설문 조사원에게 배정한다.

- 배정 담당자는 배정 시 다양한 배정 알고리듬을 선택할 수 있다.

요구사항을 검토해서 식별자를 포함해 6개의 속성을 갖는 고객 클래스를 설계했습니다. 고객에게 설문 조사원을 배정하면 고객 클래스의 surveyorId 속성에 설문 조사원의 식별자를 할당합니다. 예제 2-1과 2-2는 각각 고객과 설문 조사원 클래스입니다.

그림 2-1 고객과 설문 조사원 애그리게이트

예제 2-1 고객 애그리게이트

```java
public class Customer {
  private String id;
  private String name;

  private String birthday;
  private String landlinePhone;
  private String mobilePhone;
  private String gender;

  private String surveyorId;
}
```

예제 2-2 설문 조사원 애그리게이트

```java
public class Surveyor {
  private String id;
  private String name;
}
```

예제 2-3은 배정 비즈니스 로직입니다. 30세 이상인 고객을 추출⑴하고 나이를 오름차순으로 정렬⑵한 후 설문 조사원에게 순차적으로 분배⑶합니다. 나이 계산은 calculateAge 메소드⑷로 분리했고 단순함을 유지하기 위해 년도만 사용합니다. 개발 팀은 담당자에게 요구사항을 확인하기 위해 배정 로직을 애플리케이션 서비스인 AssignService.assign 메소드에 빠르게 구현했습니다.

예제 2-3 배정 비즈니스 로직

```java
public class AssignService {

  public List<Customer> assign(List<Customer> customers,
                               List<Surveyor> surveyors) {
    List<Customer> filteredCustomer = new ArrayList<>();

    for (Customer customer: customers) {
      if (this.calculateAge(customer) >= 30) {            (1)
        filteredCustomer.add(customer);
      }
    }
```

```java
filteredCustomer.sort(new Comparator<Customer>() { (2)
  @Override
  public int compare(Customer customer1, Customer customer2) {
      return calculateAge(customer1)
                .compareTo(calculateAge(customer2));
  }
});

int i = 0;
for (Customer customer: filteredCustomer) {          (3)
  Surveyor surveyor = surveyors.get(i % surveyors.size());
  customer.setSurveyorId(surveyor.getId());
  i++;
}

return filteredCustomer;
}

public Integer calculateAge(Customer customer) {     (4)
  String year = customer.getBirthday().substring(0, 4);
  String month = customer.getBirthday().substring(5, 6);
  String day = customer.getBirthday().substring(7, 8);

  Calendar calendar = Calendar.getInstance();
  calendar.set(Calendar.YEAR, Integer.valueOf(year));
  calendar.set(Calendar.MONTH, Integer.valueOf(month)-1);
  calendar.set(Calendar.DAY_OF_MONTH, Integer.valueOf(day));

  Date birthDate = calendar.getTime();

  Calendar birthdayCalendar = Calendar.getInstance();
  birthdayCalendar.setTime(birthDate);
  Calendar todayCalendar = Calendar.getInstance();

  return todayCalendar.get(Calendar.YEAR)
        - birthdayCalendar.get(Calendar.YEAR);
}

}
```

담당자가 다양한 배정 방법을 적용해 보기 위해 로직 변경을 요청하면 개발자는 프로
그램을 수정하고 단위 테스트(예제 2-4)를 실행해 기존 기능에 새로운 결함이 유입됐는
지 확인합니다.

예제 2-4 배정 단위 테스트

```java
public class AssignServiceTest {

  @Test
  public void assign() {
    AssignService assignService = new AssignService();

    Customer customer1 = new Customer("C1", "고객#1", "19911001", "W");
    Customer customer2 = new Customer("C2", "고객#2", "19901001", "M");
    Customer customer3 = new Customer("C3", "고객#3", "19891001", "M");
    Customer customer4 = new Customer("C4", "고객#4", "19971001", "W");
    Customer customer5 = new Customer("C5", "고객#5", "19921001", "M");

    List<Customer> customers = new ArrayList<>();
    customers.add(customer1);
    customers.add(customer2);
    customers.add(customer3);
    customers.add(customer4);
    customers.add(customer5);

    for (Customer customer: customers) {
      System.out.println(customer.getName() + "(" +
                         assignService.calculateAge(customer) + ")");
    }

    Surveyor surveyor1 = new Surveyor("S1", "조사원#1");
    Surveyor surveyor2 = new Surveyor("S2", "조사원#2");

    List<Surveyor> surveyors = new ArrayList<>();
    surveyors.add(surveyor1);
    surveyors.add(surveyor2);

    List<Customer> filteredCustomer = assignService
                                        .assign(customers, surveyors);
    for (Customer customer: filteredCustomer) {
      System.out.println(customer.getName() + "(" +
                    assignService.calculateAge(customer) + "): " +
                    customer.getSurveyorId());
    }

    assertEquals("S2", filteredCustomer.get(1).getSurveyorId());
  }

}
```

예제 2-5는 배정 단위 테스트 결과입니다.

예제 2-5 배정 단위 테스트 결과

```
고객#5(31): S1
고객#1(32): S2
고객#2(33): S1
고객#3(34): S2
```

이 사례는 도메인 주도 설계를 기준으로 Customer와 Surveyor 애그리게이트와 애플리케이션 서비스인 AssignService가 제공하는 assign 메소드에 전체 비즈니스 로직을 구현했습니다. 앞으로 객체치향 설계 원칙을 차례로 소개하면서 높은 응집도와 낮은 결합도를 갖도록 개선해 봅니다.

> **참고**
>
> AssignService는 1장에서 소개한 도메인 로직 패턴 중 세 번째인 서비스 레이어 패턴입니다.

2.1 책임 주도 설계

소프트웨어 설계는 일반적으로 책임, 역할, 협력으로 표현하는 책임 주도 설계라 부르는 접근 방법의 한 분야로 객체에 책임을 부여하는 것을 중요하게 여깁니다. 크레이그 라만Craig Larman은 UML과 패턴의 적용Applying UML and Patterns에서 객체의 책임을 "아는 것"과 "하는 것"으로 설명합니다. 자바와 같은 객체지향 언어에서 아는 것은 클래스의 속성필드이고 하는 것은 메소드입니다.

> **참고**
>
> UML에서는 책임을 약정(Contract) 또는 의무(Obligation)로 정의합니다.

하는 것(Doing)	아는 것(Knowing)
• 객체 생성이나 계산과 같이 스스로 하는 것 • 다른 객체의 행동을 시작하게 하는 것 • 다른 객체의 행동을 제어/조정하는 것	• 캡슐화한 데이터를 아는 것 • 관련 객체에 대해 아는 것 • 자신이 유도하거나 계산할 수 있는 것에 대해 아는 것

하지만 책임은 추상화 레벨에 따라 크기에 차이가 있습니다. 그림 2-2는 아키텍처 설계와 객체 설계에서 정의하는 책임 크기의 차이를 보여줍니다. 왼쪽은 마이크로소프트 애플리케이션 아키텍처 가이드Application Architecture Guide, 2nd Edition에서 데이터 접근, 비즈니스 로직처럼 수십 개의 클래스들을 묶어서 하나의 책임을 부여합니다. 반면 오른쪽은 UML 실전에서는 이것만 쓴다UML for Java Programmers에서 소개한 ATM 설계로 객체 (클래스)에 책임을 부여합니다. 2장에서는 클래스에 책임을 부여하는 객체 설계를 다룹니다.

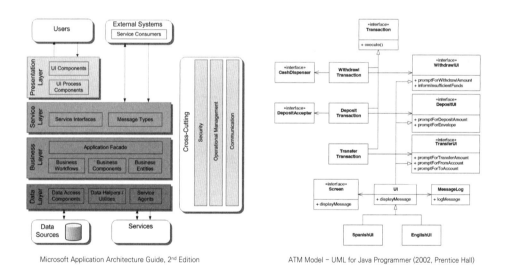

Microsoft Application Architecture Guide, 2nd Edition   ATM Model – UML for Java Programmer (2002, Prentice Hall)

그림 2-2 추상화 레벨과 책임의 크기

2.2 단일 책임 원칙

이 원칙은 클래스가 한 가지 일만 수행해야 하고 한 가지 이유에 의해서만 변경되도록 클래스를 설계하는 것입니다. 클래스를 변경해야 하는 이유가 여러 개면 단일 책임 원칙Single Responsibility Principle, SRP을 준수하지 않은 것입니다. 단일 책임 원칙을 준수하기 위해 여러 책임을 가진 클래스를 더 작은 클래스로 분할해 새로운 클래스를 추가하거나 연관돼 있는 속성을 하나의 클래스로 통합해야 합니다.

고객과 상담사 배정 사례에서 나이를 계산하기 위해 고객의 생년월일 속성을 사용할 때 예제 2-3과 같이 애플리케이션 서비스 클래스에 calculateAge 메소드로 정의하거나 유틸리티 목적을 가진 클래스로 분리할 수 있습니다. 한편으로 생년월일 값을 소유하는 Customer 클래스에 나이를 계산하는 책임을 부여할 수 있습니다. 또한 "생일Birthday"을 유비쿼터스 언어로 사용하면서 그림 2-3처럼 값 객체인 Birthday 클래스로 분리하고 현재 나이를 계산하는 책임을 부여할 수 있습니다. 보험 도메인에서는 "보험나이"라는 특별한 나이 계산 로직이 있는데 이 책임도 Birthday에 부여할 수 있습니다.

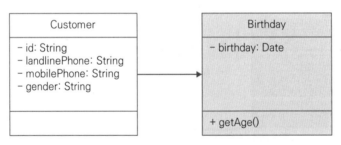

그림 2-3 생년월일(Birthday) 클래스와 나이 계산

> **참고**
>
> Birthday 클래스가 아닌 다른 객체에서 나이를 계산해야 하면 AgeUtil처럼 유틸리티 클래스로 나이 계산 로직을 분리하고 Birthday 클래스가 AgeUtil이 제공하는 나이 계산 메소드를 사용할 수 있습니다.

예제 2-6에서 Birthday 클래스는 예제 2-3과 동일하게 년도만 사용해 나이를 계산합니다. 생성자 파라미터로 8자리 숫자로 구성된 문자열을 전달해 Date 타입으로 변환(1)하고 getAge 메소드를 호출하면 현재 시간을 기준으로 계산한 나이를 반환(2)합니다.

예제 2-6 Birthday 클래스

```java
public class Birthday {

  private Date birthday;

  public Birthday(String birthday) {           (1)
    String year = birthday.substring(0, 4);
    String month = birthday.substring(5, 6);
    String day = birthday.substring(7, 8);

    Calendar calendar = Calendar.getInstance();
    calendar.set(Calendar.YEAR, Integer.valueOf(year));
    calendar.set(Calendar.MONTH, Integer.valueOf(month)-1);
    calendar.set(Calendar.DAY_OF_MONTH, Integer.valueOf(day));

    this.birthday = calendar.getTime();
  }

  public int getAge() {                        (2)
    Calendar birthdayCalendar = Calendar.getInstance();
    birthdayCalendar.setTime(birthday);
    Calendar todayCalendar = Calendar.getInstance();

    return todayCalendar.get(Calendar.YEAR)
                    - birthdayCalendar.get(Calendar.YEAR);
  }

}
```

생년월일과 같은 이유로 연락처도 그림 2-4처럼 Contact 클래스로 분리합니다. 연락처는 핸드폰과 유선전화를 구분하기 위해 ContactType을 추가하고 enum으로 선언합니다. 담당자가 고객을 지역으로 분류하는 기능을 요구하면 고객 정보 중 주소를 구성하는 우편번호나 유선 전화의 지역번호 값을 사용할 수 있습니다. 즉, 아는 것을 여러 객체에 잘 분리하면 하는 것도 자연스럽게 분리돼 단일 책임 원칙을 준수할 수 있습니다.

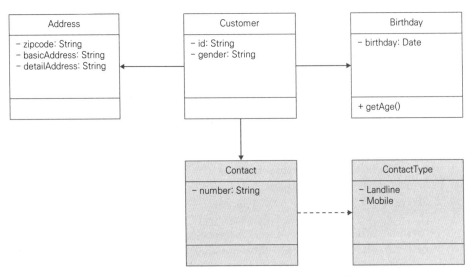

그림 2-4 주소(Address)와 연락처(Contact) 클래스

고객에게 설문 조사원을 분배하면 Customer 클래스의 설문 조사원 속성인 surveyorId에 값을 할당합니다. 하지만 Customer 클래스는 고객과 밀접한 관계가 있는 속성만 가져야 하는데 배정 관련 속성까지 포함하고 있습니다. 이 모델은 도메인 주도 설계에서 설명했듯이 배정과 관계있는 잡음이 있어 Customer 클래스를 설명할 때 수식이 필요합니다.

이 시스템에서는 배정도 도메인에 존재하는 개념으로 고객과 설문 조사원 간의 관계로 볼 수 있습니다. 배정[Assign]을 유비쿼터스 언어로 등록하고 Assign 클래스를 추가합니다. 이 클래스를 Customer와 Surveyor의 연관 관계로 표현하면 Customer 클래스의 surveyorId 속성을 삭제할 수 있습니다. 이제 배정은 Customer와 Surveyor의 관계로 설명할 수 있습니다.

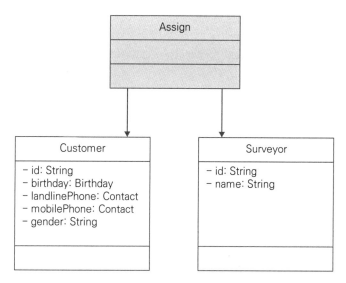

그림 2-5 배정(Assign) 클래스와 고객(Customer)/설문 조사원(Surveyor)간 연관 관계

예제 2-7 Assign 클래스

```
public class Assign {
  private Customer customer;
  private Surveyor surveyor;
}
```

Assign 클래스를 추가하면 예제 2-8처럼 AssignService.assign 메소드는 surveyorId에 값을 할당한 Customer 목록이 아닌 Assign 목록을 생성(1)해 반환 (2)해야 합니다.

예제 2-8 Assign 클래스를 사용한 AssignService

```
public class AssignService {

  public List<Assign> assign(List<Customer> customers,
                             List<Surveyor> surveyors) {
    List<Customer> filteredCustomer = new ArrayList<>();
    for (Customer customer: customers) {
      if (customer.getBirthday().getAge() > 30) {
        filteredCustomer.add(customer);
      }
```

```
    }

    filteredCustomer.sort(new Comparator<Customer>() {
      @Override
      public int compare(Customer customer1, Customer customer2) {
        return customer1.getBirthday().getAge()
                   .compareTo(customer2.getBirthday().getAge());
      }
    });

    int i = 0;
    List<Assign> assigns = new ArrayList<>();
    for (Customer customer: filteredCustomer) {
      Surveyor surveyor = surveyors.get(i % surveyors.size());
      Assign newAssign = new Assign(customer, surveyor);        (1)
      assigns.add(newAssign);
      i++;
    }

    return assigns;                                            (2)
  }

}
```

2.3 개방/폐쇄 원칙

버트란드 메이어[Bertrand Meyer]가 정의한 개방/폐쇄 원칙[Open/Closed Principle, OCP]은 이름이 주는 서로 반대되는 개념으로 혼란을 줍니다. 개방/폐쇄 원칙은 코드가 자유로우면서도 제한적이어야 한다는 의미로 해석하기도 합니다.

소프트웨어 엔티티는 확장에 대해서는 개방적이어야 하지만, 수정에 대해서는 폐쇄적이어야 한다.

이 원칙은 대표적인 웹 애플리케이션 서버인 톰캣[Tomcat]에서 서블릿/JSP가 동작하는 방식으로 확인할 수 있습니다. 서블릿/JSP를 사용해 개발한 웹 애플리케이션을 war 파일로 만들고 톰캣에 배포합니다. 이 war 파일은 톰캣 고유 기능에 영향을 주거나 변

경하지 않으므로 변경에 폐쇄적이라 할 수 있습니다. 반대로 war 파일이 새로운 기능을 제공하므로 확장에 개방돼 있다고 할 수 있습니다.

개방/폐쇄 원칙은 인터페이스나 상위 클래스를 사용하는 디자인 패턴에서 어렵지 않게 찾아볼 수 있습니다. 인터페이스 또는 상위 클래스에 기본 기능을 두고 구현 클래스나 상속 클래스에서 기능을 확장(추가)합니다.

로버트 C. 마틴은 '확장에 대한 개방'과 '수정에 대한 폐쇄'를 변하지 않는 부분과 변할 수 있는 부분을 분리한 접근법으로 설명했습니다. 확장에 대한 개방은 구현 클래스나 상속 클래스에서 기능을 추가할 수 있어야 하고 수정에 대한 폐쇄는 인터페이스나 상위 클래스의 변화가 구현 클래스나 상속 클래스에 영향을 주지 않아야 함을 의미합니다.

나이, 연락처, 연령으로 배정 후보 고객을 추출하기 위해 고객 속성을 조건과 비교해 고객을 필터링합니다. 필터링은 하는 것[Doing]으로 책임에 변화는 없지만 구체적인 비교 방법은 Customer 속성인 나이, 연락처 종류에 따라 달라집니다. 이 요구사항을 만족하기 위해 Filter 인터페이스를 선언하고 나이, 연락처처럼 비교할 속성에 따라 로직을 다르게 구현합니다. 단일 책임 원칙을 고려하면 필터링 기능은 Customer 클래스에 부여해야 하는 것으로 생각할 수 있지만 필터링은 고객의 정보를 변경하지 않으면서 조건과 비교만 하는 것이므로 다른 책임으로 볼 수 있습니다.

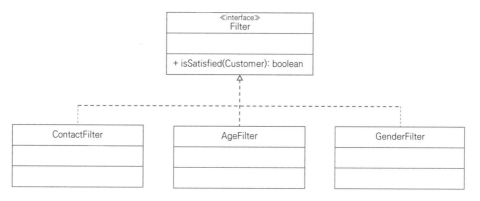

그림 2-6 Filter 인터페이스와 기능 확장

Filter 인터페이스와 구현을 분리했으므로 주소의 우편번호나 유선전화의 지역번호로 고객을 필터링하는 변경 요구에 구현 클래스를 추가해 기능을 확장하거나 변경할 수 있습니다.

예제 2-9는 Filter 인터페이스와 이를 구현한 AgeFilter 클래스입니다. AgeFilter는 연령대 조건을 비교하기 위해 생성자 파라미터(1)로 범위값을 요구합니다. 이 클래스는 고객의 나이만 비교(2)하므로 자연스럽게 단일 책임 원칙을 준수합니다.

예제 2-9 Filter 인터페이스와 AgeFilter

```java
public interface Filter {
  public boolean isSatisfied(Customer customer);
}

public class AgeFilter implements Filter {

  private int minAge;
  private int maxAge;

  public AgeFilter(int minAge, int maxAge) {                      (1)
    this.minAge = minAge;
    this.maxAge = maxAge;
  }

  @Override
  public boolean isSatisfied(Customer customer) {
    if (this.minAge <= customer.getBirthday().getAge()
        && customer.getBirthday().getAge() <= this.maxAge) { (2)
      return true;
    }
    return fale;
  }

}
```

AgeFilter는 List에 담겨 있는 순서대로 필터링한 결과를 반환합니다. 따라서 목록에 있는 고객 순서대로 설문 상담원에게 배정하면 일부 설문 조사원에게 높은 연령의 고객을 많이 배정할 가능성이 있습니다. Filter 인터페이스에 sort 오퍼레이션을 추가해 정렬 책임을 부여했습니다. 하지만 정렬 기능이 있는데 인터페이스명을 Filter로 계속 사용하면 목적이 명확하게 드러나지 않아 인터페이스 이름을 배정 규칙[AssignRule]으로 변경합니다.

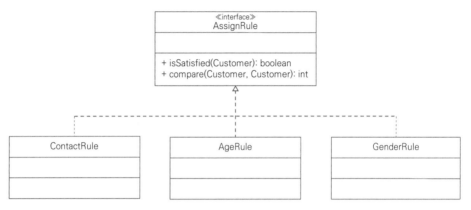

그림 2-7 AssignRule - 필터링 및 정렬

예제 2-10은 AssignRule 인터페이스와 오퍼레이션입니다. AgeRule은 AgeFilter와 동일한 isSatisfied 오퍼레이션과 추가로 정의한 compare 오퍼레이션을 제공합니다. 예제 2-10의 compare 메소드는 두 고객의 나이를 비교한 결과를 반환하고 고객 목록의 순서를 정렬할 때 사용합니다.

예제 2-10 AssignRule 오퍼레이션

```
public interface AssignRule {
  public boolean isSatisfied(Customer customer);
  public int compare(Customer before, Customer after);
}
```

하지만 List 인터페이스가 이미 Comparator 인터페이스를 구현한 객체 목록을 정렬하는 sort 오퍼레이션을 제공합니다. 개발 언어가 제공하는 기능을 활용하는 것이 효율적이므로 AssignRule.compare 오퍼레이션 대신 Comparator 인터페이스를 상속하고 구현⑴합니다.

예제 2-11 AssignRule과 Comparator 인터페이스

```java
public interface AssignRule extends Comparator<Customer> {
  public boolean isSatisfied(Customer customer);
}

public class AgeRule implements AssignRule {

  private int minAge;
  private int maxAge;

  public AgeRule(int minAge, int maxAge) {
    this.minAge = minAge;
    this.maxAge = maxAge;
  }

  @Override
  public boolean isSatisfied(Customer customer) {
    if (this.minAge <= customer.getBirthday().getAge()
        && customer.getBirthday().getAge() <= this.maxAge) {
      return true;
    }
    return fale;
  }

  @Override
  public int compare(Customer before, Customer after) {
    return before.getBirthday().getAge()
              .compareTo(after.getBirthday().getAge());
  }

}
```

2.4 리스코프 치환 원칙

바바라 리스코프Barbara Liskov가 정의한 리스코프 치환 원칙Liskov Substitution Principle, LSP은 클라이언트가 상속 클래스를 안정적으로 사용할 수 있는 구조를 설계하는데 도움을 줍니다. 이 원칙을 준수하면 클라이언트는 클래스의 상속 구조에 관계없이 상위 클래스만 이해하고 사용할 수 있습니다.

S가 기반타입 T의 서브타입이면 T 타입의 객체는 프로그램 실행에 문제를 일으키지 않고 S 타입의 객체로 치환이 가능해야 한다.

이 원칙은 기반타입base type, 서브타입subtype, 문맥context에 대한 이해가 필요합니다. 기반타입은 클라이언트가 직접 사용하는 타입으로 클라이언트는 기반타입의 메소드를 호출합니다. 기반타입을 상속한 모든 종류의 클래스를 서브타입이라 합니다. 클라이언트가 호출하는 기반타입의 메소드는 서브타입이 오버라이드한 기반타입의 메소드를 포함하므로 클라이언트는 실제 어떤 서브타입을 사용하는지 알 필요가 없습니다.

클라이언트가 기반타입의 메소드를 이용해 서브타입을 호출할 수 있는 조건을 문맥이라고 합니다. 만약, 클라이언트가 서브타입 구현에 따라 선택적으로 기반타입을 호출해야 한다면 리스코프 치환 원칙을 준수한다고 할 수 없습니다.

리스코프 치환 원칙은 추가적으로 계약Contract 규칙과 가변성Variance 규칙 준수를 요구합니다. 자바를 사용하는 비즈니스 애플리케이션에서 가변성을 사용하면 유지보수성이 급격하게 저하되므로 계약 규칙만 알아봅니다.

- 서브타입에 기반타입보다 더 강력한 사전 조건을 정의할 수 없다.

- 서브타입에 기반타입보다 더 완화한 사후 조건을 정의할 수 없다.

- 기반타입의 불변식은 서브타입에서도 유지해야 한다.

자바 언어에서 기반타입은 인터페이스, 추상클래스, 상속 관계에서는 부모클래스이고 서브타입은 구현 클래스나 상속 클래스입니다. 클라이언트가 기반타입으로 인터페이스를 사용할 때 계약 규칙은 코드로 존재하지 않으므로 오퍼레이션 명세로 대신합니다.

다양한 조건으로 필터링한 고객을 설문 조사원에게 균등하게 분배하도록 라운드-로빈 알고리듬을 사용할 수 있지만 담당자는 성과가 좋은 설문 조사원에게 조금 더 많은 고객을 배정하는 기능(알고리듬)을 선택적으로 사용하기 원합니다.

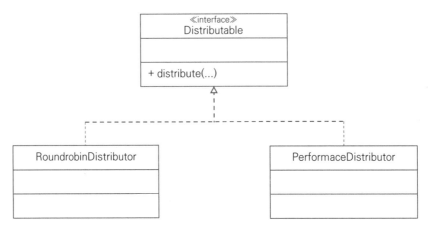

그림 2-8 리스코프 치환 원칙과 분배 알고리듬

그림 2-8처럼 분배 책임을 Distributable 인터페이스로 선언하고 알고리듬에 따라 라운드-로빈 또는 실적 우선 알고리듬을 구현하면 필요에 따라 두 알고리듬을 선택해 사용할 수 있습니다. 이 설계는 디자인 패턴에서 전략 패턴^{Strategy Pattern}으로 알려져 있습니다.

예제 2-12 분배 알고리듬 인터페이스

```
public interface Distributable {
  public List<Assign> distribute(List<Customer> customers,
                                 List<Surveyor> surveyors);
}
```

예제 2-13 라운드-로빈과 실적 우선 분배 알고리듬

```
public class RoundRobinDistributor implements Distributable {

  @Override
  public List<Assign> distribute(List<Customer> customers,
```

```
                        List<Surveyor> surveyors) {
    int i = 0;
    List<Assign> assigns = new ArrayList<>();
    for (Customer customer: customers) {
      Surveyor surveyor = surveyors.get(i % surveyors.size());
      Assign newAssign = new Assign(customer, surveyor);
      assigns.add(newAssign);
      i++;
    }
    return assigns;
  }

}

//

public class PerformanceDistributor implements Distributable {

  @Override
  public List<Assign> distribute(List<Customer> customers,
                                 List<Surveyor> surveyors) {

    //
  }

}
```

2.5 인터페이스 분리 원칙

인터페이스 분리 원칙^{Interface Segregation Principle, ISP}은 너무 많거나 관계없는 오퍼레이션을 제공하는 인터페이스를 만들지 않게 제약합니다. 지금의 통합 개발 환경^{Integrated Development Environment, IDE}은 코드 자동 완성 기능을 제공하는데 IDE가 인터페이스의 모든 오퍼레이션을 보여주면 개발자는 어떤 것을 사용할지 고민해야 합니다. 사용 목적 별로 인터페이스가 제공하는 오퍼레이션을 분리하면 개발자의 고민을 덜어줄 수 있습니다.

앞서 개방/폐쇄 원칙에서 고객 필터링과 정렬 기능을 AssignRule 인터페이스의 isSatisfied와 compare 오퍼레이션으로 선언했습니다. 인터페이스 분리 원칙을 적용하면 클라이언트가 AssignRule 인터페이스를 사용할 때 isSatisfied와 compare 오퍼레이션 전체가 아닌 목적에 맞는 오퍼레이션만 선택적으로 보여줄 수 있습니다.

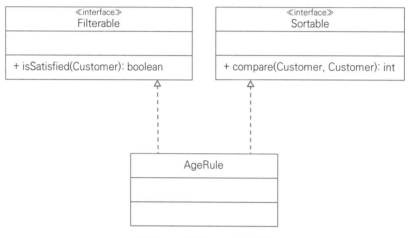

그림 2-9 인터페이스 분리 원칙

인터페이스 분리 원칙을 적용해 isSatisfied 오퍼레이션을 제공하는 Filterable 과 compare 오퍼레이션을 제공하는 Sortable 인터페이스로 분리하고 AgeRule 은 두 인터페이스를 구현합니다. 예제 2-14는 AgeRule이 구현하는 Filterable과 Sortable 인터페이스입니다.

예제 2-14 필터링과 정렬 인터페이스 분리

```
public interface Filterable {
  public boolean isSatisfied(Customer customer);
}

//

public interface Sortable extends Comparator<Customer> {
}
```

클라이언트 클래스는 필터링과 정렬을 위해 AssignRule을 사용할 때 두 개 오 퍼레이션이 모두 보이는 반면 Filterable과 Sortable 인터페이스는 목적에 따라

isSatisfied와 compare 오퍼레이션 중 하나만 보입니다.

하지만 단일 조건에 부합하는 고객만 필터링하는 것보다는 "서울에 거주하는 30대"처럼 여러 개의 필터링 조건을 조합해 사용하는 경우가 더 많습니다. 예제 2-15처럼 여러 조건을 조합하는 것을 또 다른 책임으로 분리합니다. 같은 이유로 필터링한 고객을 여러 조건으로 정렬하는 객체도 책임을 분리합니다.

예제는 하나의 Filterable과 Sortable 인터페이스를 포함하지만 조건의 조합 책임을 분리하면 어렵지 않게 여러개의 Filterable과 Sortable을 활용하게 개선할 수 있습니다.

예제 2-15 Filterables와 Sortables 인터페이스

```java
public class Filterables {

  private Filterable filterable;

  public Filterables(Filterable filterable) {
    this.filterable = filterable;
  }

  public List<Customer> filter(List<Customer> customers) {
    List<Customer> results = new ArrayList<>();

    for (Customer customer: customers) {
      if (filterable.isSatisfied(customer)) {
        results.add(customer);
      }
    }

    return results;
  }

}
//

public class Sortables {

  private Sortable sortable;
```

```
  public Sortables(Sortable sortable) {
    this.sortable = sortable;
  }

  public List<Customer> sort(List<Customer> customers) {
    customers.sort(sortable);
    return customers;
  }

}
```

이제 AssignService는 애플리케이션 서비스로 배정 흐름을 조정하는 책임만 가집니다. 구체적인 비즈니스 로직은 Filterable, Sortable, Customer, Surveyor, Distributable인 도메인 객체의 협력으로 처리하고 클래스 이름만으로 어떤 기능을 제공하는지 어렵지 않게 유추할 수 있습니다.

예제 2-16 필터링과 정렬 인터페이스 분리

```
public class AssignService {

  public List<Assign> assign(List<Customer> customers,
                             List<Surveyor> surveyors) {
    GenderRule rule = new GenderRule("M");
    Filterables filterables = new Filterables(rule);
    List<Customer> filteredCustomer = filterables.filter(customers);

    Sortables sortables = new Sortables(rule);
    filteredCustomer = sortables.sort(filteredCustomer);

    Distributable distributable = new RoundRobinDistributor();
    List<Assign> assigns = distributable.distribute(filteredCustomer,
                                                    surveyors);

    return assigns;
  }

}
```

2.6 의존성 역전 원칙

개방/폐쇄 원칙과 비슷하게 의존성 역전 원칙Dependency Inversion Principle, DIP도 설명 자체가 많이 난해합니다. 이 원칙을 찾아보면 아키텍처 설계 사례가 많아 객체에 적용하는데 어려움이 있습니다.

객체 설계에서 의존성 역전 원칙은 구체적인또는 자주 변할 수 있는 클래스를 사용하는 방법(의존성)을 클라이언트가 직접 알 필요가 없게 분리합니다. 우리는 리스코프 치환 원칙에서 Distributable 인터페이스로 두 개의 분배 알고리듬을 추상화해서 인터페이스를 사용하는 클라이언트가 자주 변하지 않는 객체에 의존성을 갖게 했습니다. 또한 인터페이스를 구현한 클래스를 다른 패키지에 둬 안정적인 타입과 그렇지 않은 타입을 분리할 수 있었습니다.

하지만 구체적인 분배 알고리듬을 구현한 클래스를 사용하는 방법에 한계가 있습니다. 예제 2-17은 AssignService가 분배 알고리듬 중 하나인 RoundrobinDistributor를 직접 생성해 사용합니다. 배정 담당자가 PerformanceDistributor로 변경을 요청하면 개발자가 직접 변경해야 하는 번거로움이 있고 담당자가 사용자 인터페이스에서 알고리듬을 선택하기 원하는 요구사항도 만족시킬 수 없습니다.

예제 2-17 사용하는 객체를 직접 생성

```
public class AssignService {

  public void assign(…) {
    distributable = new RoundrobinDistributabutor();
    distributable.distribute(…);
  }

}
```

앞서 구현한 AssignService는 다양한 도메인 객체간 협력을 조정하는 책임으로 애플리케이션 서비스 본연의 책임인 사용자의 요청을 받아 데이터베이스에서 고객과 설문조사원 목록을 조회하고 배정 로직을 도메인 객체에 위임해 실행 후 결과를 데이터베이스에 다시 저장하는 책임과 도메인 객체간 협력을 분리해야 합니다.

크레이그 라만은 UML과 패턴의 적용에서 GRASP 패턴 중 하나로 순수한 제작물^{Pure} Fabrications 패턴을 소개했습니다. 이 패턴은 도메인에 존재하지 않는 가상의 객체를 추가해 응집도를 높이고 결합도를 낮추는데 활용할 수 있습니다.

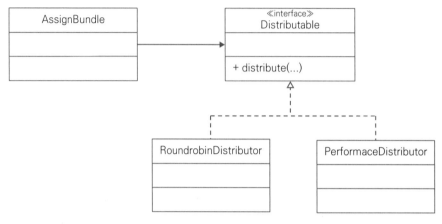

그림 2-10 분배 알고리듬 분리

이 패턴을 적용해 예제 2-18처럼 배정 묶음이란 의미를 가지는 순수한 제작물 클래스로 AssignBundle을 추가하고 AssignService에 부여했던 고객 추출, 정렬, 상담원에게 배정하는 책임을 이 클래스로 이동시킵니다.

예제 2-18 순수한 제작물 패턴과 AssignBundle

```java
public class AssignBundle {

  private List<Customer> customers;
  private List<Surveyor> surveyors;

  private Filterables filterables;
  private Sortables sortables;
  private Distributable distributable;

  public AssignBundle(List<Customer> customers,
                      List<Surveyor> surveyors) {
    this.customers = customers;
    this.surveyors = surveyors;
  }
```

```
  public void setFilterables(Filterables filterables) {
    this.filterables = filterables;
  }

  public void setSortables(Sortables sortables) {
    this.sortables = sortables;
  }

  public void setDistributable(Distributable distributable) {
    this.distributable = distributable;
  }

  public List<Assign> assign() {
    List<Customer> filteredCustomer = filterables.filter(customers);
    filteredCustomer = sortables.sort(filteredCustomer);

    Distributable distributable = new RoundRobinDistributor();
    List<Assign> assigns = distributable.distribute(filteredCustomer,
                                                    surveyors);

    return assigns;
  }

}
```

배정 담당자는 사용자 인터페이스에서 배정을 위해 추출 기준과 정렬 조건, 분배 알고리듬을 선택하고 배정을 요청합니다. 예제 2-19에서 AssignService는 filterables, sortables, distributable을 구현한 객체 인스턴스를 도메인 로직을 가진 AssignBundle.assign 메소드를 호출하기 전에 setter로 할당합니다.

> **참고**
>
> Filterables, Sortables, Distributable 인터페이스가 제공하는 오퍼레이션은 일반 객체에 비해 자주 변하지 않으므로 고수준 모듈에 의존성을 가진다고 할 수 있습니다.

애플리케이션 서비스인 AssignService는 데이터베이스에서 고객과 설문 조사원 목록을 조회(1, 2)하고 AssignBundle을 생성(3)합니다. 이후 필터, 정렬, 배정 알고리듬을 할당(4, 5, 6)하고 배정 로직을 실행(7)시킵니다. 배정을 완료하면 결과를 다시 데이터베이스에 저장(8)합니다.

예제 2-19 AssignService와 AssignBundle

```
public class AssignService {

  private CustomerDao customerDao;
  private SurveyorDao surveyorDao;
  private AssignDao assignDao;

  public void assign(Filterables filterables, Sortables sortables,
                     Distributable distributable) {
    List<Customer> customers = this.customerDao.selectAll(); (1)
    List<Surveyor> surveyors = this.surveyorDao.selectAll(); (2)

    AssignBundle assignBundle = new AssignBundle(customers,
                                                  surveyors); (3)
    assignBundle.setFilterables(filterables);               (4)
    assignBundle.setSortables(sortables);                   (5)
    assignBundle.setDistributable(distributable);           (6)
    List<Assign> assigns = assignBundle.assign();           (7)
    assignDao.insertAll(assigns);                           (8)
  }

}
```

개발자 성향에 따라 setter를 사용한 의존성 주입 대신 메소드를 사용해 의존성을 주입하는 방법을 사용하기도 합니다. 메소드 주입은 예제 2-20처럼 AssignBundle이 제공하는 assign 메소드를 호출할 때 의존성을 가진 인스턴스를 파라미터로 전달합니다.

예제 2-20 메소드 파라미터로 주입하는 의존성

```
public class AssignBundle {

  public void assign(List<Customer> customers,
                     List<Surveyor> surveyors,
                     Filterables filterables,
```

```
                        Sortables sortables,
                        Distributable distributable) {
    //
    }
  }
}
```

의존성을 주입하는 마지막 방법으로 스프링처럼 의존성을 선언적으로 관리해주는 프레임워크나 라이브러리를 사용할 수 있습니다.

2.7 모듈

배정 비즈니스와 함께 객체지향 설계 원칙을 알아봤습니다. 각 원칙을 적용하면서 단일 패키지에 많은 클래스를 나열하면 고객, 설문 조사원, 배정 규칙과 같은 클래스보다 높은 수준의 책임을 파악하기 어렵습니다. 도메인 주도 설계에서 설명한 모듈을 활용하면 개별 클래스의 단순한 나열이 아닌 패키지 수준에서 개략적인 배정 비즈니스를 설명할 수 있습니다.

그림 2-11은 배정 비즈니스의 주요 관계를 보여줍니다. 배정은 패키지 수준에서 다음과 같이 설명할 수 있습니다.

- 배정은 고객과 설문 조사원의 연관 관계이다.

- 배정할 때 다양한 규칙을 사용한다.

- 고객과 설문 조사원의 연관 관계를 생성할 때 분배 규칙을 사용한다.

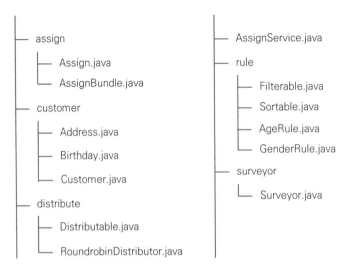

그림 2-11 도메인 주도 설계 모듈과 패키지

분배 알고리듬의 성능 개선이나 알고리듬을 다양하게 적용하기 위해 배포 단위(jar)로 분리하는 것도 고려할 수 있습니다. 그림 2-12는 Distributable 인터페이스를 assign.jar에 두고 자주 변하는 알고리듬 클래스를 distributor.jar로 분리한 것을 보여줍니다.

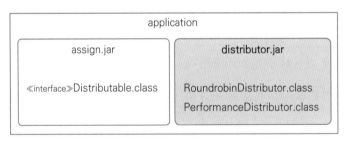

그림 2-12 안정적인 모듈과 불안정한(자주 변하는) 모듈 분리

2.8 요약

2장에서는 사례와 함께 객체지향 설계에서 오래된 이론과 원칙에 대해 알아봤습니다.

- 객체지향 설계는 객체의 책임을 중요하게 생각합니다.

- 객체의 기본 책임은 아는 것(속성)과 하는 것(메소드)입니다.

- 단일 책임 원칙은 한 객체가 아는 것과 하는 것을 제한해 응집도를 높입니다.

- 개방 폐쇄 원칙은 변하지 않는 부분과 변하는 부분을 분리해 기능을 확장할 때 도움을 줍니다.

- 리스코프 치환 원칙은 필요할 때 구현 클래스나 상속 클래스를 교체해서 사용할 수 있게 합니다. 이 원칙은 계약 규칙과 가변성 규칙을 만족해야 합니다.

- 인터페이스 분리 원칙은 클라이언트에게 필요한 오퍼레이션만 제공하게 한정합니다.

- 의존성 역전 원칙은 클라이언트가 사용하는 객체에 직접 의존하지 않게 해 결합도를 낮춥니다.

이벤트 소싱 I

3장에서 다루는 내용

- 이력 관리의 필요성
- 전통적인 이력관리 방법과 구현
- 이벤트 소싱
- 커맨드와 이벤트
- 이벤트 저장과 리플레이

커머스 도메인에서 고객은 카트에 상품을 추가하고 수량이나 옵션을 변경합니다. 반대로 카트에 담은 상품을 삭제하기도 합니다. 고객이 카트를 사용한 이력을 모두 추적할 수 있다고 가정해 봅니다. 마지막 주문과 이전 주문 사이에 카트에서 특정 상품을 반복적으로 추가하고 삭제했다면 해당 상품의 구매를 고민 중이라는 것을 유추할 수 있습니다. 담당자는 고객에게 조금 더 저렴한 관련 상품을 추천하거나 할인 쿠폰을 제공해 구매로 유도할 수 있습니다.

물류 창고에서 적재 최적화를 위해 출고 예정 상품을 출고장으로 미리 이동시키는 알고리듬이 있습니다. 입고 이후 출고까지 창고에서 상품의 이동 경로를 추적했을 때 특정한 두 위치를 불필요하게 여러 번 반복해서 이동시킨 후 출고했다면 해당 알고리듬을 개선해야 함을 알 수 있습니다.

두 사례처럼 데이터의 상태 변화 전체를 상세히 기록할 수 있다면 데이터의 활용 가치는 훨씬 높아지고 비즈니스에 다양한 기회를 제공할 수 있습니다. 데이터 변화 전체를 기록하는 기능은 비교적 어렵지 않게 구현할 수 있지만 신중하게 고민하지 않으면 데이터를 분석할 때 곧 한계가 있음을 알 수 있습니다. 아쉽게도 많은 개발자는 데이터의 상세한 변화 과정을 기록하기 위해 충분한 노력을 기울이지 않습니다. 이는 등록일시와 등록자 같이 단순한 정보만으로 충분한 고객의 요구사항 때문일 수도 있고 개발 팀내 문화 또는 프로젝트 상황 등으로 다양합니다.

3장에서는 데이터의 상태 변화 과정을 기록해야 하는 비교적 단순한 요구사항을 가정하고 개발자가 주로 사용하는 전통적인 방법과 이 책의 주요 주제인 이벤트 소싱의 원리를 알아보고 구현해 봅니다.

3.1 부서 이동

기업용 애플리케이션은 직원과 소속 부서를 관리합니다. 부서는 TB_DEPARTMENT 테이블로 관리하고 부서 번호와 부서명 컬럼을 가집니다. 직원 테이블인 TB_EMPLOYEE의 주요 컬럼은 사번, 이름이고 소속 부서 번호를 외래 키로 참조합니다.

표 3-1 직원(TB_EMPLOYEE) 테이블

EMP_NO	EMP_NM	DEPT_NO	...
1234	John Doe	0001	
2345	Jane Doe	0002	

표 3-1의 직원 테이블에서 John Doe와 Jane Doe는 각각 0001, 0002 부서에 속해 있음을 알 수 있습니다. 시간이 지나 인사 발령으로 John Doe가 다른 부서로 이동했습니다. 인사 담당자는 사용자 인터페이스에서 John Doe의 부서를 새로운 부서로 변경하고 저장합니다.

예제 3-1 직원 부서 변경 쿼리

```
UPDATE TB_EMPLOYEE
SET
  DEPT_NO = '0004'
```

```
WHERE
  EMP_NO = 1234;
```

시스템은 데이터베이스에 UPDATE문을 실행해 DEPT_NO 값을 변경합니다. 간단한 UPDATE문으로 John Doe의 부서를 변경했습니다. 이제 John Doe의 현재 소속 부서는 0004이고 데이터베이스에 조회 쿼리를 실행하면 John Doe의 현재 부서를 확인할 수 있습니다.

예제 3-2 직원 조회 쿼리

```
SELECT
    EMP_NO
  , EMP_NM
  , DEPT_NO
FROM
  TB_EMPLOYEE
WHERE
  EMP_NO = 1234;
```

인사 담당자가 "John Doe가 2년전에 어느 부서였지?"라고 질문하면 시스템에 기록돼 있는 정보에서 찾을 수 있는 방법이 없습니다. 결국 John Doe에게 직접 물어봐야 하는데 John Doe가 아직 회사에 재직 중이어야 하고 2년전 자신의 부서도 기억하고 있어야 합니다. 직원의 부서 변경처럼 마지막 상태만 기록하는 시스템으로 설계하고 구현하면 중간 상태를 알 수 없습니다.

표 3-2 John Doe의 부서 변경 후 직원(TB_EMPLOYEE) 테이블

EMP_NO	EMP_NM	DEPT_NO	...
1234	John Doe	0004	
2345	Jane Doe	0002	

인사 담당자는 앞으로 임직원의 부서 이동 이력 전체 그리고 심지어는 당시 부서에서 맡았던 역할을 확인할 수 있는 기능 추가를 요청했습니다. 개발자는 이력을 기록하기 위해 설계를 변경하고 구현합니다.

3.2 감사와 이력

대부분의 시스템은 감사^{Audit} 기능을 제공하기 위해 등록일시/등록자, 변경일시/변경자, 삭제일시/삭제자 속성을 사용합니다. 여섯 개 속성을 사용하면 누가, 언제라는 것은 알 수 있지만 무엇을 바꿨는가에 대한 질문에는 여전히 답할 수 없습니다. 무엇을 바꿨는가를 상세하게 기록하기 위해 이전 상태를 분리해서 기록해 둔 후 필요할 때 현재 상태와 비교해야 합니다.

3.2.1 단일 테이블과 시퀀스

첫 번째 방법은 TB_EMPLOYEE 테이블 식별자인 EMP_NO 외에 일련번호^{Sequence,} ^{SEQ}를 추가하고 변경해야 할 때 기존 레코드를 유지하고 일련번호를 증가시켜 새로운 레코드를 추가합니다. 일련번호 대신 시간을 사용할 수 있습니다.

표 3-3에서 EMP_NO가 1234인 John Doe의 가장 큰 일련번호는 3으로 세 번의 상태 변화가 있었다는 것을 의미합니다. 상태 변화는 INS_, UP_, DEL_로 시작하는 컬럼 값의 존재 유무로 데이터의 추가/변경/삭제를 구분해 한 번의 추가와 두 번의 변경이 있었음을 알 수 있습니다. 일련번호 1과 2를 비교하면 0001에서 0004로 부서 이동이 있었음을 알 수 있고 2와 3을 비교하면 DEL_ 컬럼에 값이 있으므로 2022년 3월 17일에 삭제 처리(퇴사)한 것을 알 수 있습니다. UP_DT 컬럼으로 부서를 이동한 시간을 알 수 있고 UP_ID로 데이터를 변경한 사용자(인사 담당자)도 확인할 수 있습니다.

표 3-3 TB_EMPLOYEE - 시퀀스를 활용한 변경 이력

EMP _NO	SEQ	EMP_ NM	DEPT_ NO	INS_ ID	INS_DT	UP_ ID	UP_DT	DEL_ ID	DEL_DT
1234	1	John Doe	0001	9582	18-01-02 09:23				
2345	1	Jane Doe	0002	9582	22-01-02 09:23				
3456	1	Michle John	0002	9582	22-01-02 09:23				

EMP _NO	SEQ	EMP_ NM	DEPT_ NO	INS_ ID	INS_DT	UP_ ID	UP_DT	DEL_ ID	DEL_DT
1234	2	John Doe	0004	8987	21-01-02 09:23	9881	22-01-23 17:34		
1234	3	John Doe	0004	8987	21-01-02 09:23	9881	22-01-23 17:34	8987	22-03-17 17:00

TB_EMPLOYEE 테이블은 일련번호로 현재와 이전을 구분하므로 EMP_NO와 SEQ 를 유일키$^{\text{Unique Key}}$로 변경해 EMP_NO에 동일한 SEQ가 저장되는 것을 방지합니다. 예제 3-3은 애플리케이션 서비스인 EmployeeService가 이전 상태를 유지하고 새로운 상태를 기록하는 방법을 보여줍니다.

1. 현재 상태의 마지막 일련번호를 조회한다.

2. 일련번호 값을 증가시킨다.

3. 파라미터 employee에 새로운 일련번호를 할당한다.

4. employeeDao를 사용해 최종 상태를 새로운 레코드로 추가한다.

예제 3-3 일련번호를 사용한 이력 기록

```java
public class EmployeeService {

  private final EmployeeDao employeeDao;

  public void update(Employee employee) {
    int sequence = emplyeeDao
                    .selectSequence(employee.getEmployeeId()); (1)
    sequence++;                                                 (2)
    employee.setSequence(sequence);                            (3)
    employeeDao.insert(employee);                              (4)
  }

}
```

단일 테이블로 이력을 기록하면 같은 EMP_NO 중에 일련번호가 가장 큰 레코드가 최종 데이터입니다. 최종 데이터를 조회하기 위해 GROUP BY와 MAX(SEQ)를 사용할 수 있고 마리아DB에서 SEQ를 역순으로 정렬하고 LIMIT 1로 제한해 직원의 현재 상태를 가진 레코드를 조회할 수 있습니다.

예제 3-4 직원의 현재 상태 조회 쿼리

```sql
SELECT
    EMP_NO
  , EMP_NM
  , DEPT_NO
FROM
  EMPLOYEE
WHERE
  EMP_NO = '1234'
ORDER BY
  SEQ DESC
LIMIT 1;
```

이 방법은 다음에 설명할 상태와 이력 테이블 분리와 비교했을 때 조금 더 복잡한 SQL을 작성해야 합니다. 또한, 단순하지만 새로운 이력을 기록하기 위해 현재의 최대 SEQ를 조회하고 증가시키는 코드도 필요합니다.

3.2.2 상태 테이블과 이력 테이블 분리

두 번째 방법은 현재 상태를 가진 TB_EMPLOYEE 테이블과 이력을 기록하는 TB_EMPLOYEE_HISTORY 테이블로 분리합니다. 이력을 기록하는 테이블(표 3-5)은 현재 상태를 가진 테이블(표 3-4)과 동일한 컬럼으로 구성하고 첫 번째 방법과 동일하게 상태 변화 순서를 구별하기 위해 일련번호(또는 시간)를 추가합니다.

표 3-4 TB_EMPLOYEE - 직원의 현재 상태 테이블

ID	NM	DEPT_NO					
1234	John Doe	0004					
2345	Jane Doe	0002					
3456	Michle John	0002					

표 3-5 TB_EMPLOYEE_HISTORY - 직원의 변경 이력 테이블

ID	SEQ	NM	DEPT_NO	INS_ID	INS_DT	UP_ID	UP_DT	DEL_ID	DEL_DT
1234	1	John Doe	0001	9582	18-01-02 09:23				
2345	1	Jane Doe	0002	9582	22-01-02 09:23				
3456	1	Michle John	0002	9582	22-01-02 09:23				
1234	2	John Doe	0004	8987	21-01-02 09:23	9881	22-01-23 17:34		
1234	3	John Doe	0004	8987	21-01-02 09:23	9881	22-01-23 17:34	8987	22-03-17 17:00

테이블 분리 구현은 첫 번째 방법과 많이 다르지 않습니다. 예제 3-5는 현재 데이터를 이력 테이블에 복사한 후 현재 데이터를 변경합니다. 이력을 복사하기 위한 준비 단계로 현재 직원 정보(1)와 직원 정보 이력에서 일련번호를 조회(2)하고 이력 일련번호를 증가(3)시킵니다. 저장 단계에서는 변경 이전 직원 상태를 이력 테이블에 추가(4)하고 employeeDao.update 메소드를 사용해 직원의 새로운 상태를 TB_EMPLOYEE 테이블에 저장(5)합니다.

예제 3-5 이력 테이블에 이전 상태를 기록

```
public class EmployeeService {

  private final EmployeeDao employeeDao;
  private final EmployeeHistoryDao employeeHistoryDao;

  public void update(Employee employee) {
    Employee currentEmployee = employeeDao
                        .select(employee.getEmployeeId()); (1)
    int sequence = employeeHistoryDao
                  .selectSequence(employee.getEmployeeId()); (2)
    sequence++;                                             (3)

    employeeHistoryDao.insert(currentEmployee, sequence);   (4)
    employeeDao.update(employee);                           (5)
```

```
    }

  }
```

이력 테이블을 분리하면 필요에 따라 이력 테이블에 선택적으로 접근하므로 단일 테이블을 사용하는 방법보다 조금 더 단순한 SQL을 가진 데이터 접근 객체를 사용할 수 있습니다. 하지만 현재 객체의 값을 이력 테이블에 저장하기 위해 2개의 데이터 접근 객체(EmployeeDao, EmployeeHistoryDao)를 사용하므로 코드가 조금 더 증가합니다.

3.2.3 변경 값

앞서 알아본 두 가지 방법은 변경하지 않은 속성을 포함한 데이터의 전체 복사본을 저장하기 때문에 데이터베이스를 효과적으로 사용할 수 없을 뿐만 아니라 변경한 속성을 찾기 위해 모든 속성을 비교해야 합니다.

세 번째 방법은 변경한 속성 이름과 값의 목록만 기록합니다. 전체 복사본이 아닌 변경한 속성(Delta)만 선택해 기록하면 변경 속성을 찾기 위해 모든 속성의 값을 비교할 필요도 없고 데이터베이스도 효과적으로 사용할 수 있습니다.

먼저 변경한 속성 목록을 생성하는 로직을 어디에 구현할지 결정해야 합니다. 고려할 수 있는 후보는 애플리케이션 서비스, 엔티티, 애그리게이트, 리포지토리입니다.

- 애플리케이션 서비스는 전체 흐름을 조정하고 트랜잭션 범위를 결정하는 책임을 가진다. 이 객체에 변경 값 목록을 생성하는 책임을 부여하면 애플리케이션 서비스가 도메인 객체를 좀 더 자세히 알고 있어야 한다. 또한 속성의 추가/삭제와 같은 변경 요청에 영향을 받는다.

- 엔티티가 변경 요청에 영향을 받는 개별 속성을 가장 잘 알고 있으므로 적합한 후보이다. 하지만 불변식 유지 책임을 가진 애그리게이트와 비교할 필요가 있다.

- 애그리게이트는 변경 요청에 영향을 받는 엔티티와 값 객체를 알고 있고 불변식을 유지하는 단위이므로 최적의 후보이다.

- 리포지토리는 변경 값을 데이터베이스에 기록하는 책임을 가진다. 변경 값 목

록을 생성하는 것은 관계가 없다.

변경한 속성 목록을 생성하는 책임을 애그리게이트에 부여하면 유지보수 시 변경해야 하는 범위를 자연스럽게 애그리게이트로 한정합니다. 애플리케이션 서비스는 여전히 책임에 변화가 없고 데이터 접근 객체인 리포지토리도 변경한 속성 목록만 전달받아 데이터베이스에 저장하는 책임을 유지할 수 있습니다.

애그리게이트의 상태가 변할 때 생성하는 변경 속성 목록을 담기 위해 Map⟨K, V⟩ 타입을 사용합니다. K(Key)는 String 타입으로 애그리게이트에 선언한 속성명이고 변경한 값인 V(Value)도 String 타입을 사용합니다. 하지만 애그리게이트는 모든 속성을 프리미티브 타입인 String으로 선언하지 않으므로 int/boolean과 같은 추가적인 프리미티브 타입과 함께 엔티티, 값 객체도 String으로 변환해야 합니다.

자바는 엔티티나 값 객체를 String으로 변환하거나 반대의 경우 직렬화를 사용합니다. 직렬화는 설계자 의도에 따라 자바 직렬화를 사용한 Binary와 XStream 라이브러리를 활용한 XML과 Jackson 또는 Gson을 사용한 JSON 포맷처럼 요구사항에 적합한 방법을 선택할 수 있습니다. 예제는 표 3-6처럼 개발자가 내용을 바로 확인할 수 있는 JSON 포맷을 사용합니다. 하지만 전화번호나 상세 주소처럼 개인정보에 속하는 일부 속성은 보안 요구사항을 준수하기 위해 암호화 알고리듬을 적용해야 합니다.

표 3-6 TB_EMPLOYEE_DELTA - 변경된 속성 목록

ID	SEQ	DELTA
1234	1	{"id":"1234","nm":"JohnDoe","deptNo":"0001","insId":"8987","insDt":"20210102092312"}
2345	1	
1234	2	{"deptNo":"0004","upId":"9881","upDt":"20220123173421"}
3456	1	
1234	3	{"delId":"8987","delDt":"20220317170000"}

예제 3-6에서 애그리게이트는 변경한 속성 목록을 생성하기 위해 switch문으로 속성의 이름을 검사(1)하고 속성 값에 변화가 있는지 확인하기 위해 현재 값과 변경할 값을

비교(2)합니다. 두 값이 다르면 변경한 속성 목록(affectedValues 변수)에 추가(3)합니다. 마지막으로 리포지토리에 전달하기 위해 변경한 속성 목록을 반환(6)합니다.

예제 3-6 도메인 객체에서 변경한 속성 목록을 생성

```java
public class Employee {

  public Map<String, String> changeValues(Map<String, String> values) {
    Map<String, String> affectedValues = new HashMap<>();

    Set<String> keys = values.keySet();
    for (String key: keys) {
      String value = values.get(key);
      switch (key) {
        case "email":                           (1)
          if (!value.equals(this.email)) {      (2)
            this.email = value;
            affectedValues.put(key, value);     (3)
          }
          break;
        case "password":
          if (!value.equals(this.password)) {
            this.password = value;
            affectedValues.put(key, value);
          }
          break;
        case "address":
          if (!JsonUtil.fromJson(value,
                        Address.class).equals(this.address)) { (4)
            this.address = value;
            affectedValues.put(key, JsonUtil.toJson(value));      (5)
          }
          break;
      }
    }
    return affectedValues;                                        (6)
  }
}
```

직원의 주소처럼 프리미티브 타입이 아닌 엔티티나 값 객체는 동등성 비교를 위해

equals 메소드를 구현해야 합니다. 예제 3-6에서 주소 변경을 검사(4)하는 코드는 예제 3-7에서 값 객체의 동등성 비교 메소드인 equals를 사용하고 V에 저장하기 위해 JSON으로 직렬화(5)합니다.

예제 3-7 값 객체와 동등성 비교

```
public class Adddress {

  private String zipCode;
  private String baseAddress;
  private String detailAddress;

  @Override
  public boolean equals(Object target) {
    if (this == target) {
      return true;
    }

    if (target == null || getClass() != target.getClass()) {
      return false;
    }

    Address address = (Address) target;
    return zipCode.equals(address.zipCode)
        && baseAddress.equals(address.baseAddress)
        && detailAddress.equals(address.detailAddress);
  }

  @Override
  public int hashCode() {
    return Objects.hash(zipCode, baseAddress, detailAddress);
  }

}
```

표 3-3과 3-5는 등록, 변경, 삭제를 요청한 사용자와 시간을 기록하기 위해 6개 컬럼을 사용했습니다. NULL을 허용하는 컬럼을 사용하면서 NULL을 검사하지 않으면 프로그래밍 오류 가능성을 높일 뿐만 아니라 가독성과 유지보수성에 도움이 되지 않으므로 NULL 허용 컬럼 사용을 최소화하는 것이 좋습니다. NULL을 허용하는 6개 컬럼을 표 3-7처럼 변경 내용을 저장하는 테이블로 이동하면서 NULL 허용 컬럼을 제거

합니다. 변경을 요청한 사용자와 처리 시간을 기록하므로 여전히 기본적인 감사 요구 사항도 충족합니다.

표 3-7 TB_EMPLOYEE_DELTA 테이블

ID	SEQ	DELTA	REQ_ID	REQ_DT
1234	1	{JSON}	9582	18-01-02 09:23
2345	1	{JSON}	9582	22-01-02 09:23
1234	2	{JSON}	9582	22-01-02 09:23
3456	1	{JSON}	9881	22-01-23 17:34
1234	3	{JSON}	8987	22-03-17 17:00

도메인 주도 설계를 설명하면서 가능한 비즈니스 규칙을 애그리게이트, 엔티티, 값 객체 그리고 도메인 서비스에 구현해야 함을 강조했습니다. 값을 변경할 때는 속성에 할당할 수 있는 값의 범위를 검사하거나 다른 속성 값에서 유도하는 (상태를 의미하는)값을 결정해야 하기도 합니다.

예제 3-6에서 비밀번호 변경은 단순한 값 비교가 아닌 비밀번호 작성 규칙도 검사해야 합니다. 대문자 1개와 숫자 1개를 반드시 포함하면서 최소 8자리 비밀번호 작성 규칙을 요구하면 예제 3-8처럼 도메인 서비스인 PasswordWritingPolicy 클래스를 추가하고 조건문과 정규식을 사용합니다.

예제 3-8 비밀번호 작성 규칙 도메인 서비스

```java
public class PasswordWritingPolicy {

  public static boolean isValid(String value) {
    if (value.length() < 8) {
      return false;
    }
    Pattern passwordPattern = Pattern.compile("^(?=.*[A-Z])(?=.*\\d).+$");
    return passwordPattern.matcher(value).matches();
  }

}
```

예제 3-9는 case "password" 구문에서 앞서 만든 PasswordWritingPolicy 클래스를 활용해 변경한 비밀번호가 비밀번호 작성 규칙을 준수하는지 검사하고 비밀번호를 암호화합니다. 비밀번호 작성 규칙 사례처럼 case 블록은 비즈니스 로직을 구현하는 완충 공간으로 사용할 수 있습니다.

예제 3-9 비즈니스 로직 구현을 위한 완충 공간

```
case "password":
  if (!value.equals(this.password)) {
    if (!PasswordWritingPolicy.isValid(value)) {
      throw new InvalidPasswordWritingPolicyException();
    }
    affectedValues.put(key, PasswordEncryptor.encrypt(value));
  }
  break;
```

도메인 서비스인 PasswordWritingPolicy는 무상태라는 특성과 함께 비즈니스 규칙을 포함하므로 단위 테스트를 작성하는 것이 좋습니다. 비밀번호 작성 규칙을 변경하면 단위 테스트를 실행해서 영향을 빠르게 확인할 수 있습니다.

> **강조**
>
> 변경한 속성의 목록을 담기 위해 Map을 사용하는 것은 도메인 주도 설계와 어울리지 않습니다. 변경된 값이라는 것을 명확하게 하기 위해 Affect 클래스와 List⟨Affect⟩ affects처럼 더 구체적인 클래스를 사용하는 것이 좋습니다.

예제 3-10은 직원의 정보 변경 흐름을 조정하는 EmployeeService입니다. 애플리케이션 서비스는 애그리게이트가 제공하는 changeValues 메소드를 호출하고 영향을 받은 속성 목록을 반환(1)받아 리포지토리가 제공하는 insert 메소드에 전달(2)합니다.

EmployeeHistoryDao.insert 메소드는 표 3-7에서 설명한 TB_EMPLOYEE_DELTA 테이블의 DELTA 컬럼에 변경된 속성 목록을 JSON으로 직렬화해서 저장합니다. 마지막으로 직원의 현재 상태를 변경(3)합니다.

예제 3-10 애플리케이션 서비스에서 변경한 속성 목록 저장

```java
public class EmployeeService {

  private final EmployeeDao employeeDao;
  private final EmployeeHistoryDao employeeHistoryDao;

  public void changeEmployee(String employeeId,
                             Map<String, String> values) {
    Employee employee = this.employeeDao.select(employeeId);

    Map<String, String> affectedValues =
                           employee.changeValues(values); (1)
    this.employeeHistoryDao.insert(employeeId, affectedValues); (2)
    this.employeeDao.update(employee);                           (3)
  }

}
```

앞서 알아본 세 가지 방법은 이해하기 힘들 정도로 복잡하지 않습니다. 특별한 기법을 사용하지 않으면서 변경한 속성과 값을 정확하게 기록해 현재와 이전 값을 비교할 수 있습니다. 하지만 이 방법은 "누가, 언제, 무엇"을 변경했는지 비교해 추적할 수 있지만 어떤 비즈니스 케이스로 상태를 변경했는지는 알 수 없습니다. 속성을 변경한 이유는 이어서 다룰 "도메인 이벤트"에서 찾을 수 있습니다.

3.3 도메인 이벤트

앞서 살펴본 변경 값 목록을 기록하는 방법은 추가, 변경, 삭제에 관한 단순한 기록입니다. 예를 들어 부서 번호 변경처럼 속성 하나만 변경했다면 이유를 비교적 쉽게 유추할 수 있지만 여러 속성을 한번에 변경했다면 이유를 파악하기 어렵고 속성 목록의 조합으로 다양한 케이스를 고려해야 합니다. 속성 추가/삭제가 필요한 설계 변경은 속성 목록의 조합을 다시 정리하는데 많은 시간이 필요하기 때문에 활용 가치가 급격하게 떨어집니다.

도메인 주도 설계는 "도메인 이벤트"를 강조합니다. 도메인 이벤트는 앞서 설명한 변경 값을 기록하는 것은 같지만 변경의 단위를 비즈니스 처리 과정에서 발생한 결과

로 정의합니다. 즉, 이벤트는 사용자가 무엇인가 처리하도록 시스템에 요청한 것임을 알 수 있는 힌트이면서 변경이 발생한 이유임을 알 수 있습니다. 시스템이 관리하는 정보의 변화를 도메인 이벤트로 기록하면 도메인 모델을 더욱 명확하게 표현할 수 있습니다. 예를 들어 고객이 비밀번호 변경을 요청하면 변경 결과를 앞서 알아본 Map⟨String, String⟩과 같은 일반적인 객체 대신 "PasswordChanged"라는 이벤트 클래스로 정의합니다.

> **참고**
>
> 도메인 주도 설계는 도메인 이벤트를 다루지 않았습니다. 에릭 에반스는 도메인 이벤트가 인기를 끌면서 2015년 핵심 개념을 요약한 Domain-Driven Design Reference - Definitions and Pattern Summaries에서 "도메인 전문가가 관심을 가지는 발생한 일"로 소개했습니다.

이벤트 클래스를 사용하면 클래스 이름만으로 도메인에서 어떤 일이 일어났는지 즉시 이해할 수 있습니다. 또한 대부분의 도메인 이벤트는 이벤트를 발생시킨 요청과 1:1 관계여서 변경한 값 목록을 도메인 이벤트 클래스로 네이밍하면 시스템에서 사용자의 요청도 어렵지 않게 유추할 수 있습니다.

> **강조**
>
> 요청과 이벤트는 1:1의 관계로 일반화할 수 있다고 생각할 수 있습니다. 많은 경우 1:1의 관계지만 반드시 1:1의 관계로 모델링되지 않습니다. 요청과 이벤트는 1:N 관계일 수 있다는 것에 주의해야 합니다.

3.4 이벤트 소싱

이벤트 소싱은 도메인에서 발생하는 이벤트를 시스템의 상태 변화로 간주합니다. 이벤트 소싱은 도메인 주도 설계에서 설명한 불변식 유지 단위인 애그리게이트에서 발생한 모든 이벤트를 데이터베이스에 기록합니다.

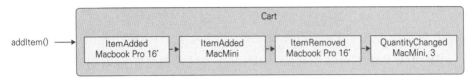

그림 3-1 애그리게이트와 도메인 이벤트

데이터베이스에 기록한 도메인 이벤트를 리플레이하면 현재 상태로 다시 복원할 수 있습니다. 이벤트 소싱은 마이바티스나 자바 영속성 API와 같은 일반적인 데이터베이스 접근 방법과 달리 도메인 객체에 새로운 속성을 추가할 때 데이터베이스 테이블에도 컬럼을 추가해야 하는 임피던스 불일치가 없는 장점도 있습니다.

애그리게이트를 저장하는 리포지토리와 마찬가지로 애그리게이트에서 발생한 이벤트를 데이터베이스에 저장하는 것 또한 원자적이어야 합니다. 그림 3-2처럼 외부 요청 ①을 받아 애그리게이트를 찾고② 요청을 애그리게이트에 전달③합니다. 애그리게이트가 요청을 처리하면 애그리게이트에서 발생한 이벤트를 데이터베이스에 기록④하는 일련의 흐름을 하나의 트랜잭션으로 처리해야 합니다.

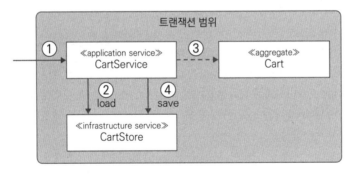

그림 3-2 도메인 이벤트와 트랜잭션

3.5 이벤트 소싱 구현

도메인 이벤트를 기록하고 리플레이하는 메커니즘은 애그리게이트에서 이벤트를 처리하는 몇 가지 코딩 규칙이 필요합니다. 커머스 도메인의 카트를 이벤트 소싱으로 구현하면서 이 규칙을 알아봅니다.

3.5.1 데이터 모델

데이터 모델은 개발자에게 익숙한 관계형 데이터베이스를 사용합니다. 관계형 데이터베이스가 아닌 몽고디비^{MongoDB}나 카산드라^{Cassandra} 같은 다른 저장 기술을 사용한다면 기술 특성에 따라 저장 방식을 최적화시킬 수 있습니다.

이벤트 소싱은 애그리게이트의 속성을 컬럼으로 관리하지 않고 애그리게이트에서 발생한 도메인 이벤트만 기록합니다. 데이터 모델은 예제 3-11처럼 애그리게이트를 식별하는 TB_CART 테이블과 애그리게이트에서 발생한 도메인 이벤트를 저장하는 TB_CART_EVENT 테이블 두 개를 사용합니다.

예제 3-11 이벤트 소싱과 데이터 모델

```
CREATE TABLE TB_CART (
  CART_ID VARCHAR(8),
  PRIMARY KEY (CART_ID)
);

CREATE TABLE TB_CART_EVENT (
  EVENT_ID VARCHAR(36),
  CART_ID VARCHAR(8),
  PAYLOAD TEXT,
  TIME LONG,
  PRIMARY KEY (EVENT_ID)
);

ALTER TABLE TB_CART_EVENT ADD CONSTRAINT FK_CART
FOREIGN KEY (CART_ID) REFERENCES TB_CART (CART_ID);
```

지금 당장 TB_CART 테이블이 필요하지 않지만 이후에 다룰 주제를 위해 미리 생성합니다. TB_CART_EVENT 테이블은 이벤트 엔티티의 식별자로 사용할 EVENT_ID 컬럼을 주 키로 가지고 어느 애그리게이트에서 발생한 이벤트인지 찾기 위해 외래 키^{Foreign Key}로 CART_ID를 가집니다. 이벤트는 JSON으로 직렬화해 PAYLOAD 컬럼에 저장합니다. 현재 상태를 복원하는 이벤트 리플레이는 순서가 중요하기 때문에 도메인 이벤트가 발생한 시간(TIME)을 사용합니다.

3.5.2 애그리게이트와 이벤트 저장

카트의 주요 기능은 상품 추가와 삭제, 수량 변경이고 주요 도메인 객체는 Cart와 Item입니다. Cart는 엔티티이면서 애그리게이트 루트이고 Item은 값 객체입니다. 그림 3-3은 카트 도메인 모델입니다.

- 상품을 카트에 아이템으로 추가한다.

- 카트에 있는 아이템의 수량을 변경한다.

- 카트에 있는 아이템을 삭제한다.

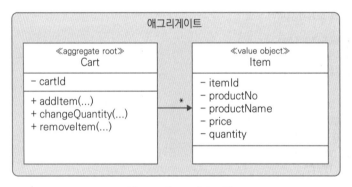

그림 3-3 카트 도메인 모델

예제 3-12는 Cart 애그리게이트가 제공해야 하는 기능인 addItem, change Quantity, removeItem 메소드 구현입니다. getter/setter는 생략했습니다.

예제 3-12 Cart 애그리게이트

```java
public class Cart {

    private String cartId;
    private List<Item> items;
```

```
    public Cart(String cartId) {
      this.cartId = cartId;
      this.items = new ArrayList<>();
    }

    public void addItem(String productNo, String productName,
                        int quantity) {
      this.items.add(new Item(productNo, productName, quantity));
    }

    public void changeQuantity(String productNo, int quantity) {
      Optional<Item> foundItem = this.findItem(productNo);
      if (foundItem.isEmpty()) {
        return;
      }
      foundItem.get().changeQuantity(quantity);
    }

    public void removeItem(String productNo) {
      Optional<Item> foundItem = this.findItem(productNo);
      if (foundItem.isPresent()) {
        this.items.remove(foundItem.get());
      }
    }
  }
```

Cart 애그리게이트가 제공하는 메소드를 호출하면 ItemAdded, Quantity Changed, ItemRemoved 도메인 이벤트를 발생시켜야 합니다. 식별한 도메인 이벤트를 예제 3-13처럼 클래스로 선언합니다. 이벤트가 발생한 시간은 각 도메인 이벤트 객체가 생성된 시간으로 이벤트 생성자에서 현재 시간을 time 속성에 할당합니다.

도메인 이벤트는 과거에 발생한 사건으로 변경할 수 없는 객체여야 하므로 setter는 제공하지 않습니다. 따라서 도메인 이벤트 인스턴스를 생성하려면 생성자의 파라미터로 모든 속성을 전달해야 하고 식별자도 생성자(1, 2, 3)에서 할당해야 합니다.

예제 3-13 Cart 애그리게이트에서 발생하는 도메인 이벤트

```
  public class ItemAdded {
```

```java
  private String eventId;
  private String productNo;
  private String productName;
  private int quantity;
  private long time;

  private ItemAdded() {
    this.eventId = UUID.ramdomUUID().toString();
    this.time = System.currentTimeMillis();
  }

  public ItemAdded(String productNo, String productName,
                   int quantity) {                              (1)
    this();

    this.productNo = productNo;
    this.productName = productName;
    this.quantity = quantity;
  }

}

//

public class QuantityChanged {
  private String eventId;
  private String productNo;
  private int quantity;
  private long time;

  private QuantityChanged() {
    this.eventId = UUID.ramdomUUID().toString();
    this.time = System.currentTimeMillis();
  }

  public QuantityChanged(String productNo, int quantity) {    (2)
    this();
    this.productNo = productNo;
    this.quantity = quantity;
  }

}

//
```

```java
public class ItemRemoved {
  private String eventId;
  private String productNo;
  private long time;

  private ItemRemoved() {
    this.eventId = UUID.ramdomUUID().toString();
    this.time = System.currentTimeMillis();
  }

  public ItemRemoved(String productNo) {                    (3)
    this();
    this.productNo = productNo;
  }

}
```

Cart 애그리게이트가 제공하는 메소드를 호출하면 실행 결과인 도메인 이벤트 인스턴스를 생성하고 이벤트 저장소인 TB_CART_EVENT 테이블에 저장하기 전까지 Cart 애그리게이트가 임시로 보관합니다. 예제 3-14처럼 Cart 애그리게이트에서 발생한 도메인 이벤트를 보관하기 위해 events 속성을 List 타입으로 선언(1)합니다. Cart가 제공하는 메소드를 실행하고 오류가 없으면 요청에 대응하는 도메인 이벤트를 생성(2)해 events 변수에 추가(3)합니다.

예제 3-14 애그리게이트가 도메인 이벤트를 임시 보관

```java
public class Cart {

  private String cartId;
  private List<Item> items;

  private List<Object> events;                              (1)

  public Cart(String cartId) {
    this.cartId = cartId;
    this.items = new ArrayList<>();

    this.events = new ArrayList<>();
  }
```

```java
  public void addItem(String productNo, String productName,
                      int quantity) {
    this.items.add(new Item(productNo, productName, quantity));
    ItemAdded event = new ItemAdded(productNo, productName,
                                    quantity);                    (2)
    this.events.add(event);                                      (3)
  }

  public void changeQuantity(String productNo, int quantity) {
    Item foundItem = this.findItem(productNo);
    foundItem.setQuantity(quantity);

    QuantityChanged event = new QuantityChanged(productNo, quantity);
    this.events.add(event);
  }

  public void removeItem(String productNo) {
    Optional<Item> foundItem = this.findItem(productNo);
    if (foundItem.isEmpty()) {
      return;
    }

    this.items.delete(foundItem);

    ItemRemoved event = new ItemRemoved(productNo);
    this.events.add(event);
  }

  public List<Event> getEvents() {
    return this.events;
  }

}
```

애그리게이트가 요청을 실행하고 오류가 없으면, 애플리케이션 서비스는 카트 애그리게이트에 임시로 보관한 도메인 이벤트를 데이터베이스에 기록하기 위해 리포지토리(데이터 접근 객체)를 사용합니다.

참고

이벤트 소싱에서는 이벤트를 기록해 놓은 데이터베이스나 파일 시스템을 이벤트 저장소라고 합니다. 따라서 앞으로는 리포지토리 이름을 Store로 사용합니다.

앞서 식별한 세 개 이벤트를 events 속성에 담았고 이벤트 스토어는 이 객체를 JSON으로 직렬화해 TB_CART_EVENT 테이블에 저장합니다. 애그리게이트는 일관성을 유지해야 하는 단위이므로 예제 3-15처럼 CartStore는 애그리게이트에서 발생한 이벤트를 한번에 저장(1)하거나 조회(2)해서 애그리게이트를 반환하는 메소드를 제공해야 합니다.

예제 3-15 CartStore 인터페이스

```
public class CartStore {
  public void save(Cart cart) { ... }      (1)
  public Cart load(String cartId) { ... } (2)
}
```

애플리케이션 서비스인 CartService(예제 3-16)는 애그리게이트가 요청을 처리하면 리포지토리인 CartStore.save 메소드를 호출해 이벤트 저장소에 도메인 이벤트를 기록합니다. CartService가 제공하는 세 개의 메소드는 요청을 처리하기 위해 데이터베이스에 존재하는 Cart를 먼저 조회하는데 식별자인 cartId를 사용합니다.

CartStore.load 메소드는 이벤트를 리플레이해 카트의 현재 상태를 복원한다고 가정하고 이어지는 재수화(이벤트 리플레이)에서 설명합니다.

예제 3-16 카트 애플리케이션 서비스

```
public class CartService {

  private final CartStore cartStore;

  public void addItem(String cartId,
                      String productNo, String productName,
                      int quantity) {
    Cart foundCart = this.cartStore.load(cartId);
```

```
      foundCart.addItem(productNo, productName, quantity);
      this.cartStore.save(foundCart);
  }

  public void changeQuantity(String cartId,
                             String productNo,
                             int quantity) {
    Cart foundCart = this.cartStore.load(cartId);
    foundCart.changeQuantity(productNo, quantity);
    this.cartStore.save(foundCart);
  }

  public void removeItem(String cartId, String productNo) {
    Cart foundCart = this.cartStore.load(cartId);
    foundCart.removeItem(productNo);
    this.cartStore.save(foundCart);
  }

}
```

이벤트 저장소는 JPA를 래핑한 Spring Data JPA를 사용합니다. 애그리게이트와 도
메인 이벤트를 저장하기 위해 CartJpo, CartEventJpo 클래스를 JPA 엔티티로 선언
합니다.

예제 3-17 애그리게이트 테이블과 JPA 엔티티 매핑

```
@Entity
@Table(name = "TB_CART")
public class CartJpo {

  @Id
  private String cartId;

  public CartJpo(Cart cart) {
    this.cartId = cart.getCartId();
  }

}
```

예제 3-17은 TB_CART 테이블과 매핑한 CartJpo가 카트를 식별하기 위해 cartId
를 주 키$^{Primary Key}$로 선언합니다. 그리고 CartEventJpo는 예제 3-18처럼 TB_

CART_EVENT 테이블과 매핑합니다.

1. id – 이벤트 식별자(예: UUID)

2. cartId – CartJpo에 선언한 cartId, 카트 애그리게이트에서 발생한 이벤트를 조회할 때 사용

3. payload – 도메인 이벤트를 JSON으로 직렬화한 문자열

4. time – 도메인 이벤트가 발생한 시각(milliseconds, long 타입)

예제 3-18 카트 이벤트 테이블과 JPA 엔티티 매핑

```java
@Entity
@Table(name = "TB_CART_EVENT")
public class CartEventJpo {

  @Id
  private String eventId; (1)
  private String cartId;  (2)
  @Lob
  private String payload; (3)
  private long time;      (4)

  public CartEventJpo(Cart cart, ItemAdded event) {
    this.eventId = event.eventId();
    this.cartId = cart.getCartId();
    this.payload = JsonUtil.toJson(event);
    this.time = event.getTime();
  }

  public CartEventJpo(String cartId, QuantityChanged event) {
    // 생략
  }

  public CartEventJpo(String cartId, ItemRemoved event) {
    // 생략
  }

}
```

시스템을 운영하면서 이벤트 클래스를 추가로 선언하거나 기존 클래스에 속성을 변경 (추가/삭제)해야 합니다. 예제 3-18은 새로운 이벤트 타입을 추가할 때 메소드를 오버로드해야 하는 불편함이 있는데 Event로 네이밍한 추상 클래스를 선언하고 구체적인 도메인 이벤트가 이 클래스를 상속하면 불필요한 코드 중복을 제거할 수 있습니다.

예제 3-19는 도메인 이벤트를 일반화시킨 Event 클래스입니다. 이 클래스는 TB_CART_EVENT 테이블에 저장하는 중복된 컬럼을 포함합니다. 예제 3-13에서 중복 속성을 추상 클래스로 이동(1, 2)하고 getPayload 메소드는 JsonUtil을 사용해 도메인 이벤트를 직렬화한 JSON 문자열을 반환(3)합니다.

예제 3-19 이벤트 추상 클래스

```
public abstract class Event {

  private String eventId;        (1)
  private long time;             (2)
  private String cartId;

  public Event() {
    this.eventId = UUID.ramdomUUID().toString();
    this.time = System.currentTimeMillis();
  }

  public String getPayload() { (3)
    return JsonUtil.toJson(this);
  }

}
```

> **참고**
>
> JsonUtil은 fasterxml이 제공하는 Jackson 라이브러리를 사용해 도메인 객체와 JSON간 직렬화/역직렬화를 제공하는 유틸리티 클래스입니다.

앞서 식별한 세 개의 도메인 이벤트가 Event 클래스를 상속하도록 변경합니다. Cart 애그리게이트 속성인 List⟨Object⟩도 List⟨Event⟩로 변경합니다.

예제 3-20 이벤트 추상 클래스와 상속

```
public class ItemAdded extends Event {}
public class QuantityChanged extends Event {}
public class ItemRemoved extends Event {}
```

CartEventJpo 생성자를 애그리게이트와 Event 객체를 파라미터로 갖는 단일 생성자로 변경하고 예제 3-18에서 오버로드한 메소드를 삭제합니다. CartEventJpo는 추상 클래스 Event의 getter와 getPayload 메소드를 사용해 구체적인 이벤트 내용을 복사합니다.

예제 3-21 JPA 이벤트 클래스와 도메인 이벤트

```
public CartEventJpo {

  public CartEventJpo(Cart cart, Event event) {
    this.eventId = event.eventId();
    this.cartId = cart.getCartId();

    this.payload = event.getPayload();
    this.time = event.getTime();
  }

}
```

CartStore.save 메소드는 CartJpo를 TB_CART 테이블에 저장하고 CartEventJpo를 TB_CART_EVENT 테이블에 저장합니다. 리포지토리인 CartStore는 일관성 범위인 애그리게이트 단위의 트랜잭션을 보장해야 하므로 스프링이 제공하는 @Transactional 어노테이션을 사용해 CartJpo와 CartEventJpo에 영향을 주는 행위를 하나로 묶습니다.

예제 3-22 CartStore.save() 메소드와 트랜잭션

```
@Repository
@Transactional
public class CartStore {

  private final CartRepository cartRepository;
  private final CartEventRepository cartEventRepository;
```

```
  public void save(Cart cart) {
    this.cartRepository.save(new CartJpo(cart));
    this.cartEventRepository.saveAll(cart.getEvents().stream()
            .map(event -> new CartEventJpo(cart, event))
            .collect(Collectors.toList()));
  }

}
```

예제 3-22에서 CartRepository와 CartEventRepository는 Spring Data JPA를
사용합니다. Spring Data JPA는 SQL을 직접 작성하지 않으면서 기본적인 CRUD를
수행하는 JpaRepository 인터페이스를 제공합니다. 저장과 연관된 주요 오퍼레이션
은 표 3-8과 같습니다.

표 3-8 저장과 관련된 JpaRepository 주요 오퍼레이션

오퍼레이션	설명
save(...)	단일 JPA 엔티티 객체를 데이터베이스에 INSERT 또는 UPDATE한다.
	• 테이블에 JPA 엔티티 키에 해당하는 레코드가 없으면 INSERT
	• 테이블에 JPA 엔티티 키에 해당하는 레코드가 있으면 UPDATE
saveAll(...)	여러 JPA 엔티티 객체를 데이터베이스에 INSERT 또는 UPDATE한다.

JpaRepository 인터페이스를 상속한 CartRepository와 CartEventRepository
인터페이스는 각각 TB_CART와 TB_CART_EVENT 테이블의 데이터를 관리합니다.
JpaRepository는 두 개의 제너릭으로 타입 T와 ID를 지정해야 합니다. T는 테이블
과 매핑한 JPA 엔티티 타입이고 ID는 JPA 엔티티에서 @Id 또는 @Embeddable 어
노테이션을 사용한 주 키 또는 유일 키$^{Unique Key}$의 데이터 타입입니다. 예제 3-23에서
는 cartId, eventId의 데이터 타입인 String으로 선언합니다.

예제 3-23 JpaRepository와 제너릭

```
public interface CartRepository
                extends JpaRepository<CartJpo, String> {}
public interface CartEventRepository
                extends JpaRepository<CartEventJpo, String> {}
```

표 3-9는 Cart 애그리게이트가 네 번의 사용자 요청을 처리했을 때 TB_CART_ EVENT 테이블에 기록한 도메인 이벤트 예시입니다.

표 3-9 TB_CART_EVENT 테이블

EVENT_ID	CART_ID	PAYLOAD	TIME

1	1234	{
		"productNo":"PRD001",
		"productName":"맥북프로16'",
		"quantity":2
		}
			29339019

2	1234	{
		"productNo":"PRD001",
		"quantity":1
		}
			29339131

3	1234	{
		"productNo":"PRD002",
		"productName":"아이패드미니",
		"quantity":1
		}
			29340982

4	1234	{
		"productNo":"PRD001",
		"productName":"맥북프로16'"
		}
			29347391

3.5.3 커맨드와 이벤트

후배 개발자에게 지난 1개월 동안 가입한 회원 수를 확인해 달라고 이야기합니다. 후배 개발자는 회원 테이블에서 등록일을 기준으로 회원수를 조회해 알려줍니다. 즉, 요청하는 사람은 요청을 받을 사람을 알고 요청이 실행돼 결과가 되돌아 올 것을 기대합니다. 같은 맥락에서 시스템 사용자도 시스템에게 처리하고 싶은 기능 또는 알고 싶은 정보를 요청하고 시스템은 요청을 처리한 결과를 반환합니다. 시스템은 요청을 처리하면서 문제가 발생하면 예외를 던집니다.

일반적으로 소프트웨어에서는 "시스템에 요청한다"고 하는데 요청은 비즈니스 유스케이스를 시작하는 트리거이고 객체의 상태를 변경합니다. 예를 들어 John Doe의 소속 부서 변경은 인사 담당자가 시스템에 부서 변경을 요청한 것인데 업무에서는 "인사발령" 유스케이스입니다.

소프트웨어가 어떤 일을 수행하게 하는 의도(목표)를 커맨드라고 하고 수행한 결과를 이벤트라고 합니다. 커맨드와 이벤트는 모두 기술적으로 정보를 전달하는 목적을 가진 메시지이지만 커맨드는 일반적으로 동기로 처리하고 이벤트는 비동기로 처리하는 차이가 있습니다.

커맨드	이벤트
• 행위를 실행하는 방법이다. • 사이드 이펙트가 있는 작업이다. • 시스템 상태를 변경하는 의도를 가진 메시지이다. • 사용자 또는 시스템의 다른 부분에서 생성한다.	• 이미 발생한 사실에 관한 설명이다. • 발생한 것이므로 과거형으로 네이밍한다. • 이벤트는 시스템 내에서 발생한 것이다. • 메소드가 반환한 것이 아닌 명령을 실행한 결과이다.

커맨드는 도메인에서 식별한 동사를 주로 사용합니다. 카트와 관련된 동사로 카트 생성, 상품 추가, 상품 삭제, 수량 변경 등이 있습니다. 동사는 애플리케이션 서비스의 createCart, addItem, removeItem, changeQuantity 오퍼레이션과 각 오퍼레이션 파라미터인 CreateCart, AddItem, RemoveItem, ChangeQuantity로 네이밍하는데 사용할 수 있습니다. 사용자 인터페이스가 제공하는 버튼이나 링크도 커맨드 객체 식별에 유용하게 사용할 수 있습니다.

경우에 따라 커맨드를 먼저 식별하면 이벤트를 수월하게 찾을 수 있습니다. 이벤트는 단순히 커맨드에 의해 발생한 사건이므로 커맨드를 과거형으로 사용할 수 있습니다. Cart 예제에서 커맨드에 해당하는 이벤트는 CartCreated, ItemAdded, ItemRemoved, QuantityChanged입니다. 반대로 이벤트에서 시작하는 접근법으로 이벤트 스토밍이 있습니다.

비즈니스 프로세스는 식별한 이벤트와 연관된 커맨드 그리고 파생되는 이벤트까지 고려해야 합니다. 예를 들어 사용자 등록으로 UserRegistered 또는 UserCreated 이벤트를 식별합니다. 이 이벤트에 반응해 가입 환영 이메일을 발송하는 SendWelcom Mail 커맨드와 WelcomeMailSent 이벤트를 추가로 식별할 수 있습니다.

주의

이벤트 소싱은 생각보다 많은 커맨드와 이벤트를 선언해야 하고 커맨드와 이벤트에 속성을 중복으로 선언해야 하는 단점이 있습니다.

CartService가 제공하는 addItem 메소드처럼 프리미티브 타입을 나열한 파라미터 목록도 일종의 커맨드입니다. 하지만 파라미터 목록을 사용하면 파라미터 타입이나 개수 변화에 영향을 받는 클래스가 많아집니다. 그림 3-4는 파라미터 목록의 추가나 삭제가 Cart 애그리게이트와 애그리게이트 내 다른 엔티티와 값 객체가 제공하는 메소드까지 영향이 있음을 보여 줍니다.

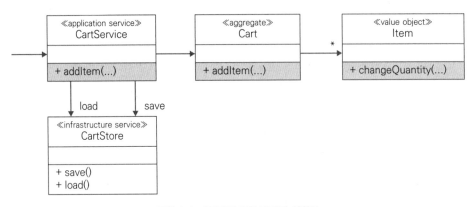

그림 3-4 파라미터 목록 변화와 영향도

변경에 따른 영향도를 낮추는 것뿐만 아니라 설계 의도를 명확하게 표현하기 위해 커맨드 객체를 사용하는 것이 좋습니다. 예제 3-24처럼 커맨드를 네 개의 속성을 가진 AddItem 클래스로 선언하면 설계 의도가 명확해집니다. 또한, 사용자의 변경 요구로 커맨드에 속성을 추가해도 그림 3-5처럼 애플리케이션 서비스부터 인프라스트럭처 서비스까지 전체 호출 구조^{Call Hierarchy}에서 오퍼레이션(또는 메소드) 파라미터에 영향을 주지 않아 변경 범위를 한정시킬 수 있습니다.

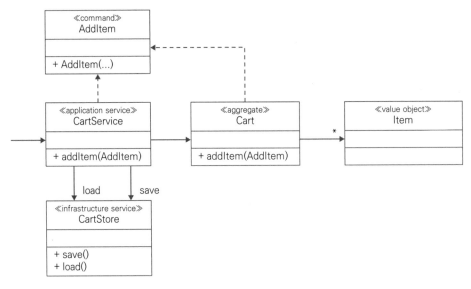

그림 3-5 커맨드 객체 변화와 영향도

커맨드 클래스를 사용하면 응집도, 결합도, 유지보수에 도움이 되므로 앞서 사용한 파라미터 목록을 대신할 커맨드 클래스를 선언합니다.

예제 3-24 AddItem 커맨드 클래스

```java
public class AddItem {
  private String cartId;

  private String productNo;
  private String productName;
  private int quantity;
}
```

예제 3-25 ChangeQuantity 커맨드 클래스

```java
public class ChangeQuantity {
  private String cartId;

  private String productNo;
  private int quantity;
}
```

예제 3-26 RemoveItem 커맨드 클래스

```java
public class RemoveItem {
  private String cartId;

  private String productNo;
}
```

예제 3-27은 커맨드 객체를 사용하는 애플리케이션 서비스 구현입니다. CartService가 커맨드를 애그리게이트에 전달하고 처리가 끝나면 애그리게이트에 일시적으로 보관한 이벤트를 이벤트 저장소에 저장하는 처리 흐름은 변하지 않습니다.

예제 3-27 커맨드와 애플리케이션 서비스

```java
public class CartService {

  private final CartStore cartStore;
```

```
  public void addItem(AddItem command) {
    Cart foundCart = this.cartStore.load(command.getCartId());
    foundCart.addItem(command);
    this.cartStore.save(foundCart);
  }

  public void changeQuantity(ChangeQuantity command) {
    Cart foundCart = this.cartStore.load(command.getCartId());
    foundCart.changeQuantity(command);
    this.cartStore.save(foundCart);
  }

  public void removeItem(RemoveItem command) {
    Cart foundCart = this.cartStore.load(command.getCartId());
    foundCart.removeItem(command);
    this.cartStore.save(foundCart);
  }

}
```

개발자는 무의식적으로 무엇인가 정형화시키려고 합니다. 이런 의지가 커맨드와 이벤트를 정의할 때도 작용해 Command 또는 Cmd와 Event를 접미어^{suffix}로 사용하는 것을 고려할 수 있습니다. 하지만 도메인 주도 설계 기준으로 접미어는 비즈니스와 관계가 없는 기술적 언어이므로 접미어 사용을 지양하고 도메인에서 사용하는 언어 그대로 사용하는 것이 좋습니다. 하지만 개발 팀에서 Command, Event와 같은 접미어를 사용하기로 결정한 네이밍 규칙은 다른 고려 사항보다 높은 우선순위를 갖습니다.

커맨드와 이벤트가 기술 종속적인 요소인가 아니면 기술에 중립적인 요소인가도 논쟁의 대상입니다. 두 객체를 기술 종속적인 요소로 간주하면 모듈간 복잡한 의존성 관리, 도메인 객체로 요청을 전달하는 호출 흐름에서 타입 변환처럼 아키텍처에서 고려해야하는 추가적인 이슈를 해결해야 합니다. 반면 도메인 요소로 분류하면 이런 다양한 이슈의 상당 부분을 해소할 수 있습니다. 그러나 완전한 도메인 요소로 분리하는데 한계가 있습니다.

3.5.4 커맨드와 유효성 검사

비즈니스 전문가는 데이터의 타입, 포맷, 길이, 필수 입력과 같은 유효성 검사에 크게 신경쓰지 않으므로 이 책임을 애플리케이션 서비스에 부여하기도 합니다. 하지만 시스템이 하는 일이 더 많아지고 복잡해지는 만큼 유효성 검사 또한 중요해 졌습니다. 유효성 검사를 기술이 아닌 도메인 영역으로 정의하면 커맨드에서 유효성을 검사해 응집도를 높일 수 있습니다.

예제 3-28 커맨드와 유효성 검사

```
public class ChangeQuanity {

  private String cartId;
  private String itemId;
  private int quantity;

  public void validate() {
    if (cartId.isEmpty()) {
      throw new IllegalArgumentException();
    }

    if (quantity <= 0) {
      throw new QuantityZeroException();
    }
  }

}
```

예제 3-28은 카트에 담은 상품의 수량을 변경할 때 필수 값인 cartId와 수량은 0보다 커야 하는 조건을 검사합니다. 애플리케이션 서비스는 changeQuantity 메소드로 전달받은 ChangeQuantity.validate 메소드를 호출합니다.

예제 3-29 애플리케이션 서비스와 커맨드 유효성 검사

```
public class CartService {

  public void changeQuantity(ChangeQuantity command) {
    command.validate();

    Cart foundCart = this.cartStore.load(command.getCartId());
```

```
      foundCart.changeQuantity(command);
      this.cartStore.save(foundCart);
    }

  }
```

3.5.5 재수화(이벤트 리플레이)

애그리게이트 상태의 변화 기록인 도메인 이벤트를 데이터베이스에 빠짐없이 기록했으면 이벤트를 리플레이해 애그리게이트의 현재 상태로 복원할 수 있습니다. 도메인 이벤트로 상태를 복원하는 것을 재수화Rehydration라고 합니다. 이벤트를 기록하기 위해 코딩 규칙을 정의한 것과 같이 재수화를 위해 도메인 이벤트를 애그리게이트에 반영해 현재 상태로 복원하는 코딩 규칙도 필요합니다.

> **참고**
> 재수화는 신체나 탈수된 물체의 수분, 액체 함량을 회복/보존시키는 것입니다. 일상생활에서 접할 수 있는 대표적인 것이 코인티슈입니다.

이벤트 소싱에서 자주 언급하는 언어로 프로젝션Projection이 있는데 재수화와 구별해야 합니다. 시스템은 쓰기보다 읽기 빈도가 훨씬 높은데 이벤트 소싱을 적용하면 다양한 조건으로 데이터를 조회할 때 한계가 있습니다. 조회 성능과 개발 편의성을 해소하기 위해 도메인 이벤트에서 조회 전용 데이터를 미리 만드는 것을 프로젝션이라 합니다. 프로젝션은 '7장, 명령과 조회 책임 분리(CQRS)'에서 자세히 설명합니다.

도메인 주도 설계에서 리포지토리는 도메인 객체 라이프사이클의 중간 단계인 애그리게이트를 재구성reconstitution하는 책임도 가집니다. 이벤트 스토어인 CartStore도 리포지토리로 TB_CART와 TB_CART_EVENT 테이블의 데이터를 조회하고 리플레이해 현재 상태를 재구성하는 load 메소드를 제공합니다. load 메소드는 애그리게이트인 Cart 식별자를 사용하고 다섯 스텝으로 현재 상태로 복원합니다.

1. 애그리게이트와 매핑한 CartJpo를 조회한다.

2. 도메인 이벤트와 매핑한 CartEventJpo 목록을 발생한 시간순으로 조회한다.

3. CartJpo를 Cart 애그리게이트로 변환한다.

4. 조회한 CartEventJpo를 도메인 이벤트(ItemAdded, ItemRemoved, QuantityChanged)로 변환한다.

5. Cart 애그리게이트가 제공하는 재수화 메소드를 호출해 이벤트를 리플레이한다.

CartRepository가 제공하는 findById 오퍼레이션을 사용해 애그리게이트와 매핑한 CartJpo를 조회합니다. CartStore.load 메소드에서 조회한 CartJpo를 Cart 애그리게이트로 변환할 수 있지만 CartJpo 생성자는 이미 Cart 객체를 자세히 알고 있으므로 CartJpo에 이 책임을 부여하고 toCart 메소드로 구현합니다.

예제 3-30 CartJpo에서 Cart 객체 생성

```java
@Entity
@Table(name = "TB_CART")
public class CartJpo {

  @Id
  private String cartId;

  public Cart toCart() {
    return new Cart(this.cartId);
  }

}
```

다음으로 cartId를 조건으로 카트에서 이벤트가 발생한 시간순으로 도메인 이벤트와 매핑한 CartEventJpo를 조회합니다. CartEventRepository가 상속한 JpaRepository 인터페이스는 오퍼레이션 네이밍 규칙에 따라 다양한 쿼리를 자동으로 생성하고 쿼리를 실행한 결과를 반환합니다.

오퍼레이션 네이밍 규칙은 Spring Data JPA Reference Document에서 자세하게 확인할 수 있습니다. 표 3-10은 JpaRepository가 제공하는 조회용 쿼리를 생성하는

주요 네이밍 규칙입니다.

표 3-10 조회 관련된 JpaRepository 주요 오퍼레이션

규칙	설명	생성 쿼리
findBy + 속성명	By에 연결한 엔티티 속성명으로 일치하는 엔티티를 조회한다.	... WHERE CART_ID = ?
OrderBy + 속성명 + Asc | Desc	OrderBy에 연결한 엔티티 속성명으로 정렬해 엔티티를 조회한다.	... ORDER BY TIME ASC ... ORDER BY TIME DESC
속성명 + And + 속성명	여러 속성명을 AND 조건으로 일치하는 엔티티를 조회한다.	... WHERE CART_ID = ? AND ITEM_ID = ?

CartEventRepository 인터페이스에 findByCartIdOrderByTimeAsc(String cartId) 오퍼레이션을 선언하면 예제 3-31과 유사한 SQL을 생성하고 데이터베이스에 질의한 결과를 반환합니다.

예제 3-31 도메인 이벤트 조회 쿼리

```
SELECT *
FROM
  TB_CART_EVENT
WHERE
  CART_ID = ?
ORDER BY
  TIME ASC;
```

CartJpo와 마찬가지로 조회한 CartEventJpo를 ItemAdded, QuantityChanged, ItemRemoved 도메인 이벤트로 변환해야 하지만 리플레이할 이벤트를 저장한 TB_CART_EVENT 테이블은 원래 도메인 이벤트로 역직렬화할 타입을 포함하지 않습니다. 따라서 먼저 도메인 이벤트를 저장할 때 역직렬화할 타입명을 가지는 TYPE 컬럼을 추가해야 합니다.

예제 3-32 TB_CART_EVENT 테이블과 이벤트 타입명

```
@Entity
@Table(name = "TB_CART_EVENT")
public class CartEventJpo {
```

```
  @Id
  private String id;
  private String cartId;
  private String type;
  @Lob
  private String payload;
  private long time;
}
```

추상 클래스로 선언한 Event 클래스에 typeName 메소드를 추가하고 이벤트 타입 이름을 반환합니다. 예를 들어 Event 클래스를 상속한 ItemAdded 이벤트에서 이 메소드를 호출하면 "io.cosmos.cart.event.ItemAdded" 문자열을 반환합니다.

예제 3-33 Event 추상 클래스와 이벤트 타입명

```
public abstract class Event {

  public String typeName() {
    return this.getClass().getTypeName();
  }

}
```

도메인 이벤트를 CartEventJpo로 변환하는 생성자에서 이벤트의 타입명을 복사해 이벤트 저장소에 함께 저장합니다.

예제 3-34 이벤트 저장 시 이벤트 타입명 사용

```
public CartEventJpo {

  public CartEventJpo(Cart cart, Event event) {
    this.eventId = event.eventId();
    this.cartId = cart.getCartId();

    this.payload = event.getPayload();
    this.type = event.typeName();
    this.time = event.getTime();
  }

}
```

표 3-11은 카트 애그리게이트가 네 번의 커맨드를 처리했을 때 TB_CART_EVENT 테이블에 기록한 도메인 이벤트입니다. 전체를 리플레이하면 아이패드미니 1개가 카트에 있어야 합니다.

이벤트 소싱을 사용하면 마지막 최종 상태뿐만 아니라 부분 리플레이로 특정 시간에 도메인 객체의 상태를 복원할 수도 있습니다. 세 번째 이벤트까지 리플레이하면 맥북프로 16' 1개와 아이패드 미니 1개가 카트에 있었음을 알 수 있습니다.

표 3-11 TB_CART_EVENT 테이블과 이벤트

EVENT _ID	CART_ID	TYPE	PAYLOAD	TIME
1	1234	io.cosmos.cart.event. ItemAdded	{ "productNo":"PRD001", "productName":"맥북프로16'", "quantity":2 }	29339019
2	1234	io.cosmos.cart.event. QuantityChanged	{ "productNo":"PRD001", "quantity":1 }	29339131
3	1234	io.cosmos.cart.event. ItemAdded	{ "productNo":"PRD002", "productName":"아이패드미니", "quantity":1 }	29340982
4	1234	io.cosmos.cart.event. ItemRemoved	{ "productNo":"PRD001", "productName":"맥북프로16'" }	29347391

CartJpo에 toCart 메소드를 구현한 것과 같은 방법으로 CartEventJpo 클래스에 toEvent 메소드를 추가하고 eventType과 payload을 사용해 원래 도메인 이벤트 객체로 역직렬화합니다.

예제 3-35 CartEventJpo에서 도메인 이벤트 재구성(reconstitute)

```java
@Entity
@Table(name = "TB_CART_EVENT")
public class CartEventJpo {

  public Event toEvent() {
    Class clazz = Class.forName(this.type);
    Event event = JsonUtil.fromJson(this.payload, clazz);
    return event;
  }

}
```

예제 3-36은 CartStore의 load 메소드 전체 구현입니다. 자바 8 스트림 API를 활용해 조회한 여러 개의 CartEventJpo를 구체적인 도메인 이벤트 객체의 목록으로 변환하고 리플레이합니다.

예제 3-36 이벤트 스토어와 리플레이

```java
@Repository
@Transactional
public class CartStore {

  private final CartRepository cartRepository;
  private final CartEventRepository cartEventRepository;

  public Cart load(String cartId) {
    CartJpo cartJpo = this. cartRepository.findById(cartId);
    List<CartEventJpo> eventJpos = this.cartEventRepository
                          .findByCartIdOrderByTimeAsc(cartId);

    Cart foundCart = cartJpo.toCart();

    List<Event> events = eventJpos.stream()
                  .map(eventJpo -> eventJpo.toEvent())
                  .collect(Collectors.toList());
    events.forEach(event -> foundCart.?(event));

    return foundCart;
  }

}
```

지금까지 구현한 Cart 애그리게이트의 메소드는 도메인 이벤트를 events 속성에 임시로 보관합니다. 그러나 리플레이에 사용한 도메인 이벤트는 상태 복원에만 사용하고 events 속성에 보관할 필요가 없습니다.

애그리게이트에 커맨드 처리와 도메인 이벤트 리플레이 메소드를 분리하면 리플레이에 사용하는 도메인 이벤트는 상태 복원에만 적용하고 events 속성에 저장하지 않게 할 수 있습니다. 커맨드 처리 메소드인 커맨드 핸들러는 그대로 유지하면서 이벤트를 처리하는 on 메소드를 이벤트 핸들러로 추가하고 상태를 변경하는 로직을 이동합니다.

예제 3-37 애그리게이트에서 커맨드/이벤트 핸들러 분리

```java
public class Cart {

  public void addItem(AddItem command) {
    if (!this.containsItem(command.getProductNo())) {
      ItemAdded event = new ItemAdded(productNo, productName,
                                      quantity);
      this.on(event);
    }
  }

  public void on(ItemAdded event) {
    this.items.add(new Item(event.getProductNo(),
                            event.getProductName(),
                            event.getQuantity()));
    this.events.add(event);
  }

  private boolean containsItem(String productNo) {
    return !this.items.stream.filter(item -> {
                 return productNo.equals(item.getProductNo());
               })
               .findFirst().isEmpty();
```

```
    }
}
```

Cart 클래스의 이벤트 핸들러인 on 메소드를 public로 선언하면 CartStore에서 직접 호출할 수 있습니다. 하지만 예제 3-37에서 상태를 변경하는 코드를 그대로 이동해서 on 메소드를 호출하면 여전히 리플레이에 사용한 도메인 이벤트를 events 목록에 기록합니다. Cart 클래스는 리플레이와 임시로 저장할 이벤트를 구분해서 선택적으로 호출할 수 있는 메소드를 제공해야 합니다.

- 애그리게이트 외부에서 호출할 수 있는 메소드를 추가한다.

- 추가한 메소드는 상황에 맞게 선택적으로 List⟨Event⟩에 도메인 이벤트를 추가한다.

먼저 애그리게이트 외부에서 호출할 수 있는 이벤트 핸들러 메소드를 추가합니다. "이벤트를 적용하다"라는 의미를 가진 apply로 네이밍합니다. apply 메소드는 파라미터로 전달받은 이벤트 타입에 맞는 이벤트 핸들러(on 메소드)를 찾아 호출합니다.

apply 메소드는 이벤트 핸들러를 찾기 위해 자바 리플렉션^{Reflection}을 사용합니다. 예제 3-38은 자바 리플렉션을 사용한 apply 메소드 구현입니다. invoke 메소드는 3개의 예외를 던지는데 예제에는 생략했습니다.

- NoSuchMethodException

- IllegalAccessException

- InvocationTargetException

CartStore는 리플레이를 위해 애그리게이트의 apply 메소드를 호출합니다. 예제 3-36의 이벤트 리플레이를 events.forEach(event -> foundCart.apply(event)); 로 변경합니다.

```
public class Cart {

  public void apply(Event) {
    Method handler = this.getClass().getDeclaredMethod("on",
                                        event.getClass());
    if (handler != null) {
      handler.setAccessible(true);
      handler.invoke(this, event);
    }
  }

  public void AddItem(AddItem command) {
    if (!this.containsItem(command.getProductNo()) {
      ItemAdded event = new ItemAdded(productNo, productName,
                                        quantity);

      this.on(event);
    }
  }

  private void on(ItemAdded event) {
    this.items.add(new Item(event.getProductNo(),
                            event.getProductName(),
                            event.getQuantity()));
    this.events.add(event);
  }

}
```

리플레이를 위한 apply 메소드를 추가하면 on 메소드를 호출할 필요가 없으므로 접근자를 private으로 변경합니다. 하지만 자바 리플렉션 기본 설정은 private 메소드를 호출할 수 없어 setAccessible 메소드를 이용해 private 메소드를 호출할 수 있게 합니다.

apply 메소드가 이벤트 핸들러인 on 메소드를 대신 호출만 할 뿐 on 메소드는 여전히 events 속성에 도메인 이벤트를 추가합니다. 이제 예제 3-39처럼 events 속성에 임시로 기록할 이벤트와 아닌 이벤트를 구별하게 apply 메소드에 isNew 파라미터를 추가하고 true/false에 따라 선택적으로 events 속성에 기록합니다.

예제 3-39 리플레이 전용 이벤트의 선택적 처리

```java
public class Cart {

  public void apply(Event event, boolean isNew) {
    Method handler = this.getClass()
                          .getDeclaredMethod("on", event.getClass());
    if (handler != null) {
      handler.setAccessible(true);
      handler.invoke(this, event);
      if (isNew) {
        this.events.add(event);
      }
    }
  }

}
```

events 변수에 이벤트를 보관하는 로직을 apply 메소드로 이동해서 커맨드 핸들러는 boolean 값과 함께 apply 메소드를 호출(1)합니다. 이벤트 핸들러 on 메소드는 더 이상 events 속성에 도메인 이벤트를 추가(2)할 필요가 없습니다.

예제 3-40 도메인 로직만 남은 커맨드/이벤트 핸들러

```java
public class Cart {

  public void AddItem(AddItem command) {
    if (!this.containsItem(command.getProductNo())) {
      ItemAdded event = new ItemAdded(productNo, productName,
                                      quantity);
      this.apply(event, true); (1)
    }
  }

  private void on(ItemAdded event) {
    this.items.add(new Item(event.getProductNo(),
                            event.getProductName(),
                            event.getQuantity());
    //this.events.add(event); (2)
  }

}
```

지금까지 이벤트 리플레이에서 불필요한 도메인 이벤트를 보관하지 않도록 개선했습니다. 하지만 CartStore.load 메소드와 애그리게이트의 커맨드 핸들러가 apply를 호출할 때 재구성을 위한 호출임을 구분하기 위해 apply를 사용하면서 isNew 파라미터에 true 또는 false를 전달해야 합니다. 모든 호출에서 isNew 파라미터를 전달하는 것은 코드 중복도 있지만 개발자가 파라미터를 잘못 전달할 수 있고 이는 오류 발생 가능성을 높입니다.

isNew 파라미터가 없는 apply 메소드는 항상 true를 전달하도록 메소드를 오버로드하면 새로운 이벤트와 리플레이 이벤트를 좀 더 명확하게 구분할 수 있고 개발자의 실수를 예방할 수 있습니다. 예제 3-41은 isNew 파라미터가 없는 apply 메소드를 추가한 카트 클래스입니다.

예제 3-41 apply 메소드와 오버로드

```java
public class Cart {

  public void apply(Event event) {
    this.apply(event, true);
  }

  public void apply(Event event, boolean isNew) {
    Method handler = this.getClass()
                          .getDeclaredMethod("on", event.getClass());
    if (handler != null) {
      handler.setAccessible(true);
      handler.invoke(this, event);
      if (isNew) {
        this.events.add(event);
      }
    }
  }

}
```

CartStore.load 메소드는 애그리게이트에서 발생한 과거 이벤트를 리플레이할 때 events 목록에 추가하지 않게 isNew 파라미터가 있는 apply 메소드를 호출하면서 명시적으로 false를 전달합니다.

```java
@Repository
@Transactional
public class CartStore {

  public Cart load(String cartId) {
    CartJpo cartJpo = this. cartRepository.findById(cartId);
    List<CartEventJpo> eventJpos = this
                              .cartEventRepository
                              .findByCartIdOrderByTimeAsc(cartId);

    Cart foundCart = cartJpo.toCart();

    List<Event> events = eventJpos.stream()
                            .map(eventJpo -> eventJpo.toEvent())
                            .collect(Collectors.toList());
    events.forEach(event -> foundCart.apply(event, false));

    return foundCart;
  }

}
```

지금까지 카트 애그리게이트에서 발생한 도메인 이벤트를 상세하게 기록하고 다시 현재 상태로 복원할 수 있는 이벤트 소싱의 기본 구조에 대해 대해 알아보고 구현했습니다.

3.6 마이크로서비스 모듈

도메인 주도 설계에서 인지 과부하를 막기 위해 모듈을 사용한다고 설명했습니다. 이벤트 소싱을 적용한 마이크로서비스의 핵심 모듈은 그림 3-6처럼 aggregate, command, event, service, store 패키지로 구분합니다.

도메인 주도 설계와 이벤트 소싱을 적용하는 마이크로서비스는 식별한 애그리게이트 클래스(예제에서 Cart 클래스)를 aggregate 패키지에 둡니다. 애그리게이트를 생성하고 폐기할 때까지 영향을 주는 커맨드와 영향을 받은 결과인 이벤트 클래스를 각각 command와 event 패키지에 둡니다.

애그리게이트에 변화(생성 포함)가 발생한 결과인 도메인 이벤트를 데이터베이스에 저장하고 복원하는 책임을 부여한 이벤트 저장소와 애그리게이트와 이벤트를 테이블과 매핑한 JPA 엔티티 클래스는 store 패키지에 둡니다. 사용하는 데이터베이스 접근 기술에 따라 jpa, cassandra, mongo와 같이 하위 패키지로 분리할 수 있습니다.

마지막으로 전체 흐름을 조정하는 책임을 가지는 애플리케이션 서비스(CartService)를 service 패키지에 둡니다.

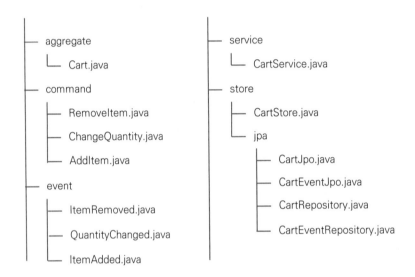

그림 3-6 이벤트 소싱과 마이크로서비스 모듈

3.7 이벤트 소싱과 단위 테스트

도메인 주도 설계 사례와 마찬가지로 이벤트 소싱을 적용해도 대부분의 비즈니스 로직을 애그리게이트, 엔티티, 값 객체 그리고 도메인 서비스에 구현할 수 있습니다. 일부 로직은 팩토리에서 설명한 Limit 클래스처럼 애플리케이션 서비스에서 애그리게이트 또는 값 객체에 파라미터로 전달하도록 흐름을 조정할 필요가 있습니다. 하지만 주요 비즈니스 로직은 여전히 도메인 객체에 있기 때문에 도메인 객체만 사용하는 단위 테스트를 구현할 수 있습니다.

도메인 주도 설계에서 설명한 단위 테스트와의 차이점은 행위를 실행시키는 프리미티브 타입의 파라미터 목록을 커맨드 객체로 변경하는 것뿐입니다.

예제 3-43 이벤트 소싱을 적용한 애그리게이트와 단위 테스트

```java
public class CartTest {

  private static final CART_ID = "1234";

  @Test
  public void testAddItem() {
    Cart cart = new Cart(CART_ID);
    AddItem addItem = new AddItem(CART_ID, "PD002",
                                  "iPad mini", 650000);
    cart.addItem(addItem);
    Assert.assertEquals(1, cart.getItems().size());
  }

  @Test
  public void testRemoveItem() {
    Cart cart = new Cart(CART_ID);
    AddItem addItem = new AddItem(CART_ID, "PD002",
                                  "iPad mini", 650000);
    cart.addItem(addItem);

    RemoveItem removeItem = new RemoveItem(CART_ID, "PD001");
    cart.removeItem(removeItem);
    Assert.assertEquals(0, cart.getItems().size());
  }

}
```

예제 3-44는 단위 테스트에서 cart에 상품을 담는 코드 중복을 제거하기 위해 @BeforeEach 어노테이션을 사용했습니다. 이 어노테이션은 테스트 메소드가 실행될 때마다 1개 상품이 담긴 Cart 애그리게이트를 생성(1)합니다. 하나의 커맨드가 여러 개의 도메인 이벤트를 발생시키는 경우 단위 테스트의 통과 조건으로 이벤트 개수를 검사(2)할 수 있습니다.

예제 3-44 애그리게이트 단위 테스트 개선

```java
public class CartTest {

  private static final CartId = "1234";
  private Cart cart;

  @BeforeEach                                             (1)
  public void beforeEach() {
    Cart cart = new Cart(cartId);
    AddItem addItem = new AddItem(null, "PD001", "iPad Pro", 980000);
  }

  @Test
  public void testAddItem() {
    AddItem addItem = new AddItem(null, "PD002",
                                  "iPad mini", 650000);
    cart.addItem(addItem);
    Assert.assertEquals(2, cart.getItems().size());
  }

  @Test
  public void testEventSizeAfterAddItem() {
    AddItem addItem = new AddItem(null, "PD002",
                                  "iPad mini", 650000);
    cart.addItem(addItem);
    Assert.assertEquals(2, cart.getEvents().size());      (2)
  }

  @Test
  public void testRemoveItem() {
    RemoveItem removeItem = new RemoveItem(null, "PD001");
    cart.removeItem(removeItem);
    Assert.assertEquals(0, cart.getItems().size());
  }

}
```

애플리케이션을 실행하고 사용자가 일련의 단계를 진행하는 기능 테스트는 많은 비용이 듭니다. 예제 3-43과 3-44는 최대 수십 밀리초 내에 실행돼 결과를 확인할 수 있고 이미 테스트를 통과한 테스팅을 반복하는 회귀 테스트^{Regression Test}를 포함해 오류 발생 가능성을 낮출 수 있습니다.

스프링이 제공하는 테스트 환경은 스프링 컨텍스트에서 실행되므로 전체 테스트 관점에서는 유용하지만 상대적으로 많은 비용이 듭니다. 무엇보다 시스템 전체 구조가 아닌 도메인 모델만 이해하면 테스트 코드를 작성할 수 있으므로 독립적이면서 실용적입니다.

3.8 요약

3장에서는 소프트웨어가 데이터의 상태 변경을 기록했을 때 활용 가치와 소프트웨어에서 변경을 기록하고 복원하는 방법을 알아봤습니다.

- 전통적인 방법으로 단일 테이블에 시퀀스를 추가해 이전 상태와 현재 상태를 기록할 수 있습니다.

- 데이터 관점에서 현재와 이력을 구분하는 두 개의 테이블로 이전 상태와 현재 상태를 기록할 수 있습니다.

- 테이블 레코드 단위가 아닌 변경된 값만 직렬화해 변경을 기록할 수 있습니다. 변경 내용 외에 감사를 위해 변경을 요청한 사용자(또는 시스템)도 기록할 수 있습니다.

- 시스템에 변경을 요청하는 커맨드와 요청의 처리 결과인 이벤트에 대해 알아봤습니다.

- 이벤트 소싱에서 커맨드와 이벤트를 처리하는 메소드를 각각 커맨드 핸들러, 이벤트 핸들러라고 합니다.

- 변경된 값에 의미를 부여해 설계 의도를 명확하게 드러내는 도메인 이벤트를 소개했고 도메인 이벤트로 변경 이력을 기록할 수 있습니다.

- 이벤트 소싱에서 재수화와 7장에서 설명할 프로젝션을 구분해야 합니다.

- 도메인 이벤트로 변경을 기록하고 리플레이해 현재의 상태를 복원하는 원리를 알아보고 구현했습니다.

- 이벤트 소싱은 자연스럽게 애그리게이트에 비즈니스 로직을 구현하는 효과가

있어 좀 더 독립적이면서 실용적인 단위 테스트를 가능하게 합니다.

CHAPTER 4

이벤트 소싱 II

4장에서 다루는 내용

- 애그리게이트 라이프사이클과 이벤트 소싱
- 애그리게이트 동시성과 이벤트 충돌
- 이벤트 리플레이와 성능
- 스냅샷과 생성 전략
- 도메인 이벤트의 타입 변화(버전)와 업캐스팅
- 레거시 시스템 통합과 마이그레이션
- 백업과 아카이빙
- 이벤트 소싱 라이브러리

'3장, 이벤트 소싱 I'에서 이벤트를 기록하는 메커니즘을 설명하고 구현했습니다. 이벤트 소싱은 애그리게이트의 상태 변화를 기록할 수 있다는 장점을 가지는 반면 이벤트 개수가 많아질수록 리플레이 시간이 증가하고 시스템이 사용할 수 있는 메모리 제약으로 모든 이벤트를 한번에 조회하는데 한계가 있습니다. 또한 같은 애그리게이트를 동시에 변경하는 경우 마지막 커밋이 이전 커밋을 덮어쓰는 문제도 여전히 존재합니다.

마이크로서비스 아키텍처는 하나의 서비스가 모든 기능을 제공하지 않고 여러 서비스 간 협력이 필요한데 레거시 시스템과 협력도 필요합니다. 시스템을 운영하면서 변경 요청으로 속성을 추가하거나 삭제하는 이벤트 타입의 변화 또한 고려해야 합니다.

4장에서는 이벤트 소싱을 적용한 시스템을 구축하고 운영하면서 만날 수 있는 대표적인 문제와 해결 방법을 알아봅니다.

4.1 도메인 객체 라이프사이클

3장에서는 이벤트 소싱을 구현하기 위해 애그리게이트의 라이프사이클 중 생성 이후 상태 변화를 중심으로 저장과 리플레이 메커니즘을 다뤘습니다. 여기서는 앞서 다루지 않은 애그리게이트의 라이프사이클 중 생성과 소멸에 대해 알아봅니다.

4.1.1 애그리게이트 생성

애그리게이트를 구성하는 엔티티와 값 객체는 모두 파라미터를 가지는 메소드를 제공하고 상태가 변할 때 이벤트를 발생시킵니다. 마찬가지로 애그리게이트 생성도 커맨드를 이용하고 도메인 이벤트를 발생시켜야 합니다.

Cart 애그리게이트를 생성하는 시점은 비즈니스 프로세스 정의에 따라 달라집니다. 회원으로 가입한 직후 Cart를 미리 생성하게 정의할 수 있고 회원 가입 후 상품을 Cart에 처음 담을 때 생성할 수도 있지만 생성하는 기능은 차이가 없습니다.

객체 생성을 위해 예제 4-1처럼 3장에서 소개한 커맨드인 CreateCart 클래스와 이벤트로 CartCreated 클래스를 선언합니다.

예제 4-1 카드 생성 커맨드와 이벤트

```
public class CreateCart {
  private String cartId;
}

//

public class CartCreated extends Event {
  private String cartId;
}
```

카트 애그리게이트는 생성자 파라미터로 CreateCart 커맨드를 전달 받아 카트를 생성하고 CartCreated 도메인 이벤트를 발행합니다.

예제 4-2 카트 애그리게이트 생성자

```java
public class Cart {

  public Cart(CreateCart command) {
    this.apply(new CartCreated(command.getCartId()));
  }

  private void on(CartCreated event) {
    this.cartId = event.getCartId();
  }

}
```

카트 애그리게이트를 생성하기 전에 cartId로 Cart가 이미 생성됐는지 확인해야 하는데 이 기능은 애플리케이션 서비스인 CartService의 책임입니다. 예제 4-3은 Cart 생성자를 호출하기 전에 같은 식별자를 가진 Cart가 있는지 확인하고, 있으면 예외를 던지고 없으면 Cart 생성자를 호출합니다.

예제 4-3 애그리게이트 생성과 유효성 검사

```java
public class CartService {

  private final CartStore cartStore;

  public String createCart(CreateCart command) {
    if (this.cartStore.exists(command.getCartId())) {
      throw new CartAlreadyExistsException(command.getCartId());
    }

    Cart cart = new Cart(command);
    this.cartStore.save(cart);
  }

}
```

동일한 cartId를 가진 애그리게이트가 있는지 확인하기 위해 CartStore가 제공하는 load 메소드를 사용할 수 있지만 이벤트 수에 따른 리플레이 성능을 고려해 exsits 메소드를 추가했습니다.

예제 4-4 CartStore와 exists 메소드

```
public CartStore {

  public boolean exists(String cartId) {
    return this.cartRespository.existsById(cartId);
  }

}
```

4.1.2 애그리게이트 삭제

카트에 담아 놓은 상품을 주문하면 Cart에 담긴 아이템을 삭제하는 clear 메소드를 호출합니다. 일반적으로 Cart 자체를 삭제하지 않지만 Cart 자체를 삭제한다고 가정하면 TB_CART 테이블의 레코드와 TB_CART_EVENT 테이블에서 CART_ID를 외래 키로 가지는 레코드 전체를 삭제해야 합니다. 하지만 카트를 삭제하면 애그리게이트 변경 내역인 도메인 이벤트도 모두 사라지므로 사용자의 행위를 추적할 수 없습니다.

> **참고**
>
> Cart에서 주문한 상품을 비우는 기능은 비즈니스에서 clear가 아닌 주문했음으로 변경한다고 할 수 있습니다. 이 경우 clear 대신 order 메소드 사용을 고려할 수 있습니다.

데이터 보호 및 규정 요구사항을 충족하기 위해 애그리게이트를 삭제하지 않아도 되는 상황에서 도메인 이벤트를 삭제하면 이벤트 소싱의 장점을 포기하는 것과 같습니다. 데이터 관점에서 이벤트 소싱은 TB_CART와 TB_CART_EVENT 테이블의 레코드를 DELETE 구문으로 직접 삭제하지 않고 삭제됐다고 표기하는 소프트 삭제soft delete로 이력을 유지합니다. 그림 4-1처럼 "삭제됨"으로 상태를 변경하는 markDelete 메소드를 애그리게이트에 추가합니다. 이 메소드는 삭제됐음을 의미하는 deleted 속성을 true로 변경하고 CartDeleted 이벤트를 발행합니다.

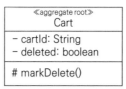

```
≪aggregate root≫
Cart
─ cartId: String
─ deleted: boolean
# markDelete()
```

그림 4-1 애그리게이트 삭제

예제 4-5는 Cart 애그리게이트를 삭제 상태로 변경하는 markDelete 메소드 구현입니다.

예제 4-5 애그리게이트와 markDelete 메소드

```java
public class Cart {

  private String cartId;
  private boolean deleted;

  private void markDelete() {
    this.deleted = true;
  }

}
```

Cart를 삭제하는 비즈니스 규칙이 있다면 markDelete 메소드 로직을 직접 변경해야 합니다. 하지만 markDelete를 직접 사용하면 CartDeleted 이벤트를 발행할 수 없습니다. 따라서 markDelete 메소드 접근자를 private로 변경하고 삭제 규칙을 검사하는 delete 메소드를 추가합니다. 추가한 delete 메소드는 삭제 조건을 검사하고, 삭제할 수 있을 때 CartDeleted 이벤트를 생성한 후 이벤트 핸들러에서 markDelete 메소드를 호출합니다.

예제 4-6 애그리게이트 삭제

```java
public class Cart {

  private String cartId;
  private boolean deleted;
```

```
  public void delete() {
    // 삭제 조건 검사
    this.apply(new CartDeleted(this.cartId));
  }

  private void on(CartDeleted event) {
    this.markDelete();
  }

}
```

4.2 동시성과 이벤트 충돌

한 고객사를 담당하는 영업사원 두 명이 있다고 가정합니다. 담당자 A와 B가 고객사의 연락처를 동시에 수정해 같은 속성을 변경할 때 나중에 처리된 요청이 이전 요청을 덮어쓰는 현상이 발생합니다. 데이터베이스에서는 이 현상을 갱신 분실^{Lost Update}이라 합니다.

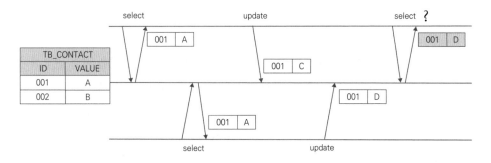

그림 4-2 데이터베이스 동시성과 갱신 분실

애그리게이트가 제공하는 커맨드 핸들러를 동시에 호출해 발생한 이벤트가 같은 속성을 덮어쓰는 결과를 만들어 내기도 하지만 서로 다른 이벤트가 같은 속성을 덮어써서 일관성을 유지하지 못하기도 합니다. 이벤트 소싱에서 이와 같은 현상을 이벤트 충돌^{Event Conflicts}이라 합니다.

일반적인 시스템과 동일하게 애그리게이트의 일관성을 유지하는 것은 여전히 중요합니다. 이벤트간 충돌을 해결하려면 먼저 동시성 메커니즘을 이해해야 합니다. 동시성 메커니즘은 비관적 잠금Pessimistic Lock과 낙관적 잠금Optimistic Lock으로 구분합니다.

비관적 잠금에서 트랜잭션은 많은 충돌이 발생한다고 가정하고 데이터베이스가 제공하는 잠금Lock 기능을 사용합니다. 데이터베이스 잠금은 어떤 프로세스가 데이터 변경을 목적으로 조회를 요청(잠금 요청)하고 변경을 완료할 때까지 다른 프로세스가 해당 데이터에 접근하지 못하게 합니다. 비관적 잠금은 안정적이지만 이어서 설명할 낙관적 잠금에 비해 비즈니스 동시성 환경에 적합하지 않습니다.

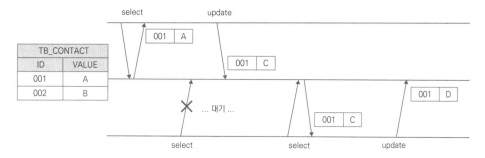

그림 4-3 비관적 잠금

낙관적 잠금에서 트랜잭션은 충돌이 발생하지 않는다고 가정하고 데이터를 변경하는 시점에만 잠금을 사용합니다. 낙관적 잠금은 버전 컬럼을 비교해 데이터 조회 후 업데이트를 요청하는 사이에 변경이 있었는지 확인합니다. 즉, 버전 컬럼의 값이 같으면 변경하고 그렇지 않으면 예외를 던져 데이터의 일관성을 유지합니다. 서비스의 특성에 따라 차이는 있지만 비관적 잠금에 비해 높은 성능을 제공해 대부분의 비즈니스 서비스는 낙관적 잠금을 사용합니다.

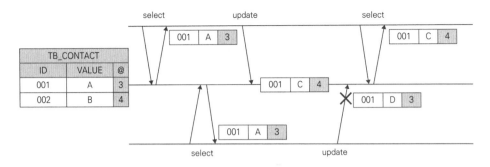

그림 4-4 낙관적 잠금

낙관적 잠금을 사용하려면 변경 요청 시 사용자 인터페이스가 애그리게이트의 현재 버전 값을 알고 있어야 합니다. 따라서 사용자가 애그리게이트를 조회하면 백엔드는 현재 버전 값을 포함한 결과를 반환①해야 합니다. 사용자가 애그리게이트 내용을 확인하고 변경을 요청하면 사용자 인터페이스는 애그리게이트의 버전을 커맨드에 포함②해 백엔드에 전달합니다.

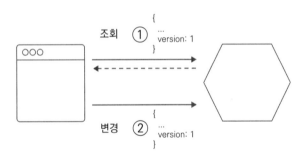

그림 4-5 프론트 요청(커맨드/쿼리)와 버전 속성

예제 4-7은 개발자가 직접 구현한 버전 비교 로직입니다. 애플리케이션 서비스는 커맨드에 포함돼 있는 version 값과 애그리게이트의 현재 version 값을 비교(1)해 값이 다르면 요청한 애그리게이트가 이미 다른 요청으로 상태가 변경됐음을 알리기 위해 AlreadyChangedException 예외를 발생(2)시킵니다. 버전이 같으면 애그리게이트에 커맨드를 전달(3)하고 처리가 완료되면 버전 값을 증가(4)시킨 후 데이터베이스에 저장(5)합니다.

예제 4-7 개발자가 구현한 충돌 감지

```java
public class CartService {

  public void addItem(String cartId, long version,
                      String productNo, int quantity) {
    Cart foundCart = this.cartStore.load(cartId);
    if (version != foundCart.getVersion()) { (1)
      throw new AlreadyChangedException();   (2)
    }
    foundCart.addItem(productNo, quantity);  (3)
    foundCart.setVersion(version+1);         (4)
    this.cartStore.save(foundCart);          (5)
  }

}
```

그림 4-6처럼 백엔드로부터 예외를 응답으로 받은 사용자 인터페이스는 "다른 사용자에 의해 이미 변경됐습니다. 다시 조회해 확인하세요."와 같은 메시지를 제공해 오래된 데이터임을 사용자에게 알리고 최신 데이터 조회를 안내합니다.

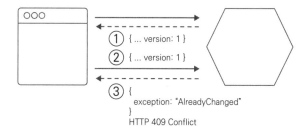

그림 4-6 동시성과 HTTP 응답 코드

> **참고**
>
> HTTP 응답 코드는 일반적인 500 Internal Server Error가 아닌 409 Conflict를 반환해 오류의 원인을 명확하게 표현할 수 있습니다.

이벤트 충돌을 감지하기 위해 애플리케이션 서비스에서 버전을 비교하면 많은 코드가 중복되고 유지보수를 어렵게 만듭니다. 이 문제는 JPA가 제공하는 낙관적 동시성 메커니즘을 활용해 손쉽게 해결할 수 있습니다.

예제 4-8은 @Version 어노테이션을 사용해 예제 4-7에서 직접 구현한 버전 비교 로직을 JPA에 위임합니다. 사용자 인터페이스가 애그리게이트의 현재 버전을 알아야 하므로 애그리게이트에 version 속성을 추가합니다.

> **참고**
>
> @Version에 long 타입을 사용하면 version 값을 순환해 사용합니다. 1부터 시작해 long의 MAX 값을 초과하면 부호비트를 바꿔 long의 MIN 값으로 변경합니다. 이후 다시 데이터에 변경이 발생하면 값을 +1하면서 MAX까지 증가시킵니다.

예제 4-8 JPA 낙관적 동시성 메커니즘과 @version 어노테이션

```
@Entity
@Table(name = "TB_CART")
public class CartJpo {
  @Id
  private String cartId;
  @Version
  private long version;

  public Cart toCart() {
    return new Cart(this.cartId, this.version);
  }

}
```

JPA가 제공하는 동시성 메커니즘을 사용하면 version을 비교하기 위해 직접 구현한 로직 대신 try-catch 구문으로 이벤트 충돌을 확인할 수 있습니다.

예제 4-9 JPA 동시성 메커니즘과 예외 처리

```
public class CartService {
```

```
public void addItem(AddItem command) {
  Cart foundCart = this.cartStore.load(command.getCartId());
  foundCart.setVersion(command.getVersion())
  foundCart.addItem(command);

  try {
    this.cartStore.save(foundCart);
  } catch (OptimisticLockException e) {
    throw new AlreadyChangedException();
  }
}

}
```

4.3 재수화 성능과 스냅샷

3장에서 도메인 이벤트를 현재 상태로 복원하는 재수화 메커니즘을 살펴 봤습니다. 재수화는 애그리게이트에서 발생한 도메인 이벤트가 많을수록 시간이 증가하기 때문에 성능(시간적 제약)에 직접적인 영향을 줍니다. 또한 재수화 동안 일시적으로 도메인 이벤트 인스턴스를 메모리에 올려야 하지만 사용할 수 있는 메모리 사이즈(공간적 제약)에 한계가 있어 Out of Memory[OOM] 예외가 발생할 수 있습니다.

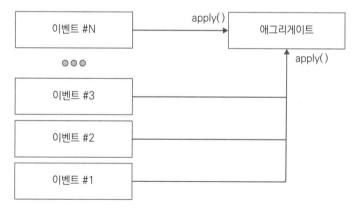

그림 4-7 도메인 이벤트와 리플레이

재수화 성능을 향상시키면서 메모리를 효율적으로 사용하기 위한 방법이 스냅샷 Snapshot입니다. 스냅샷은 그림 4-8처럼 발생한 이벤트들 중 특정 이벤트까지 리플레이한 결과를 별도로 저장해 놓은 일종의 메모이제이션memoization입니다. 재수화는 스냅샷이 있으면 스냅샷에서 애그리게이트로 직접 재구성하고 스냅샷을 생성한 시점 이후에 발생한 도메인 이벤트만 리플레이합니다.

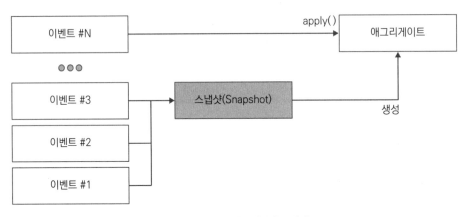

그림 4-8 이벤트 리플레이와 스냅샷

참고

메모이제이션은 컴퓨터 프로그램이 동일한 계산을 반복해야 할 때, 이전에 계산한 값을 메모리에 저장함으로써 동일한 계산의 반복 수행을 제거해 프로그램 실행 속도를 빠르게 하는 기술입니다.

4.3.1 스냅샷 생성

이벤트 소싱도 하나의 도메인입니다. 따라서 그림 4-9처럼 Cart와 연관 관계를 갖는 값 객체로 Snapshot 클래스를 모델에 추가합니다. Snapshot 클래스는 특정 시점의 Cart 객체를 JSON으로 직렬화한 문자열과 스냅샷 생성 시간을 포함합니다. 생성 시간은 스냅샷 생성 이후에 발생한 도메인 이벤트를 조회하는데 사용합니다. 이 시간은 스냅샷을 생성한 시스템의 시간이 아닌 스냅샷 생성에 사용한 마지막 도메인 이벤트가 발생한 시간임에 주의해야 합니다.

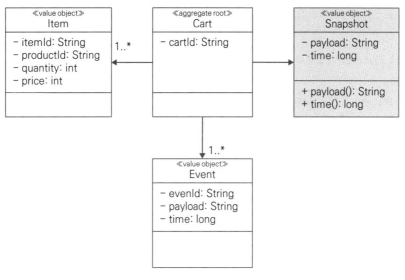

그림 4-9 애그리게이트와 스냅샷

예제 4-10 스냅샷 값 객체

```
public class Snapshot {
  private String payload;
  private long time;
}
```

이벤트와 마찬가지로 스냅샷도 데이터베이스에 저장합니다. CartJpo에 Snapshot을 저장하기 위한 속성을 추가로 선언합니다. 단순함을 유지하기 위해 CartJpo에 Snapshot 클래스의 payload를 SNAPSHOT_PAYLOAD 컬럼과 매핑하고 time을

SNAPSHOT_TIME 컬럼으로 매핑합니다. 속성 개수가 많거나 복잡한 애그리게이트 객체를 직렬화하면 JSON 문자열이 데이터베이스 컬럼의 최대 사이즈보다 길어질 수 있으므로 SNAPSHOT_PAYLOAD 컬럼의 데이터 타입을 CLOB으로 선언합니다.

예제 4-11 CartJpo와 스냅샷 속성 매핑

```java
@Entity
@Table(name = "TB_CART")
public class CartJpo {
  @Id
  private String cartId;
  @Lob
  @Column(name = "SNAPSHOT_PAYLOAD")
  private String snapshot;
  private long snapshotTime;
}
```

스냅샷 속성을 매핑한 TB_CART 테이블에 SNAPSHOT_PAYLOAD와 SNAPSHOT_TIME 컬럼을 추가합니다.

예제 4-12 스냅샷 컬럼을 추가한 애그리게이트 데이터 모델

```sql
CREATE TABLE TB_CART (
  CART_ID VARCHAR(8),
  SNAPSHOT_PAYLOAD TEXT,
  SNAPSHOT_TIME BIGINT,
  PRIMARY KEY (CART_ID)
);
```

예제 4-13처럼 Cart 애그리게이트에 현재 상태를 Snapshot 객체로 반환하는 snapshot 메소드를 추가합니다.

예제 4-13 애그리게이트와 스냅샷 생성

```java
public class Cart {

  public Snapshot snapshot() {
    long time = this.events.get(this.events.size() - 1).time();
    return new Snapshot(JsonUtil.toJson(this), time);
```

```
    }

  }
```

참고

스프링이 기본으로 사용하는 fasterxml이 제공하는 jackson 라이브러리는 get으로 시작하는 메소
드의 리턴값도 JSON으로 직렬화합니다. 이는 서비스를 이용하는 클라이언트(프론트, 다른 백엔드
서비스)에게 불필요한 정보를 노출합니다. Snapshot과 같이 특수한 목적을 가지면서 외부에 노출
될 필요가 없는 메소드는 일반적인 getter 메소드 네이밍 규칙을 따르지 않게해 JSON 직렬화 대상
메소드에서 제외시킵니다.

먼저 CartStore가 애그리게이트를 저장할 때마다 스냅샷을 생성하거나 갱신하게 구
현하고 이어지는 스냅샷 생성 전략에서 자세히 다룹니다.

커머스 도메인에서 스냅샷 생성은 기술에 종속된 요소입니다. 따라서 Cart 애그리게
이트는 스냅샷만 생성하고 스냅샷을 저장하는 책임은 다른 구성 요소에 부여해야 합
니다. 이 책임을 부여할 최적의 후보는 CartStore입니다. 예제 4-14처럼 CartStore
의 save 메소드가 애그리게이트를 저장할 때마다 새로운 스냅샷을 생성합니다.

예제 4-14 이벤트 스토어와 스냅샷 저장

```
public class CartStore {

  public void save(Cart cart) {
    CartJpo cartJpo = new CartJpo(cart);
    cartJpo.setSnapshot(cart.snapshot());
    this.cartRespository.save(cartJpo);
    // 생략
  }

}
```

CartJpo 생성자 파라미터로 Cart 애그리게이트를 전달하므로 CartJpo 생성자에서
Snapshot 객체를 할당하면 CartStore는 데이터베이스와 직접 상호 작용하는 책임

을 유지할 수 있습니다. 따라서 예제 4-15처럼 CartJpo가 스냅샷 인스턴스를 생성하게 변경합니다. 설계 변경은 예제 4-14에서 스냅샷을 생성하는 코드 삭제를 포함합니다.

예제 4-15 JPA 엔티티 클래스와 스냅샷 저장

```java
@Entity
@Table(name = "TB_CART")
public class CartJpo {

  @Id
  private String cartId;
  @Lob
  @Column(name = "SNAPSHOT_PAYLOAD")
  private String snapshot;   // serialized json
  private long snapshotTime;

  public CartJpo(Cart cart) {
    this.cartId = cart.getCartId();

    Snapshot snapshot = cart.snapshot();
    this.snapshot = snapshot.getPayload();
    this.snapshotTime = snapshot.getTime();
  }

  public Cart toCart() {
    return JsonUtil.fromJson(this.snapshot, Cart.class);
  }

}
```

> **참고**
>
> 예제는 최근 스냅샷 하나만 관리하지만 여러개의 스냅샷을 유지하면 애그리게이트의 중간 상태를 리플레이 할 때 성능을 개선하고 메모리를 더 효율적으로 사용할 수 있습니다.

4.3.2 재수화 제외 이벤트

애그리게이트에서 발생한 모든 도메인 이벤트를 리플레이할 필요는 없습니다. 예를 들어 사용자가 로그인하면 Authenticated 또는 loggedIn 이벤트가 발생하지만 리플레이해서 얻을 수 있는 이득은 없습니다. 리플레이할 이벤트와 그렇지 않은 이벤트를 구분하면 리플레이 대상이 아닌 이벤트가 많이 발생하는 애그리게이트에서 성능 향상을 기대할 수 있습니다.

리플레이 대상 이벤트를 구별하는 용도로 Event 추상 클래스에 rehydration 속성을 추가합니다. 애그리게이트에서 발생하는 이벤트 중 리플레이에서 제외할 이벤트가 적으면 생성자에서 기본값을 true로 할당해 재수화 대상으로 설정하고 구체적인 도메인 이벤트 생성자에서 선택적으로 false를 할당합니다.

예제 4-16 Event 추상 클래스와 rehydration 속성

```java
public abstract class Event {

  private String eventId;
  private long time;
  protected boolean rehydration;

  public Event() {
    this.eventId = UUID.ramdomUUID().toString();
    this.time = System.currentTimeMillis();
    this.rehydration = true;
  }

}
```

사용자가 로그인을 시도하면 애플리케이션 서비스는 email로 User를 조회하고 authenticate 메소드를 호출합니다.

예제 4-17 인증 애플리케이션 서비스 - AuthenticationService

```java
public class AuthenticationService {

  public void authenticate(Authenticate command) {
    User user = this.userStore.load(command.getEmail());
```

```
        user.authenticate(command);
        // session 생성 또는 token 발행
    }


}
```

Authenticated 도메인 이벤트를 재수화 대상에서 제외시키기 위해 생성자에서 rehydration 속성을 false로 할당합니다.

예제 4-18 Authenticated 도메인 이벤트와 재수화 제외 설정

```
public class Authenticated extends Event {

  private String userId;
  private long time;

  public Authenticated(String userId) {
    super();
    this.userId = userId;
    this.rehydration = false;
  }

}
```

비밀번호가 일치하면 User 클래스는 Authenticated 이벤트를 발생시키고 그렇지 않으면 InvalidAuthenticationException 예외를 던집니다.

예제 4-19 사용자 엔티티와 인증

```
public class User {

  private String email;
  private String password;

  public void authenticate(Authenticate command) {
    if (!password.equals(command.getPassword()) {
      throw new InvalidAuthenticationException();
    }
    this.apply(new Authenticated(this.id));
  }
```

```
}
```

이벤트 테이블인 TB_USER_EVENT와 매핑한 UserEventJpo에 rehydration 속성을 추가하고 REHYDRATION 컬럼과 매핑합니다.

예제 4-20 UserEvent JPA 엔티티와 재수화 컬럼 매핑

```
@Entity
@Table(name = "TB_USER_EVENT")
public class UserEventJpo {
  @Id
  private String eventId;
  private String userId;
  private String type;

  @Lob
  private String payload;
  private long time;

  private boolean rehydration;
}
```

이벤트 저장소인 UserStore가 제공하는 load 메소드에는 영향이 없고 UserEvent Jpo를 조회하는 UserEventRepository에서 rehydration 컬럼의 값이 true인 레코드만 조회하게, find로 시작하는 오퍼레이션에 rehydration 파라미터를 추가하고 UserStore에서 호출할 때 파라미터로 false를 전달합니다.

예제 4-21 UserEventRepository와 재수화 이벤트만 조회

```
public interface UserEventRepository
                  extends JpaRepository<UserEventJpo, String> {
  findByUserIdAndRehydrationOrderByTimeAsc(String userId,
                                    boolean rehydration);
}
```

4.4 스냅샷 생성 전략

스냅샷을 언제 어떻게 생성해야 한다는 원칙은 없지만 주기적인 시간(예를 들어 매 24시간)을 초과해 이벤트가 발생했을 때 스냅샷을 생성하는 것을 기본 전략으로 사용합니다. 이벤트 발생 빈도가 높은 애그리게이트는 더 짧은 주기로 스냅샷을 생성할 수도 있습니다. 유스케이스를 고려했을 때 3가지 스냅샷 생성 전략 중에서 선택할 수 있습니다.

- 주기적인 시간 – 스냅샷을 생성하고 정해진 시간을 초과해 이벤트가 발생했을 경우

- 매 N번째 이벤트 – 매 N번째 도메인 이벤트가 발생했을 경우

- 도메인 이벤트 – 특정 도메인 이벤트가 발생했을 경우

4.4.1 주기적인 시간

이 전략은 그림 4-10처럼 스냅샷을 생성한 후 지정된 시간을 초과했을 때 새로운 스냅샷을 생성합니다. Cart 애그리게이트는 지정한 시간을 초과했는지 검사하기 위해 마지막 스냅샷을 생성한 시간을 알아야 합니다.

앞서 설계한 Snapshot 객체의 time은 스냅샷 생성에 사용된 마지막 이벤트가 발생한 시간입니다. 저장해야 하는 도메인 이벤트 중 마지막 이벤트가 발생한 시간과 스냅샷 생성 시간을 비교해 지정한 시간을 초과했는지 확인합니다.

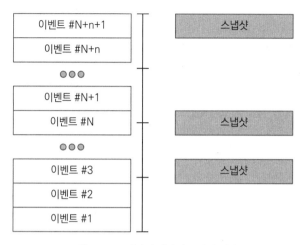

그림 4-10 주기적인 시간에 스냅샷 생성

예제 4-22는 매 600,000 밀리세컨드(10분)를 초과할 때마다 스냅샷을 생성합니다. snapshot 메소드를 takeSnapshot으로 변경(1)하고 snapshot 클래스의 time과 저장해야 하는 마지막 도메인 이벤트의 시간을 비교(2)했을 때 지정한 시간을 초과했으면 snapshot 객체를 다시 생성(3)합니다. 또한 애그리게이트를 생성하는 이벤트(CartCreated)가 발생했을 때 스냅샷을 생성할지 결정해야 하는데 로직의 단순함을 위해 애그리게이트를 생성(snapshot이 없는 경우)할 때 스냅샷을 생성합니다.

자바 8부터 널[null] 체크 로직으로 인한 가독성과 유지보수성을 향상시키기 위해 Optional 클래스를 제공합니다. 스냅샷을 Optional로 선언하고 isEmpty나 isPresent 메소드로 스냅샷 존재를 검사합니다.

예제 4-22 주기적인 시간에 스냅샷 생성

```
public class Cart {

  private Optional<Snapshot> snapshot

  public void takeSnapshot() {                              (1)
    long eventTime = this.events.get(this.events.size() - 1).time();

    if (snapshot.isEmpty()) {
      this.snapshot = Optional.of(
```

```
                new Snapshot(JsonUtil.toJson(this),
                                currentTime));
    }

    if (snapshot.isPresent()
        && eventTime - snapshot.get().getTime() > 600000) { (2)
        this.snapshot = Optional.of(
                            new Snapshot(JsonUtil.toJson(this),
                                            eventTime));           (3)
    }
  }

}
```

스냅샷 생성 로직을 구현하면서 CartStore.save 메소드에 snapshot을 생성할지 검
사하는 로직을 구현할 수 있습니다. 객체지향은 참조하는 속성과 가장 가까운 클래
스에 메소드를 둬 응집도를 유지하므로 Cart 클래스에 구현합니다. 예제 4-23에서
CartStore는 Cart 애그리게이트가 제공하는 takeSnapshot 메소드를 사용합니다.

예제 4-23 이벤트 스토어와 스냅샷 생성

```
@Repository
@Transactional
public class CartStore {

  private final CartRepository cartRepository;
  private final CartEventRepository cartEventRepository;

  public void save(Cart cart) {
    cart.takeSnapshot();
    this.cartRepository.save(new CartJpo(cart));
    this.cartEventRepository.saveAll(aggregate.getEvents().stream()
            .map(event -> new CartEventJpo(event))
            .collect(Collectors.toList()));
  }

}
```

애그리게이트에 스냅샷 생성 책임을 부여하면 CartStore와 Cart를 일반화해 Order,
Customer와 같은 다른 애그리게이트에 다양한 스냅샷 생성 전략을 takeSnapshot

메소드에 구현할 수 있습니다. 일반화는 이장 마지막에서 소개합니다.

4.4.2 매 N번째 이벤트

이 전략은 매 N번째 이벤트가 발생할 때 스냅샷을 생성합니다. 그림 4-11처럼 모듈로 연산자(%, 나머지를 구하는 연산자)를 사용합니다. 모듈로 연산자를 사용하려면 애그리게 이트에서 발생한 이벤트의 횟수를 기록해야 합니다. 먼저 이전 예제에서 사용한 time 대신 3장에서 언급한 일련번호를 사용하게 변경해야 합니다.

그림 4-11 매 N번째 이벤트에서 스냅샷 생성

Cart 애그리게이트 클래스에 sequence 속성을 추가(1)합니다. 이 속성은 load 메소드가 Cart 객체를 반환할 때 Cart에서 발생한 이벤트 횟수입니다. 반대로 CartStore. save() 메소드는 load() 후 커맨드를 처리해 이벤트가 발생한 횟수만큼 증가한 값을 사용합니다. 예를 들어 load() 후 sequence 값이 47이었고 ItemAdded 이벤트가 발생한 후 save()를 호출하면 sequence 값은 48입니다. 예제 4-24는 매 10번째 이벤트가 발생했을 때(2) 스냅샷을 생성합니다.

예제 4-24 N번째 이벤트에서 스냅샷 생성

```java
public class Cart {

  private List<Event> events;
  private long sequence;          (1)

  private Optional<Snapshot> snapshot;

  public void takeSnapshot() {
    long eventTime = this.events.get(this.events.size() - 1).time();
    if (sequence % 10 == 0) {  (2)
      this.snapshot = Optional.of(
                        new Snapshot(JsonUtil.toJson(this),
                                     eventTime, this.sequence));
    }
  }
}
```

앞서 커맨드와 이벤트가 반드시 일대일 관계가 아닐 수 있다고 언급했습니다. 한 커맨드가 2개 이상의 이벤트를 발생시키면 % 연산 결과가 0이 아닌 값이 계속될 수 있고 최악의 경우 이 전략은 영원히 스냅샷을 생성하지 못할 수 있습니다. 어떤 상황에서도 스냅샷을 생성하려면 % 연산 결과가 0을 통과한 값인지 함께 검사해야 합니다. 예제 4-25는 애그리게이트가 제공하는 메소드를 호출하기 전 sequence의 몫까지 비교합니다.

예제 4-25 N번째 이벤트에서 몫을 사용한 스냅샷 생성

```java
public class Snapshot {

  private String payload;
  private long sequence;
  private long time;

  private long quotient;
  private long remainder;

  public Snapshot(String payload, long time, long sequence) {
    this.payload = payload;
    this.time = time;
```

```
    this.sequence = sequence;
    this.quotient = sequence / 10;
  }

  public boolean isExpired(long sequence) {
    return sequence % 10 == 0 && this.quotient != sequence / 10;
  }

}
```

Cart 애그리게이트는 Snapshot 객체가 제공하는 isExpired 메소드로 새로운 스냅 샷을 생성할지 결정합니다.

예제 4-26 이벤트 스토어와 N번째 이벤트에서 스냅샷 생성

```
public class Cart {

  private List<Event> events;
  private long sequence;

  private Optional<Snapshot> snapshot;

  public void takeSnapshot() {
    long eventTime = this.events.get(this.events.size() - 1).time();

    if (snapshot.isPresent()
        && snapshot.get().isExpired(this.sequence)) {
      this.snapshot = Optional.of(new Snapshot(JsonUtil.toJson(this),
                                    eventTime, this.sequence));
    }

    if (snapshot.isEmpty()) {
      this.snapshot = Optional.of(new Snapshot(JsonUtil.toJson(this),
                                    eventTime, this.sequence));
    }
  }

}
```

4.4.3 도메인 이벤트

스냅샷을 생성하는 마지막 전략은 그림 4-12처럼 설계 시 스냅샷을 생성할 이벤트를 결정합니다. 앞서 살펴본 두 가지 전략과 비교했을 때 비즈니스 케이스를 가장 잘 반영할 수 있습니다.

예를 들어 Order 애그리게이트는 주문부터 배송 중까지 스냅샷을 생성하지 않고 배송완료 이벤트가 발생했을 때 스냅샷을 생성합니다. 대부분의 주문은 배송을 완료하면 더 이상 이벤트가 발생하지 않고 반품/교환처럼 일부 주문에서만 이후 프로세스와 연관된 이벤트가 발생하기 때문입니다.

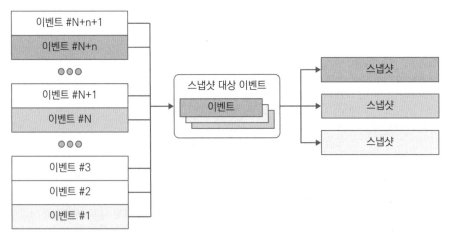

그림 4-12 특정 도메인 이벤트에서 스냅샷 생성

Order.takeSnapshot() 메소드는 두 번째 전략과 동일하게 하나의 커맨드에서 다수의 이벤트가 발생할 수 있어 events 목록 변수에 스냅샷을 생성해야 하는 도메인 이벤트를 포함하는지 검사해서 Snapshot 객체를 생성합니다. OrderStore.save 메소드는 CartStore가 제공하는 save 메소드와 동일한 흐름을 가집니다. 예제 4-27은 hasSnapshotEvent 메소드로 이벤트 목록을 검사하고 결과에 따라 스냅샷을 생성합니다.

예제 4-27 특정 도메인 이벤트가 발생했을 때 스냅샷 생성

```java
public class Order {

  private List<Event> events;
  private Optional<Snapshot> snapshot;
  private long sequence;

  public void takeSnapshot() {
    long eventTime = this.events.get(this.events.size() - 1).time();
    if (hasSnapshotEvent()) {
      this.snapshot = Optional.of(new Snapshot(
                                  JsonUtil.toJson(this),
                                  eventTime,
                                  this.sequence));
    }
  }

  private boolean hasSnapshotEvent() {
    boolean result = false;

    for (Event event: events) {
      if (OrderDelivered.class.isAssignableFrom(event.getClass()) {
        result = true;
        break;
      }
    }

    return result;
  }

}
```

4.5 이벤트 소싱과 상수

시스템은 시간이 지나면서 변경이 필요한데 상수^{Constants} 값이 변하기도 합니다. 특히 이벤트 소싱을 적용한 애그리게이트에서 상수 값을 사용하면 각별한 주의가 필요합니다.

도메인에 선언한 상수를 이용해 어떤 결과를 도출하는 비즈니스 규칙이 있습니다. 예

를 들어 커머스 도메인에서 구매 금액의 특정 비율을 포인트로 적립하는 규칙이 존재한다고 가정합니다. Point 클래스를 고객 애그리게이트에 포함된 값 객체로 설계할 수도 있지만 예제에서는 독립된 애그리게이트로 설계했습니다.

예제 4-28 포인트 애그리게이트

```java
public class Point {

  private String userId;

  private static final float ACCUMULATION_RATE = 0.01;
  private long value;

  public void increase(IncreaseByOrder increaseByOrder) {
    this.apply(new IncreasedByOrder(increaseByOrder.orderNo,
                                    increaseByOrder.total));
  }

  private void on(IncreasedByOrder increasedByOrder) {
    this.value += increasedByOrder.total * ACCUMULATION_RATE;
  }

}
```

12월 한달간 특별 포인트로 1%가 아닌 5%로 적립하는 연말 프로모션을 진행하기로 했고 해당 상수를 0.05로 변경했습니다.

예제 4-29 연말 프로모션과 포인트 적립 상수

```java
public class Point {

  private static final float ACCUMULATION_RATE = 0.05;
  private long value;

  private void on(IncreasedByOrder increasedByOrder) {
    this.value += increasedByOrder.total * ACCUMULATION_RATE;
  }

}
```

12월 5% 프로모션을 진행한 결과 매출의 급격한 상승과 순이익 증가로 1월에는 신년 이벤트로 5%에서 7% 적립 프로모션을 한번 더 진행하기로 결정했습니다. 개발자는 상수를 0.07로 한번 더 변경했습니다.

예제 4-30 신년 프로모션과 포인트 적립 상수

```
public class Point {

  private static final float ACCUMULATION_RATE = 0.07;
  private long value;

  private void on(IncreasedByOrder increasedByOrder) {
    this.value += increasedByOrder.total * ACCUMULATION_RATE;
  }

}
```

1월에 진행한 7% 적립 프로모션을 종료하면서 2월에 해당 상수는 다시 1%인 0.01로 변경했습니다. 이제 11월, 12월, 1월에 모두 구매 이력이 있는 고객의 포인트를 리플레이하면 예상한 포인트가 아닌 이해할 수 없는 결과를 반환합니다. 앞선 예제는 간단하지만 충성도가 높은 고객의 지난 1년간 적립 포인트를 계산한 결과는 신뢰할 수 없는 결과를 반환합니다.

잘못된 포인트는 이벤트 핸들러인 on 메소드에서 상수를 사용해 12월과 1월을 구분해 0.05와 0.07을 사용해야 하는데 리플레이하는 시점의 상수 0.01을 사용했기 때문입니다.

이 문제는 기간별로 적립 비율을 계산하도록 Point 클래스를 변경해서 해결할 수 있습니다. 개발자는 예제 4-31처럼 적립금 프로모션이 있을 때마다 조건문을 사용해서 적립율 상수를 다르게 적용합니다. 이 사이트를 5년간 운영했고 다양한 프로모션을 진행했다면 훨씬 많은 조건문이 필요한데 이 조건문의 복잡도를 계산하면 현실적으로 유지보수가 불가능한 값이 나옵니다.

예제 4-31 기간으로 구분한 프로모션 상수

```java
public class Point {

  private static final float BASE_ACCUMULATION_RATE = 0.01;
  private static final float 202012_ACCUMULATION_RATE = 0.05;
  private static final float 202101_ACCUMULATION_RATE = 0.07;

  private long value;

  public void increase(IncreaseByOrder increaseByOrder) {
    this.apply(new IncreasedByOrder(increaseByOrder.orderNo,
                                    increaseByOrder.time,
                                    increaseByOrder.total));
  }

  private void on(IncreasedByOrder increasedByOrder) {
    if (increasedByOrder.time.in(202012)) {
      this.value += increasedByOrder.total
                    * 202012_ACCUMULATION_RATE;
    } else if (increasedByOrder.time.in(202101)) {
      this.value += increasedByOrder.total
                    * 202101_ACCUMULATION_RATE;
    } else {
      this.value += increasedByOrder.total
                    * ACCUMULATION_RATE;
    }
  }

}
```

예제 4-31에서 시간에 따라 변할 수 있는 상수(만을 의미하는 것은 아님)가 있는 경우 코드의 복잡성을 줄이기 위해 도메인 이벤트에 해당 상수를 포함시키는 것을 고려할 수 있습니다. 상수를 도메인 이벤트에 추가하면 이벤트 핸들러에서 이벤트가 발생했을 당시 적립율 상수로 해당 주문의 적립금을 계산할 수 있습니다.

예제 4-32 상수를 포함한 도메인 이벤트

```java
public class Point {

  private static final float ACCUMULATION_RATE = 0.01;
  private long value;
```

```
public void increase(IncreaseByOrder increaseByOrder) {
  this.apply(new IncreasedByOrder(increaseByOrder.orderNo,
                                  increaseByOrder.total,
                                  ACCUMULATION_RATE));
}

private void on(IncreasedByOrder increasedByOrder) {
  this.value += increasedByOrder.total * increasedByOrder.rate;
}

}
```

또 다른 대안으로 상수를 사용하지 않고 increase 메소드에서 구매 금액과 적립율 상수를 이용해 적립할 포인트를 계산하고 그 결과를 IncreasedByOrder 이벤트에 포함시킬 수 있습니다. 이 방법은 이벤트를 리플레이할 때 이벤트 핸들러가 다시 포인트를 계산할 필요가 없어 약간의 성능 향상을 기대할 수 있습니다.

예제 4-33 계산 결과를 포함하는 도메인 이벤트

```
public class Point {

  private static final float ACCUMULATION_RATE = 0.01;

  private long value;

  public void increase(IncreaseByOrder increaseByOrder) {
    this.apply(new IncreasedByOrder(increaseByOrder.orderNo,
                 increaseByOrder.total * ACCUMULATION_RATE));
  }

  private void on(IncreasedByOrder increasedByOrder) {
    this.value += increasedByOrder.value;
  }

}
```

마지막으로 예제 4-33처럼 적립 포인트를 미리 계산할 수 있지만 적립한 포인트가 계산된 이유도 필요하면 적립율과 적립 포인트를 도메인 이벤트에 포함시켜 다양한 시각에서 데이터를 확인하고 분석할 수 있습니다.

4.6 도메인 이벤트와 버전

새로운 도메인 이벤트를 선언해야 하는 변경 요청도 있지만 사용 중인 도메인 이벤트에 속성을 추가하거나 삭제해야 하기도 합니다. 새로운 도메인 이벤트 추가는 비교적 단순하지만 속성을 추가하거나 삭제해야 하면 생각보다 많은 것을 고려해야 합니다. 여기서는 이벤트에 속성 추가와 삭제처럼 이벤트의 타입이 변하는 사례에 대응하는 방법을 알아봅니다.

4.6.1 업캐스팅

서비스는 계속 요구사항을 수용하고 진화하면서 비즈니스를 지원합니다. 일부 요구사항은 이벤트 소싱을 적용한 서비스에서 다양한 문제를 발생시킵니다. 새로운 요구사항이 추가됐고 다음과 같이 두 가지 변화가 필요하다고 가정합니다.

- 새로운 속성을 추가한다.

- 더 이상 사용하지 않는 속성을 제거한다.

이벤트 스토어에 기록한 도메인 이벤트는 과거에 발생한 사건으로 불변이므로 원칙적으로 이벤트 내용을 수정할 수 없습니다. 하지만 요구사항 변경은 피할 수 없고 변경 요청은 이미 선언해 사용 중인 이벤트 클래스에 영향을 줄 수밖에 없습니다.

커머스 도메인에서 주문 취소 시 OrderCanceled 이벤트는 주문번호와 시간으로 구현돼 있었는데 마케팅 부서에서 분석 목적으로 사용할 취소 사유 추가를 요청했습니다. 담당 개발자는 새로운 버전인 OrderCanceledV2 이벤트 클래스를 선언하고 String 타입의 cause 속성을 추가했습니다.

예제 4-34 주문 취소 V2 이벤트

```java
public class OrderCanceledV2 extends Event {

    private String orderNo;
    private long time;
    private String cause;
```

```
  public OrderCanceledV2(String orderNo, String cause) {
    this.orderNo = orderNo;
    this.time = System.currentTimeMillis();
    this.cause = cause;
  }

  public OrderCanceledV2(String orderNo, long time, String cause) {
    this.orderNo = orderNo;
    this.time = time;
    this.cause = cause;
  }

}
```

OrderCanceledV2로 네이밍한 새 버전의 도메인 이벤트 추가는 리플레이를 위해 주문 애그리게이트에 과거 버전의 이벤트를 처리하는 on(OrderCanceled) 외에 현재 버전의 이벤트를 처리하는 이벤트 핸들러 on(OrderCanceledV2) 메소드를 추가해야 합니다.

예제 4-35 주문 취소 V2 이벤트 핸들러

```
public class Order {

  private String orderNo;
  private long time;
  private String cause;

  private void on(OrderCanceled event) {
    this.time = System.currentTimeMillis();
  }

  private void on(OrderCanceledV2 event) {
    this.time = System.currentTimeMillis();
    this.cause = event.getCause();
  }

}
```

계속된 변경 요청은 OrderCanceledV2처럼 V3, V4로 네이밍한 도메인 이벤트 타입을 추가하고 주문 애그리게이트는 도메인 이벤트의 버전 수만큼 on 메소드를 추가해야 합니다. 이 설계는 오래돼 더 이상 사용하지 않는 이벤트 핸들러를 삭제하지 못하고 계속 유지해야 합니다. 사용하지 않는 이벤트와 메소드에 @Deprecated 어노테이션을 추가해 더 이상 사용하지 않음을 표시할 수 있지만 계속 방치하는 것은 코드 가독성과 유지보수성에 도움이 되지 않습니다. 더 이상 사용하지 않는 이벤트 핸들러를 제거할 수 있는 방법이 필요합니다.

4.6.2 업캐스터

이벤트 스토어에 기록한 변경 불가능한 과거 버전의 도메인 이벤트를 현재 버전으로 변환하는 것을 업캐스팅Upcasting이라 하고 과거 버전의 이벤트를 현재 버전의 이벤트로 변환하는 책임을 가진 클래스를 업캐스터Upcaster라고 합니다.

업캐스터는 과거 이벤트를 변경하지 않고 현재 이벤트로 변환하는 단 한 가지 책임만 가집니다. 과거 버전의 도메인 이벤트를 현재 버전의 도메인 이벤트로 변환하는 것은 비즈니스 규칙이라 자동화할 수 없고 과거 버전과 현재 버전의 차이를 고려해 변환 코드를 직접 구현해야 합니다.

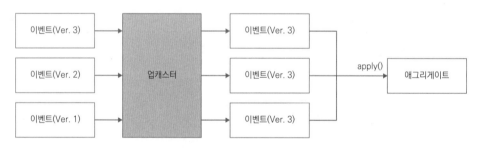

그림 4-13 업캐스팅과 업캐스터

업캐스터는 이전 버전의 도메인 이벤트를 현재 버전으로 변환하므로 주문 애그리게이트는 오래된 버전의 도메인 이벤트를 처리하면서 더 이상 사용하지 않는 이벤트 핸들러(on 메소드)를 삭제할 수 있습니다. 업캐스터는 그림 4-14에서 볼 수 있듯이 이전 버전의 도메인 이벤트를 최신 버전의 도메인 이벤트로 변환하는 일종의 mapper이고 오버로드한 upcast 메소드만 제공합니다.

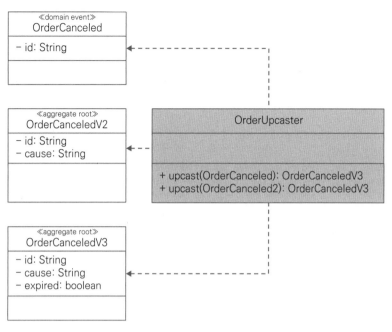

그림 4-14 주문취소 이벤트 버전과 업캐스터

추가한 cause 속성의 기본값은 데이터베이스 테이블에 새로운 컬럼을 추가하면서 기본값을 지정하는 것과 같습니다. 또한 업캐스터는 관심사 분리 원칙에 따라 도메인 이벤트의 변화를 수용하는 완충 공간입니다.

예제 4-36 주문 취소 V2 이벤트 업캐스터

```java
public class OrderEventUpcaster {

  public static OrderCanceledV2 upcast(OrderCanceled event) {
    return new OrderCanceledV2(event.getOrderNo(), event.getTime(),
                              "upcasted.");
  }

}
```

OrderCanceledV3로 새로운 이벤트 버전을 추가하면 OrderCanceled를 Order CancledV3로 변환하는 upcast 메소드 외에 OrderCanceledV2를 OrderCan celedV3로 변환하는 오버로드한 upcast 메소드도 추가해야 합니다. 이벤트 버전마다 Upcaster 클래스를 추가할 수 있지만 응집도를 높이기 위해 동일 이벤트의 버전은 하나의 업캐스터 클래스가 처리하는 것이 좋습니다.

예제 4-37 오버로드한 주문 취소 V3 이벤트 업캐스터

```java
public class OrderEventUpcaster {

  public static OrderCanceledV3 upcast(OrderCanceled event) {
    return new OrderCanceledV3(event.getOrderNo(), event.getTime(),
                              "upcasted.");
  }

  public static OrderCanceledV3 upcast(OrderCanceledV2 event) {
    return new OrderCanceledV3(event.getOrderNo(), event.getTime(),
                              true);
  }

}
```

반대 케이스는 테이블의 컬럼을 삭제하는 것과 같습니다. 더 이상 사용하지 않는 속성을 삭제하는 경우에도 같은 방식으로 업캐스팅 코드를 변경할 수 있습니다. 업캐스터는 이벤트 객체에서 속성 이름을 변경(cause에서 remark로 변경)하는 경우에도 사용할 수 있습니다.

> **참고**
> 업캐스터를 직접 구현하지 않고 Avro나 Protocol Buffers와 같이 버저닝을 지원하는 라이브러리를 사용할 수 있습니다.

업캐스터는 도메인 객체가 아닌 데이터와 관련된 기술적인 요소입니다. 기술 요소가 도메인 이벤트를 자세히 알고 있어야 하는 의존성은 문제가 되지 않으므로 예제 4-38처럼 이벤트 스토어에서 애그리게이트의 apply 메소드를 호출하기 전에 이벤트 버전을 변환합니다.

예제 4-38 이벤트 스토어와 업캐스터

```java
@Repository
@Transactional
public class OrderStore {

  private final OrderRepository orderRepository;
  private final OrderEventRepository orderEventRepository;

  public Order load(String orderNo) {
    OrderJpo orderJpo = this.orderRepository.findById(orderNo);
    List<OrderEventJpo> eventJpos = this
                       .orderEventRepository
                       .findByOrderNoOrderByTimeAsc(identifier);
    Order foundOrder = orderJpo.toOrder();
    List<Event> events = eventJpos.stream()
                       .map(eventJpo -> eventJpo.toEvent();)
                       .collect(Collectors.toList());
    events.forEach(event -> {
      Event upcastedEvent = OrderEventUpcaster.upcast(event);
      foundOrder.apply(upcastedEvent);
    });
    return foundOrder;
  }

}
```

예제 4-38에서 OrderStore가 애그리게이트를 조회하면 현재 사용하는 도메인 이벤트 버전이 OrderCanceledV3인 경우에도 upcast 메소드를 호출하므로 OrderEventUpcaster.upcast 메소드는 현재 버전의 도메인 이벤트인 Order CanceledV3를 파라미터로 갖는 upcast 메소드를 추가로 오버로드해야 합니다. 이 메소드는 특별한 변환 로직 없이 전달받은 파라미터를 그대로 다시 반환합니다.

예제 4-39 최신 버전을 오버로드한 업캐스터

```java
public class OrderEventUpcaster {

  public static OrderCanceledV3 upcast(OrderCanceled event) { ... }

  public static OrderCanceledV3 upcast(OrderCanceledV2 event) { ... }

}
```

```
public static OrderCanceledV3 upcast(OrderCanceledV3 event) {
    return event;
  }

}
```

업캐스팅은 이전 또는 오래된 버전의 도메인 이벤트에서 새 버전의 도메인 이벤트로 변환하는 규칙이 존재할 때만 적용할 수 있습니다. 변환 규칙을 적용할 수 없으면 도메인 이벤트는 버전 변경이 아닌 새로운 이벤트로 선언해야 합니다.

4.6.3 중간 이벤트

앞서 구현한 업캐스터는 오래된 버전 이벤트인 OrderCanceled, OrderCanceled V2 클래스를 직접 사용할 수 있는 장점이 있는 반면 코드베이스에서 완전히 제거할 수 없는 단점이 있습니다. 오래된 버전의 이벤트 클래스를 제거하기 위해 중립적인 포맷을 사용할 수 있습니다.

먼저 이벤트 스토어에 이벤트의 버전을 저장하고 업캐스팅할 수 있는지 확인하는데 사용합니다.

예제 4-40 이벤트와 버전

```
CREATE TABLE TB_ORDER_EVENT (
  EVENT_ID VARCHAR(255),
  EVENT_TYPE VARCHAR(255),
  …
  REVISION VARCHAR(10),
  …
);
```

오래된 도메인 이벤트를 처리하기 위해 예제 4-41처럼 IntermediateEvent 클래스로 중립적인 포맷을 선언합니다. 이 클래스는 도메인 이벤트의 타입명(1)과 업캐스팅할 내용(2)을 JSON 객체로 보관합니다. 마지막으로 해당 이벤트의 버전(revision) 속성도 필요합니다.

예제 4-41 JSON을 사용하는 업캐스팅 중간 이벤트

```java
public class IntermediateEvent {

  private String id;
  private String typeName;      (1)
  private ObjectNode payload;   (2)
  private String revision;      (3)

  public Event toEvent() {
    Event result = null;

    try {
      Class clazz = Class.forName(this.typeName);
      result = (Event) JsonUtil.fromJson(JsonUtil.toJson(payload),
                                          clazz);
    } catch (ClassNotFoundException e) {
      e.printStackTrace();
    }

    return result;
  }

}
```

도메인 이벤트의 버전 속성을 Event 클래스에 추가합니다. 이제 모든 이벤트는 기본 버전으로 1을 가집니다. 주문 이벤트 스토어인 OrderStore는 이벤트를 저장할 때 revision을 REVISION 컬럼에 저장합니다.

예제 4-42 이벤트 버전(Revision) 어노테이션

```java
public abstract class Event {
  private String revision = "1";
}
```

이제 특정 버전에서 새로운 버전으로 한 번에 하나씩 업캐스팅하는 책임을 가진 인터페이스를 선언합니다. 이 인터페이스는 업캐스팅이 필요한지 확인하는 canUpcast 오퍼레이션과 실제 업캐스팅 로직을 구현하는 cast 오퍼레이션을 포함합니다.

예제 4-43 중간 이벤트를 변환하는 Caster 인터페이스

```java
public interface Caster {
  boolean canUpcast(IntermediateEvent event);
  public IntermediateEvent cast(IntermediateEvent event);
}
```

마지막으로 Caster 인터페이스를 구현한 객체를 사용해 일련의 업캐스팅을 처리하는 Upcaster를 리팩토링합니다. initialize 메소드는 Caster 인터페이스를 구현한 객체의 목록을 초기화해 업캐스팅 환경을 구성(1)합니다. canUpcast 메소드는 업캐스팅 대상 이벤트임을 확인하는 구체적인 로직(2)을 자식 클래스에서 구현합니다. upcast 메소드를 호출하면 등록한 caster를 반복적으로 호출해 최신 이벤트 버전으로 캐스팅합니다.

예제 4-44 Caster를 사용하는 Upcaster

```java
public abstract class Upcaster {

  private List<Caster> casters;

  public Upcaster() {
    this.casters = new ArrayList<>();
    this.initialize();
  }

  public abstract void initialize();                          (1)
  public abstract boolean canUpcast(IntermediateEvent event); (2)

  protected void addCaster(Caster caster) {
    this.casters.add(caster);
  }

  public IntermediateEvent upcast(IntermediateEvent
                                  intermediateEvent) {
    IntermediateEvent intermediate = intermediateEvent;

    for (Caster caster: casters) {
      intermediate = caster.cast(intermediate);
    }

    return intermediate;
```

```
  }

}
```

예제 4-45는 주문 취소(OrderCanceled) 이벤트에서 취소 사유 속성을 추가한 최신 이벤트로 캐스팅합니다. OrderUpcaster는 이전 버전이면 주문 취소 사유 4가지 중 "기타(Etc)"를 기본값으로 할당합니다.

예제 4-45 IntermediateEvent를 사용한 OrderUpcaster

```java
@Component
public class OrderUpcaster extends Upcaster {

  private static final String typeName = OrderCanceled
                                        .class.getName();

  @Override
  public void initialize() {
    this.addCaster(new WithReason());
  }

  @Override
  public boolean canUpcast(IntermediateEvent event) {
    return typeName.equals(event.getTypeName());
  }

  public class WithReason implements Caster {

    private static final String sourceRevision = "1";
    private static final String targetRevision = "2";

    @Override
    public boolean canUpcast(IntermediateEvent event) {
      if (sourceRevision.equals(event.getRevision())
          && typeName.equals(event.getTypeName())) {
        return true;
      }

      return false;
    }

    @Override
```

```
    public IntermediateEvent cast(IntermediateEvent event) {
      if (this.canUpcast(event)) {
        event.getPayload()
            .put("reason", CancelReason.Etc.toString());
        event.setRevision(targetRevision);
      }
      return event;
    }

}
```

이제 오래된 버전의 도메인 이벤트 클래스를 코드 베이스에서 제거할 수 있습니다. 하지만 업캐스팅은 수행하는 작업의 개수와 타입 그리고 복잡도에 따라 성능에 부정적인 영향이 있으므로 주의해야 합니다.

4.6.4 이벤트 마이그레이션

도메인 이벤트는 과거에 발생한 사건이고 불변임을 여러 번 강조했습니다. 하지만 업캐스팅 로직이 너무 복잡해서 성능에 큰 영향을 준다면 전체 이벤트를 현재 버전으로 마이그레이션하는 전통적인 접근법을 선택할 수 있습니다.

마이그레이션은 데이터베이스에 직접 접근해 프로그래밍 방식으로 수행하거나 ETL 전용 도구를 사용할 수 있습니다. 이 전략은 구 버전 이벤트를 유지하면서 새로운 버전의 이벤트를 추가하는 방식으로 마이그레이션하거나 구 버전을 유지하지 않고 덮어쓰는 방법 중에 선택할 수 있습니다.

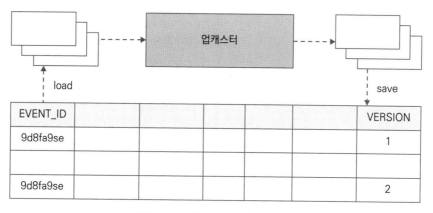

EVENT_ID						VERSION
9d8fa9se						1
9d8fa9se						2

그림 4-15 이벤트 버전과 마이그레이션

4.6.5 이벤트 버전과 스냅샷

도메인 이벤트의 버전이 변경되면 스냅샷도 영향을 받습니다. 이미 생성한 스냅샷을 업캐스팅하는 것은 비즈니스 규칙에 따라 고려사항이 많아 복잡도가 급격하게 증가합니다. 결과적으로 스냅샷 자체를 업캐스팅하는 것은 불가능에 가깝습니다. 따라서 과거 발생한 전체 도메인 이벤트를 다시 리플레이해 새로운 스냅샷을 만드는 것이 현실적인 방법입니다.

4.7 마이크로서비스 모듈

오래된 이벤트를 현재 버전으로 변환하는 Upcaster 객체는 store/upcast 패키지에 둡니다. 초기에는 OrderEventUpcaster가 모든 이벤트의 버전을 캐스팅하지만 특정 이벤트의 버전이 너무 많아지면 OrderCanceledUpcaster처럼 특정 이벤트의 버전만 변환하는 전용 Upcaster로 분리할 수 있습니다.

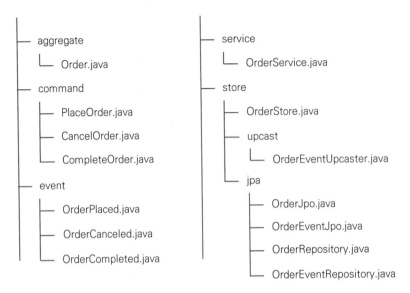

그림 4-16 마이크로서비스와 업캐스팅 모듈

4.8 다건 처리(반복문)와 성능

전통적인 프로그래밍 방식인 반복문을 사용해 다수의 애그리게이트를 처리하는 로직은 애그리게이트 조회와 처리 시 성능 이슈가 발생합니다. 최소한의 노력으로 효과를 볼 수 있는 병렬 처리와 캐싱에 대해 알아봅니다.

4.8.1 병렬 처리

그림 4-17은 단일 스레드와 멀티 스레드를 사용했을 때 성능 차이를 보여줍니다. 도메인 주도 설계에서 애그리게이트는 일관성을 가진 독립적인 존재입니다. 설계 시 애그리게이트와 도메인 서비스의 특성을 잘 반영하면 병렬 처리를 사용해 성능을 개선할 수 있습니다.

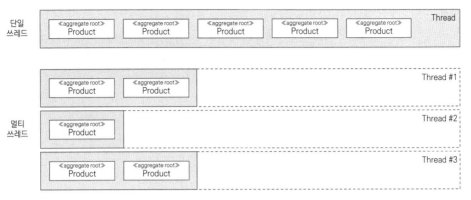

그림 4-17 단일 스레드와 멀티 스레드 성능

성능 개선은 애그리게이트를 이벤트 저장소에서 조회하거나 반대로 이벤트 저장소에 저장하는데 사용하는 시간이 아닌 애그리게이트 생성, 변경, 삭제를 위한 유효성 검사와 같은 비즈니스 로직으로 한정합니다. 이런 제약을 두는 것은 대부분의 시스템에서 저장소와 관련된 행위를 단일 트랜잭션(All or nothing)으로 처리하기 때문입니다.

예제 4-46 상품과 상품 판매 중단 규칙

```
public class Product {

  private String productNo;
  private SalesState salesState;

  public void stopSale(SalesStopPolicy policy) {
    if (salesStopPolicy.canStop(this)) {
      this.salesState = SalesState.Stop;
    }
  }

}

//

public enum SalesState {
  OnSale,
  Paused,
  SoldOut
}
```

예제 4-47에서 SalesStopPolicy는 상품의 상태를 "판매중단"으로 변경할 수 있는지 검사하는 도메인 서비스로, 애플리케이션 서비스인 ProductService가 아닌 Product 애그리게이트가 직접 사용합니다.

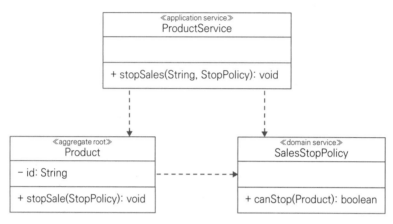

그림 4-18 애플리케이션 서비스, 애그리게이트, 도메인 서비스 관계

도메인 서비스인 SalesStopPolicy는 상품의 판매 중단 결정을 위해 상품뿐만 아니라 추가 정보가 필요할 수 있습니다. 추가 정보는 ProductService가 Product 생성자나 stopSale 메소드를 호출하면서 파라미터로 전달합니다. 상품 판매 중단 규칙에 사용하는 값을 데이터베이스로 관리한다면 예제 4-47처럼 ProductService가 SalesPolicyStore에서 판매 중단 규칙을 조회해 SalesStopPolicy 객체를 획득한 후 Product가 제공하는 stopSales 메소드에 함께 전달합니다.

ProductService는 productNo로 상품 목록을 조회하고 자바 8이 제공하는 병렬처리 함수로 stopSales 메소드를 호출(1)한 후 stopSales 메소드 실행이 끝날 때까지 대기(2)합니다. 마지막으로 판매 중단 규칙이 모든 상품의 상태를 판매 중단으로 변경하지 않으므로 판매 중단 상태로 변경한 상품만 추출(3)해 데이터베이스에 저장(4)합니다.

예제 4-47 CompletableFuture를 이용한 병렬처리

```java
public class SalesStopPolicy {

  public boolean canStop(Product product) {
    boolean result = false;
    // 판매 중단 검사 로직
    return result;
  }

}

//

public class ProductService {

  private final ProductStore productStore;
  private final SalesPolicyStore salesPolicyStore;

  public void stopSales(List<String> productNos) {

    SalesStopPolicy policy = this.salesPolicyStore
                                  .retrieveStopPolicy();
    List<Product> products = this.productStore.load(productNos);

    // 병렬 처리
    List<CompletableFuture<Product>> stoppableProducts = products
        .stream()
        .map((product) -> {
            return CompletableFuture.supplyAsync(() -> {
                product.stopSales(policy);
                return product;
            });
        }).collect(Collectors.toList());      (1)

    CompletableFuture.allOf(stoppableProducts
        .toArray(new CompletableFuture[stoppableProducts.size()]))
        .join();                                   (2)
    List<Product> stoppedProducts = stoppableProducts
        .stream()
        .map((product) -> {
          return product.get();
        })
        .filter((product) -> {
          return product.getSalesState() == SalesState.Paused;
```

```
            })                              (3)
            .collect(Collectors.toList());

    this.productStore.save(stoppedProducts);   (4)
  }

}
```

4.8.2 캐싱

시스템은 데이터를 조회하거나 요청을 처리하는데 시간이 걸립니다. 단순히 데이터베이스에서 데이터 조회뿐만 아니라 원격 서비스를 호출하거나 복잡한 계산을 수행하기도 합니다.

호출 결과가 전혀 변경되지 않거나 주기적으로 정해진 시간에 변경된다면 매번 데이터베이스에 질의하거나 원격 서비스를 호출하는 것은 낭비이면서 애플리케이션 성능에 부정적인 영향을 줍니다. 이 경우 동일 요청을 반복하는 대신 결과를 더 빨리 사용할 수 있게 메모리에 유지할 수 있습니다.

캐싱은 자주 필요한 정보를 저장해 필요할 때 즉시 사용하는 방법입니다. 이벤트 소싱에서 캐싱은 리플레이 횟수를 감소시킵니다. 하지만 리소스(메모리) 한계로 모든 애그리게이트를 메모리로 관리할 수 없으므로 효율적으로 사용해야 합니다.

다양한 캐싱 알고리듬이 있지만 Least recently used[LRU]를 주로 사용합니다. LRU는 "가장 최근에 사용된" 정도로 직역할 수 있는데 최근에 사용된 데이터가 다시 사용될 가능성이 높다고 가정합니다. 캐시에 할당한 메모리 용량내에서 새로운 데이터를 추가하면 가장 오랫동안 사용되지 않은 데이터를 삭제합니다. 따라서 캐시에 저장된 데이터는 마지막으로 접근한 시간을 포함해야 합니다.

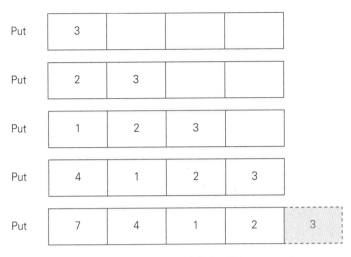

그림 4-19 LRU 캐싱 알고리듬

캐싱 알고리듬을 직접 구현할 수 있지만 이미 검증된 라이브러리를 사용하는 것 또한 합리적인 선택입니다. 예제 4-48은 스프링이 제공하는 어노테이션인 @Cacheable, @CachePut으로 캐싱 알고리듬을 사용하는 방법을 보여줍니다.

예제 4-48 스프링과 애그리게이트 캐싱

```java
public class CartStore {

  @Cacheable(value = "carts")
  public Cart load(String identifier) {
    //
  }

  @CachePut(value = "carts")
  public void save(Cart cart) {
    //
  }

}
```

스프링이 제공하는 캐싱 기능외에도 외부 시스템을 활용할 수 있습니다. 특히 레디스 Redis는 캐싱의 유효시간을 지정할 수 있어 활용도가 훨씬 높습니다.

4.9 데이터 마이그레이션

새로운 시스템에 이벤트 소싱을 적용해 구축하는 경우 데이터 마이그레이션 이슈가 없지만 기존 시스템을 이벤트 소싱으로 재 구축하는 경우 데이터 마이그레이션을 고려해야 합니다.

마지막 상태만 기록하고 있는 기존 시스템의 데이터를 마이그레이션할 때 Legacy Migrated와 같은 1회성 이벤트를 사용합니다. 기존 시스템이 데이터 중심으로 설계돼 있으면 테이블과 애그리게이트간 매핑이 필요합니다. 하나의 테이블을 애그리게이트로 정확하게 매핑할 수 있다면 가장 적은 노력으로 마이그레이션을 위한 도메인 이벤트로 변환할 수 있습니다. 그렇지 않으면 테이블과 마이그레이션용 도메인 이벤트 변환에 더 많은 노력이 필요합니다.

그림 4-20 마이그레이션 이벤트

하나의 테이블을 다수의 마이그레이션 이벤트로 분리하기도 합니다. 고객 테이블에 고객 정보와 개인 환경 설정이 함께 존재하고, 새로운 서비스에서 고객(Customer)과 고객 설정(Profile 또는 Preference)을 애그리게이트로 분리했다면 하나의 테이블에서 두 개의 마이그레이션 이벤트를 생성해야 합니다.

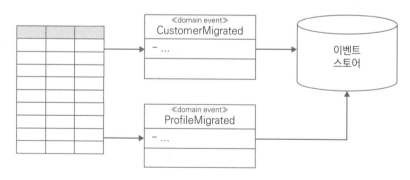

그림 4-21 분리하는 마이그레이션 이벤트

반대로 여러 테이블에 있는 값들을 조합해 하나의 마이그레이션 이벤트로 통합하기도 합니다. 하나의 이벤트로 통합하는 경우는 기존 시스템이 성능 개선을 위해 데이터 중복을 허용하면서 테이블을 분리한 사례에서 자주 볼 수 있으므로 좀 더 세심한 주의가 필요합니다.

그림 4-22 통합하는 마이그레이션 이벤트

4.10 백업과 아카이빙

이벤트 소싱을 적용하면 짧은 시간 시스템을 운영해도 많은 이벤트를 데이터베이스에 기록합니다. 특히 짧은 라이프사이클을 가지는 애그리게이트를 많이 관리하는 시스템은 삭제 플래그로 변경한 사용하지 않는 데이터가 남아 스토리지를 비효율적으로 사용하게 됩니다. 애그리게이트의 스냅샷 생성에 사용한 이전 이벤트 또한 스토리지를 낭비하는 요인 중 하나입니다.

주기적인 아카이빙을 이용해 스토리지를 효율적으로 활용할 수 있습니다. 백업과 아카이빙은 보관이라는 의미로 사용하지만 필요할 때 바로 사용할 수 있어야 하면 아카이빙을 선택해야 합니다. 이벤트 스토어를 아카이빙하기 위해 실시간 복제를 지원하는 데이터베이스를 사용을 고려할 수 있습니다.

4.11 이벤스 소싱과 추상화된 핵심

모든 애그리게이트에 이벤트 소싱을 적용하기 위해 코드를 중복시키면 기능 추가나 개선이 필요할 때 모든 애그리게이트 클래스를 찾아 변경해야 합니다. 따라서 기능 또는 구조를 일반화할 필요가 있습니다. 여기서는 재사용 가능한 이벤트 소싱 라이브러리 설계 시 고려사항에 대해 알아 봅니다.

이벤트 소싱도 하나의 도메인이고 라이브러리가 제공하는 클래스는 1장에서 설명한 추상화된 핵심이라 할 수 있습니다. 이 라이브러리는 이벤트 소싱을 적용하는 애그리게이트, 커맨드, 이벤트를 추상화하고 이벤트를 저장하는 이벤트 스토어를 데이터베이스 유형에 따라 확장할 수 있게 합니다. 데이터베이스 유형에 따른 확장은 객체지향 설계 원칙에서 설명한 리스코프 치환 원칙을 준수합니다. 이벤트 발행과 수신, 수신한 이벤트에 반응하는 메커니즘 또한 추상화 대상입니다.

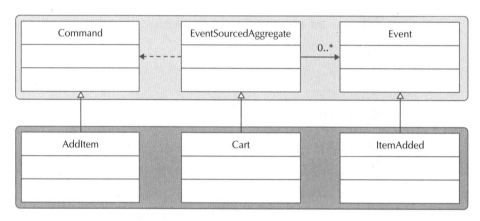

그림 4-23 이벤트 소싱과 추상화된 핵심

앞선 예제에 구체적인 코드가 있으므로 중복된 속성이나 메소드는 생략하고 추가하거나 변경해야 하는 코드를 중심으로 설명합니다. 3장까지 추상화한 도메인 이벤트 클래스는 유지합니다.

4.11.1 EventSourcedAggregate

EventSourcedAggregate는 이벤트 소싱을 적용하는 애그리게이트가 상속하는 추상 클래스입니다. 이 클래스는 이벤트의 임시 저장, 리플레이, 스냅샷 생성 등 이벤트 소싱의 공통 기능을 제공합니다.

먼저 애그리게이트 식별자에 접근하는 identifier 메소드를 추가합니다. 이 메소드는

Cart처럼 구체적인 애그리게이트 클래스에서 식별자를 반환하는 추상 메소드입니다.

예제 4-49 추상화된 핵심과 EventSourcedAggregate

```
public abstract class EventSourcedAggregate {

  private Optional<Snapshot> snapshot;

  private boolean deleted;

  public abstract String identifier();

  public void apply(Event event) {}
  public void apply(Event event, boolean isNew) {}
  public void takeSnapshot() {}
  public void markDelete() {}

}
```

4.11.2 Command

비즈니스 애플리케이션에서는 갱신 분실을 방지하기 위해 낙관적 잠금을 사용합니다. 낙관적 잠금을 사용하려면 변경을 요청하는 애그리게이트의 현재 버전 값을 가지는 version 속성을 추가해야 합니다.

예제 4-50 추상화된 핵심과 Command

```
public abstract class Command {
  protected long version;
}
```

커머스 도메인에서 카트 애그리게이트는 EventSourcedAggregate를 상속하고 AddItem, ChangeQuantity, ChangeOption은 Command를 상속합니다.

4.11.3 AggregateStore

리포지토리는 불변식을 유지하는 애그리게이트 단위의 읽기/쓰기를 제공하는 AggregateStore를 추가합니다. 리포지토리는 사용하는 데이터베이스의 특성에 최적화할 수 있게 인터페이스로 선언하고 데이터베이스 유형에 따라 구현을 분리합니다.

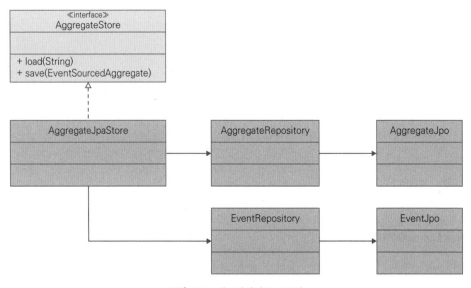

그림 4-24 애그리게이트 스토어

그림 4-24는 이벤트를 저장하기 위해 JPA를 사용한 설계입니다. Aggregate JpaStore부터 EventJpo까지는 지원하는 데이터베이스의 종류에 따라 구현에 차이가 있습니다. 다시 한번 강조하지만 AggregateStore는 애그리게이트 단위의 트랜잭션을 보장해야 합니다.

카트 애그리게이트와 이벤트를 저장하는 TB_CART, TB_CART_EVENT는 TB_AGGREGATE와 TB_AGGREGATE_EVENT 테이블로 일반화합니다. TB_AGGREGATE 테이블에 여러 타입의 애그리게이트를 저장할 수 있게 TYPE 컬럼을 추가하고 TB_AGGREGATE_EVENT 테이블에도 AGGREGATE_TYPE을 추가합니다. CORRELATION_ID는 6장, 결과적 일관성에서 설명합니다.

예제 4-51 TB_AGGREGATE와 TB_AGGREGATE_EVENT

```
CREATE TABLE TB_AGGREGATE (
  ID VARCHAR(255),
  TYPE VARCHAR(255),
  SEQUENCE BIGINT,
  DELETED BIT,
  VERSION BIGINT,
  PRIMARY KEY (ID)
);

CREATE TABLE TB_AGGREGATE_EVENT (
  ID VARCHAR(255),
  TYPE VARCHAR(255),
  AGGREGATE_ID VARCHAR(255),
  AGGREGATE_TYPE VARCHAR(255),
  PAYLOAD TEXT,
  SEQUENCE BIGINT,
  TIME LONG,
  RELAYED BIT,
  PROPAGATE BIT,
  REVISION VARCHAR(10),
  DELETED BIT,
  CORRELTION_ID VARCHAR(255),
  PRIMARY KEY (ID)
);
```

4.12 요약

4장에서는 이벤트 소싱을 적용했을 때 만날 수 있는 대표적인 문제와 해결책을 알아봤습니다.

- 이벤트 소싱은 전통적인 시스템과 동일한 동시성 문제인 이벤트 충돌이 발생하며 낙관적 동시성 메커니즘으로 해결할 수 있습니다.

- 도메인 이벤트를 리플레이해 현재 상태를 복원하는 것은 시간적 제약과 공간적 제약이 있습니다.

- 시간/공간적 제약을 해결하기 위해 스냅샷을 이용하고 스냅샷 생성은 상황에

따라 세 가지 전략을 선택해 사용할 수 있습니다.

- 시간이 지나면서 도메인 이벤트에 변화가 발생하고 이로 인해 소프트웨어 복잡도가 증가하는데 업캐스터를 사용해서 복잡도 증가를 방지합니다.

- 도메인 로직을 도메인 객체에 둔다면 병렬 처리를 사용해 성능을 개선할 수 있습니다.

- 이벤트 스토어에 불필요하거나 오래된 도메인 이벤트가 남아 있는 것을 방지하기 위해 스냅샷 생성에 사용된 도메인 이벤트나 삭제 처리한 이벤트를 아카이빙해 스토리지를 효율적으로 사용할 수 있습니다.

- 이벤트 소싱 메커니즘을 구현한 소스를 재사용 가능한 라이브러리로 일반화할 때의 고려사항을 알아 봤습니다.

마이크로서비스 협업

5장에서 다루는 내용

- 헥사고날 아키텍처와 어댑터
- RESTful API와 어댑터
- 이벤트와 어댑터
- 레거시 시스템 통합

모노리스 아키텍처로 구축한 시스템은 통합돼 있는 모듈이 비즈니스 프로세스를 처리합니다. 반면 마이크로서비스 아키텍처는 서비스간 협력으로 처리하는데, 대표적인 협력 방법으로 RESTful API와 이벤트가 있습니다.

헥사고날 아키텍처는 기술에 의존하는 구성 요소인 어댑터에 서비스간 협력을 위한 책임을 부여합니다. 마이크로서비스는 협력에 참여하는 마이크로서비스가 제공하는 RESTful API를 호출하거나 메시지 브로커에 이벤트를 발행해서 통신합니다. 협력 요청을 받은 인바운드 어댑터는 애플리케이션 서비스에 위임해 비즈니스 로직을 처리합니다. 반대로 비즈니스 로직을 처리하는 중간 또는 완료 후에 다른 마이크로서비스와 협력을 위해 아웃바운드 어댑터를 사용합니다.

5.1 인바운드 어댑터와 RESTful API

RESTful API 설계는 아키텍처 스타일로 표준은 아니지만 생산성과 시스템 구축의 성공을 극대화시키는 주요 요소로 실용적으로 접근해야 합니다. 좋은 API는 얼마나 많은 개발자들이 쉽게 이해하고 빨리 사용하느냐로 확인할 수 있으므로 유연한 입장을 취할 필요가 있습니다.

RESTful API 설계는 글로벌 사이트가 제공하는 API를 검토해 보면 유사하게 사용하는 규칙을 찾을 수 있습니다. 여기서는 애그리게이트를 중심으로 이 규칙들과 HTTP 프로토콜이 제공하는 URL, HTTP 메소드(POST/GET/PUT/DELETE)를 활용한 설계 방법을 알아봅니다.

5.1.1 HTTP 메소드

RESTful API의 URL은 자원을 기준으로 목록과 단일 엔티티를 다루고 명사를 사용합니다. 표 5-1은 커머스 도메인에서 사용자의 Cart 애그리게이트가 제공하는 API를 보여줍니다. PATCH는 엔티티의 일부 속성을 변경하는 메소드로 PUT 메소드와 구분해야 하지만 예제에서는 PATCH를 사용하지 않습니다.

표 5-1 HTTP 메소드와 활용 범위

URL	POST	GET	PUT	DELETE
/cart	새로운 Cart 생성	Cart 목록	Cart 대량 업데이트	모든 Cart 삭제
/cart/1234	오류	Cart 상세 조회	있으면 업데이트, 없으면 에러	Cart 삭제

아래처럼 카트 서비스가 제공하는 세 번째 기능까지 RESTful API 설계는 어렵지 않지만 네 번째는 HTTP 메소드까지 고려해야 합니다.

1. /cart는 로그인한 고객의 Cart인가?

2. Cart에 담긴 특정 Item의 수량을 변경하는 URL은 어떻게 설계해야 하는가?

3. Cart에 담긴 특정 Item을 삭제하려면 URL은 어떻게 설계해야 하는가?

4. Cart에 담긴 Item의 옵션을 변경하려면 URL을 어떻게 설계해야 하는가?

로그인한 고객은 /cart에 접근해 카트에 담아 놓은 Item 목록을 조회할 수 있습니다. 세션을 사용하면 컨트롤러는 세션에 저장한 고객 식별자를 읽어 CartService가 제공하는 메소드의 파라미터로 전달합니다. CartService는 전달받은 userId로 Cart 애그리게이트를 조회합니다.

특정 Item의 수량을 변경하기 위해 /cart/{itemId}에 PUT 메소드로 호출해 수량을 변경하고 /cart/{itemId}에 DELETE 메소드를 호출해 Item을 삭제합니다.

마지막 Item 옵션 변경은 /cart/{itemId}와 PUT 메소드를 사용하는 것이 적합합니다. 하지만 PUT 메소드는 두 번째 기능인 수량 변경을 위한 API에서 이미 사용하고 있습니다. 대안으로 수량과 옵션 변경을 구분하기 위해 /cart/{itemId}/changeQuantity와 /cart/{itemId}/changeOption처럼 동사로 구분할 수 있지만 RESTful API 네이밍 스타일 중 명사를 사용해야 하는 요건을 충족하지 못합니다. /cart/{itemId}와 PUT 메소드를 사용해 두 가지 요청을 구분할 수 있는 방법이 필요합니다.

5.1.2 애그리게이트와 URL

도메인 주도 설계에서 애그리게이트는 상태 변경을 단일 트랜잭션으로 설계하고 애그리게이트 루트가 모든 행위의 진입점임을 강조하는데 이 특징에 착안해 애그리게이트 단위로 RESTful API를 설계할 수 있습니다.

HTTP는 같은 URL을 HTTP 헤더로 구별하는 명세를 제공합니다. 따라서 HTTP 헤더로 애그리게이트가 제공하는 기능을 구별하는 용도로 사용할 수 있습니다.

5.1.3 커맨드와 RESTful API

스프링은 동일한 URL과 메소드로 설계한 RESTful API를 헤더로 구별하는데 사용할 수 있는 @xMapping 어노테이션 세트를 제공합니다. 상세한 요청을 구별하기 위해 "key=value" 형식을 가진 headers 필드를 사용할 수 있습니다.

/cart/{itemId} 경로에 Item 수량과 옵션을 변경하는 기능을 구별하는 용도로 HTTP 헤더를 설정합니다. key는 'command'로, value는 커맨드 클래스 이름을 선언하면 스프링은 HTTP 헤더에서 value를 확인해 일치하는 메소드를 실행합니다.

예제 5-1 @xMapping 어노테이션과 사용자 정의 HTTP 헤더

```
@RestController
public class CartEndpoint {

  private final HttpSession httpSession;
  private final CartService cartService;

  @PutMapping(value = "/cart/{itemId}",
              headers = { "command=ChangeQuantity" })
  public void changeQuantity(@PathVariable String itemId,
                             @RequestBody ChangeQuantity command) {
    this.cartService.changeQuantity(command);
  }

  @PutMapping(value = "/cart/{itemId}",
              headers = { "command=ChangeOption" })
  public void changeOption(@PathVariable String itemId,
                           @RequestBody ChangeOption command) {
    this.cartService.changeOption(command);
  }

}
```

RESTful API를 사용하는 클라이언트인 웹 프론트나 협력을 요청하는 다른 서비스의 백엔드는 API를 호출하면서 헤더에 "command=ChangeQuantity"를 추가합니다.

예제 5-2 프론트엔드와 헤더를 포함한 RESTful API 호출

```javascript
async function changeQuantity() {

  const response = await fetch('/cart', {
    method: 'PUT',
    headers : {
      'Content-Type': 'application/json',
      'command': 'ChangeQuantity'
    },
    body: JSON.stringify({ 'itemId': itemId, 'quantity': quantity })
  });

  const status = await response.status;
  if (status == 200) {
    // 성공 시 처리
  } else {
    const result = await response.json();
    if ('AlreadyChangedByOthersException' == result.error) {
      // 실패 시 알림 처리
    }
  }

}
```

백엔드가 수량 변경 요청의 응답으로 "200 OK"를 반환하면 프론트는 사용자가 변경한 수량을 그대로 유지합니다. "500 Internal Server Error"와 같은 오류를 반환하면 변경한 수량을 원래 값으로 되돌린 후 사용자에게 오류가 발생했음을 알립니다.

POST, DELETE 메소드도 같은 방식으로 headers를 사용하면 URL과 HTTP 메소드의 중복 제약없이 자유롭게 사용할 수 있습니다.

- PUT headers = { "command=AddItem" }

- PUT headers = { "command=DeleteItem" }

한편 클라이언트에서 요청에 포함시키지 않고 백엔드에서 할당해야만 하는 속성도 있

습니다. 대표적으로 세션에 보관 중인 로그인한 사용자의 userId와 신규로 생성한 애그리게이트의 식별자가 있습니다. 세션을 사용하는 경우 AddItem 속성 중 userId는 클라이언트가 아닌 백엔드에서 세션에 저장해 놓은 값을 할당합니다. 애그리게이트 식별자는 백엔드에서 정의한 규칙으로 생성자 호출 시 사용합니다.

커맨드 객체의 속성 중 백엔드에서 할당하는 속성임을 표현하기 위한 용도로 transient 키워드를 사용할 수 있습니다. 이 키워드는 백엔드와 프론트 개발자간 약속으로 값을 전달하지 않아도 된다는 의도를 드러냅니다. 예제 5-3에서 cartId는 서버에서 할당하는 속성입니다.

예제 5-3 커맨드 객체에 백엔드에서 할당하는 변수 선언

```java
public class AddItem {
  private transient String cartId;
  private String productNo;
  private String productName;
  private int quantity;
}
```

예제 5-4는 AddItem 커맨드를 파라미터로 전달받는 @RequestBody 어노테이션을 사용하고 요청을 받은 후 세션에서 userId를 읽어(1) transient로 선언한 cartId에 할당(2)합니다.

예제 5-4 백엔드에서 변수 할당

```java
@RestController
public class CartEndpoint {

  private final HttpSession httpSession;
  private final CartService cartService;

  @PostMapping(value = "/cart", headers = { "command=AddItem" })
  public void addItem(@RequestBody AddItem command) {
    String userId = String.valueOf(
                        httpSession.getAttribute("userId")); (1)
    command.setCartId(userId);                               (2)
    this.cartService.addItem(command);
  }
```

```
    }
```

> **참고**
>
> 세션만 사용할 수 있는 것은 아닙니다. OAuth를 사용하는 경우 제이슨 웹 토큰(JSON Web
> Token, JWT)을 확인해 로그인한 고객을 식별할 수 있습니다.

5.1.4 조회와 RESTful API

앞서 커맨드를 중심으로 HTTP 메소드와 헤더를 조합해 다양한 요청을 처리하는 인바운드 어댑터가 제공해야 하는 RESTful API를 설계했습니다. 조회도 시스템에 변경을 일으키는 커맨드와 같은 방식으로 설계할 수 있습니다.

조회도 애그리게이트 단위로 HTTP GET 메소드와 식별자를 이용합니다. 예를 들어 카트에 담겨있는 아이템 목록을 조회하기 위한 URL로 /cart와 GET 메소드를 사용할 수 있습니다.

예제 5-5 조회 RESTful API

```java
@RestController
public class CartEndpoint {

  private final HttpSession httpSession;
  private final CartService cartService;

  @GetMapping(value = "/cart")
  public Cart queryCart() {
    String userId = String.valueOf(
                        httpSession.getAttribute("userId"));
    return this.cartService.queryCart(userId);
  }

}
```

Cart에 담긴 특정 아이템을 조회하기 위해 애그리게이트 내부로 한번 더 접근하는 경로가 필요하면 /cart/{itemId}로 API를 설계합니다. 이 경우 애그리게이트 단위의 CRUD를 제공하는 CartService는 Cart를 조회하지만 RESTful API가 아이템을 반환해야 하므로 Cart 객체에 findItem(String) 메소드를 추가하고 엔드포인트는 이 메소드를 호출해 요청한 Item을 반환합니다. 반대로 Item을 엔티티로 설계하면 세션에서 읽은 userId와 {itemId}로 직접 조회한 결과를 반환할 수 있습니다.

예제 5-6 RESTful API와 PathVariable

```java
@RestController
public class CartEndpoint {

  private final HttpSession httpSession;
  private final CartService cartService;

  @GetMapping(value = "/cart/{itemId}")
  public Item queryItem(@PathVariable String itemId) {
    String userId = String.valueOf(
                          httpSession.getAttribute("userId"));
    Cart cart = this.cartService.queryCart(userId);
    retrun cart.findItem(itemId);
  }

}
```

단일 애그리게이트를 조회하는 경우 null을 반환하는 설계를 자주 볼 수 있습니다. null은 항상 검사해야 하고 그렇지 않으면 잠재적인 오류 가능성을 가지므로 HTTP 표준인 "404 Not Found"를 반환해 요청한 데이터가 없음을 클라이언트에 명확하게 알리는 것이 좋습니다. 반면에 목록을 조회할 때는 null이나 HTTP 표준인 404 코드를 반환하기보다 빈 배열을 이용하는 것이 실용적입니다.

5.1.5 전역 예외 처리

로그인이 필요한 서비스는 등록한 사용자임을 확인하는 인증[Authentication]과 권한에 따라 기능 사용을 제약하는 인가[Authorization]를 제공해야 합니다. 요청 시 인증되지 않은 사용자에게는 "401 Unauthorized"를 반환하고 권한이 없는 경우에는 "403 Forbidden"을 반환합니다.

스프링은 예외에 따라 HTTP 응답코드를 반환하는 @RestControllerAdvice 어노테이션을 제공합니다. 이 어노테이션은 도메인에서 선언한 예외 클래스에 대응하는 401, 403, 404 응답 코드를 반환하는 설정을 분리할 수 있습니다.

예제 5-7은 전역 예외처리를 위해 @RestControllerAdvice를 이용한 Exception Advisor 구현입니다. 이 클래스는 애플리케이션 서비스가 상황에 맞는 예외를 던지면 예외 타입에 따라 적절한 응답으로 변환합니다.

- 애그리게이트 조회 결과가 없을 때 NoSuchElementException 예외를 던지면 NOT_FOUND(404) 응답 코드를 반환한다.

- 입력값이 없거나 값의 범위를 벗어나면 IllegalArgumentException 예외를 던지고 BAD_REQUEST(400) 응답 코드를 반환한다.

- 응답 코드로 매핑하지 않은 예외가 발생하면 INTERNAL_SERVER_ERROR (500)를 반환한다.

예제 5-7 스프링과 HTTP 전역 응답 처리

```java
@RestControllerAdvice
public class ExceptionAdvisor
                    extends ResponseEntityExceptionHandler {

  @ExceptionHandler(NoSuchElementException.class)
  public ResponseEntity<Object> handleNoSuchElementException(
      NoSuchElementException exception, WebRequest webRequest) {
    Map<String, Object> body = new LinkedHashMap<>();
    body.put("timestamp", LocalDateTime.now());
    body.put("status", HttpStatus.NOT_FOUND.value());
    body.put("error", exception.getClass().getSimpleName());
    body.put("message", exception.getMessage());
    body.put("path", webRequest.getContextPath());

    return new ResponseEntity<>(body, HttpStatus.NOT_FOUND);
  }

  @ExceptionHandler(IllegalArgumentException.class)
  public ResponseEntity<Object> handleIllegalArgumentException(
      IllegalArgumentException exception, WebRequest webRequest) {
```

```
        Map<String, Object> body = new LinkedHashMap<>();
        body.put("timestamp", LocalDateTime.now());
        body.put("status", HttpStatus.BAD_REQUEST.value());
        body.put("error", exception.getClass().getSimpleName());
        body.put("message", exception.getMessage());
        body.put("path", webRequest.getContextPath());

        return new ResponseEntity<>(body, HttpStatus.BAD_REQUEST);
    }

    @ExceptionHandler(RuntimeException.class)
    public ResponseEntity<Object> handleRuntimeException(
            RuntimeException exception, WebRequest webRequest) {
        Map<String, Object> body = new LinkedHashMap<>();
        body.put("timestamp", LocalDateTime.now());
        body.put("status", HttpStatus.INTERNAL_SERVER_ERROR.value());
        body.put("error", exception.getClass().getSimpleName());
        body.put("message", exception.getMessage());
        body.put("path", webRequest.getContextPath());

        return new ResponseEntity<>(body,
                                    HttpStatus.INTERNAL_SERVER_ERROR);
    }

}
```

5.1.6 마이크로서비스 모듈

RESTful API는 헥사고날 아키텍처에서 인바운드 어댑터입니다. 어댑터는 비즈니스 로직을 포함하면 안되고 외부 요청을 받아 애플리케이션 서비스에 요청을 위임하는 책임만 가집니다. 따라서 앞서 설명한 비즈니스와 관련있는 모듈인 service 패키지와 분리해야 합니다.

RESTful API를 적용한 마이크로서비스의 모듈은 endpoint입니다. 헥사고날 아키텍처에서 외부 요청을 받는 인바운드 어댑터인 RESTful API를 endpoint 패키지에 두면서 애그리게이트 단위로 분리합니다.

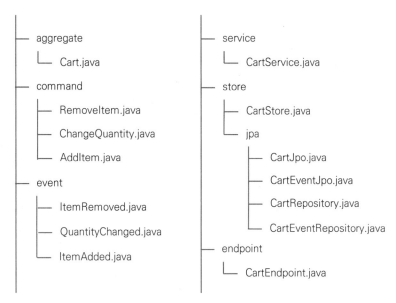

```
── aggregate                    ── service
    └── Cart.java                   └── CartService.java
── command                      ── store
    ├── RemoveItem.java             ├── CartStore.java
    ├── ChangeQuantity.java         └── jpa
    └── AddItem.java                    ├── CartJpo.java
── event                                ├── CartEventJpo.java
    ├── ItemRemoved.java                ├── CartRepository.java
    ├── QuantityChanged.java            └── CartEventRepository.java
    └── ItemAdded.java          ── endpoint
                                    └── CartEndpoint.java
```

그림 5-1 마이크로서비스와 RESTful 인바운드 어댑터 모듈

5.2 아웃바운드 어댑터와 RESTful API

인바운드 어댑터는 외부 요청을 받아 애플리케이션 서비스로 요청을 위임합니다. 반대로 다른 마이크로서비스와 협력해 비즈니스 프로세스를 완료하는 경우 아웃바운드 어댑터를 사용합니다. 그림 5-2는 주문 서비스가 주문 프로세스를 처리하기 위해 재고와 결제 마이크로서비스와 RESTful API로 협력하는 흐름을 보여줍니다.

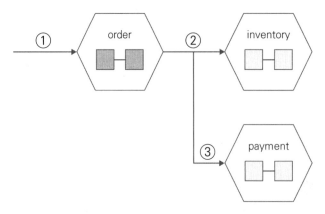

그림 5-2 HTTP를 이용한 마이크로서비스 협업

그림 5-2에서 ②와 ③은 앞서 설명한 엔드포인트로 요청을 받아 재고를 변경하고 결제 로직을 실행합니다. 주문 마이크로서비스는 재고와 결제 마이크로서비스가 제공하는 RESTful API를 사용해서 주문을 처리합니다. 이 때 아웃바운드 어댑터가 협력 대상 마이크로서비스와 통신하는 책임을 가지며 애플리케이션 서비스인 OrderService는 이 어댑터를 사용합니다.

아웃바운드 어댑터는 아파치 HttpClient나 스프링 WebClient와 같이 HTTP를 지원하는 다양한 라이브러리를 사용할 수 있지만 중복 코드를 작성해야 하는 단점이 있습니다.

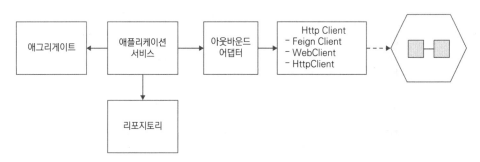

그림 5-3 애플리케이션 서비스와 아웃바운드 어댑터

대안으로 스프링이 제공하는 페인 클라이언트^{Feign Client}를 사용할 수 있습니다. 페인 클라이언트는 인터페이스 선언만으로 다른 마이크로서비스를 사용할 수 있는 개발 편의성을 제공합니다. 페인 클라이언트를 사용하려면 예제 5-8처럼 메이븐 빌드 정보를 담고 있는 pom.xml 파일에 spring-cloud-starter-openfeign 의존성을 추가해야 합니다.

예제 5-8 pom.xml - 페인 클라이언트 의존성

```xml
<properties>
  <spring.cloud.version>2020.0.3</spring.cloud.version>
</properties>

<dependencies>
  <dependency>
    <groupId>org.springframework.cloud</groupId>
    <artifactId>spring-cloud-starter-openfeign</artifactId>
  </dependency>
</dependencies>

<dependencyManagement>
  <dependencies>
    <dependency>
      <groupId>org.springframework.cloud</groupId>
      <artifactId>spring-cloud-dependencies</artifactId>
      <version>${spring.cloud.version}</version>
      <type>pom</type>
      <scope>import</scope>
    </dependency>
  </dependencies>
</dependencyManagement>
```

@FeignClient 어노테이션은 오퍼레이션에 선언한 @xMapping 어노테이션에 따라 RESTful API를 호출하고 결과를 반환합니다. 예제 5-9는 itemId로 카트에 담아 놓은 상품을 조회하는 RESTful API를 사용하는 인터페이스입니다. CartClient.queryItem 오퍼레이션을 호출하면 @FeignClient에 선언한 cart 서비스(1)로 요청을 전달하면서 파라미터 itemId(3) 값을 @GetMapping에 설정한 {itemId}로 대체(2)합니다. 카트 서비스가 "200 OK"를 반환하면 응답 JSON을 Item 객체로 역직렬화해 반환합니다.

예제 5-9 카트 조회를 위한 페인 클라이언트 인터페이스

```
@FeignClient(value="cart") (1)
public interface CartClient {

  @GetMapping(value = "/cart/{itemId}") (2)
  public Item queryItem(@Pathvariable String itemId); (3)

}

//

public class Item {
  private String cartId;
  private String productNo;
  private String productName
  private int price;
  private int quantity;
}
```

예제 5-9에서 사용하는 Item 클래스는 카트 서비스에서 선언한 값 객체에 의존성을 추가해 사용할 수 있지만 카트 서비스를 사용하는 주문 서비스에서 별도로 선언했습니다.

카트 서비스에서 선언한 클래스에 의존성을 가지면 그림 5-4와 같이 필요한 객체 외에 다른 바운디드 컨텍스트에 있으면서 사용하지 않는 모든 객체를 볼 수 있습니다. 하지만 주문 서비스 개발자는 카트 서비스의 상세한 내용을 알아야 할 필요가 없을 뿐만 아니라 무엇보다 카트 클래스 변경이 주문 서비스까지 영향을 줄 수 있습니다.

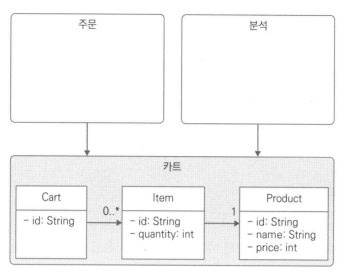

그림 5-4 도메인 객체 공유

카트 마이크로서비스의 모델을 직접 참조하는 서비스가 많아질수록 변경에 의한 영향을 파악하기 위한 시간도 증가할 뿐만 아니라 마이크로서비스 아키텍처가 지향하는 서비스의 독립성도 훼손시킵니다.

다른 서비스에 영향을 최소화하면서 자유롭게 개선하고 필요할 때 즉시 배포하려면 서비스간 의존성을 최소화해야 합니다. 일반적으로 다른 마이크로서비스에 의존성을 가지는 경우 도메인 객체 전체가 아니라 부분적인 도메인 객체만 사용하고 해당 객체의 전체가 아닌 일부 속성만 사용합니다. 사용하지 않는 속성을 알고 있는 것보다는 코드 중복이 있더라도 개발자가 유지하는 소스 코드 단위로 필요한 속성만 선언하면 독립성을 높일 수 있습니다.

이 접근은 참조하는 도메인 객체의 변화가 서비스간 계약을 위배하지 않는 한 영향을 주지 않습니다.

5.3 이벤트 브로커

마이크로서비스 아키텍처는 여러 마이크로서비스간 협력으로 비즈니스 프로세스를 처리하기 위해 RESTful API뿐만 아니라 메시지도 사용합니다. 브로커는 생산자와 소비자간 메시지를 주고 받는 가교 역할을 하는데 일반적으로 서로 다른 시스템 간 데이터를 교환하면서 비동기 방식으로 처리하기 위한 목적으로 사용합니다.

메시지와 이벤트는 서로 다른 생명주기를 갖습니다. 메시지는 등록돼 있는 소비자가 읽어가면서 삭제하는 반면 이벤트는 소비자가 다시 읽을 수 있도록 저장소에 보관합니다. 이벤트 브로커가 메시지 브로커의 기능도 지원하고 있어 당장 필요하지 않더라도 확장성을 고려했을 때 이벤트 브로커를 선택할 수 있습니다.

마이크로서비스 아키텍처는 서로 다른 마이크로서비스가 같은 이벤트를 여러 번 소비합니다. 또한 소비하는 서비스에 장애가 발생해 일시적으로 소비가 중단될 수 있으므로 이벤트를 저장해 신뢰할 수 있는 전달을 보장하는 이벤트 브로커를 사용해야 합니다.

이벤트 브로커는 생산자와 소비자간 메시지를 주고 받는 세 가지 패턴이 있습니다.

그림 5-5 단일 생산자와 단일 소비자

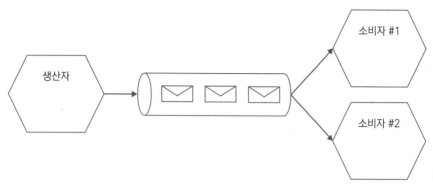

그림 5-6 단일 생산자와 다중 소비자

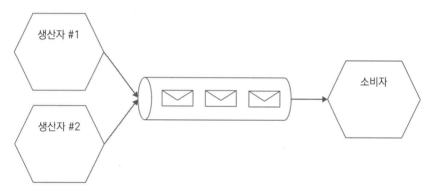

그림 5-7 다중 생산자와 단일 소비자

예제는 세 가지 패턴을 모두 지원하면서 마이크로서비스 아키텍처에서 가장 많이 선택하는 카프카를 사용합니다.

5.3.1 도커와 카프카

카프카를 직접 설치하는 방법도 있지만 도커를 사용하면 손쉽게 카프카를 실행할 수 있습니다. 카프카는 주키퍼 기반으로 동작하므로 두 개의 컨테이너를 한번에 선언해 실행하는 도커 컴포즈^{docker compose}를 사용합니다.

> **참고**
>
> 도커 설치 및 설정은 9장을 참고합니다.

예제 5-10과 같이 docker-compose.yml 파일을 생성합니다. 이 파일은 zookeeper(1)와 kafka(2) 컨테이너를 정의하고 컨테이너가 사용할 도커 이미지와 컨테이너 이름을 지정합니다. kafka.depends_on(3)은 zookeeper 컨테이너를 먼저 실행한 후 kafka 컨테이너를 실행하게 하는 키워드입니다. 172.30.1.90(4)은 docker를 실행하고 있는 서버 또는 개발자 PC의 IP입니다.

예제 5-10 docker-compose와 카프카

```
version: '2'
services:
  zookeeper: (1)
    container_name: zookeeper
    image: wurstmeister/zookeeper:3.4.6
    expose:
      - "2181"
    ports:
      - "2181:2181"
  kafka: (2)
    container_name: kafka
    image: wurstmeister/kafka:2.12-2.4.1
    depends_on: (3)
      - zookeeper
    expose:
      - "9092"
    ports:
      - "9092:9092"
    environment:
      KAFKA_ADVERTISED_HOST_NAME: 172.30.1.90 (4)
```

```
        KAFKA_ADVERTISED_PORT: 9092
        KAFKA_ZOOKEEPER_CONNECT: zookeeper:2181
    volumes:
      - /var/run/docker.sock:/var/run/docker.sock
```

docker-compose 명령어로 주키퍼와 카프카를 실행합니다. -detach 또는 -d(etach) 옵션은 컨테이너를 백그라운드로 실행해 컨테이너 실행 후 로그를 출력하지 않습니다.

예제 5-11 docker-compose 실행

```
> docker-compose up -d
Creating zookeeper ... done
Creating kafka     ... done
```

주키퍼와 카프카를 실행하면 도커 데스크탑의 [Containers/Apps]에서 주키퍼와 카프카 컨테이너가 실행 중인 것을 확인할 수 있습니다.

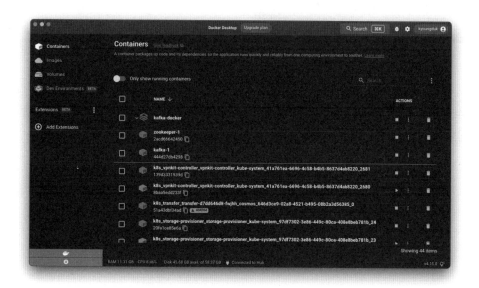

그림 5-8 도커에서 카프카 실행

카프카에 접속해 토픽topic과 토픽에 발행한 메시지를 확인할 수 있는 도구가 필요합니다. 웹 사용자 인터페이스를 제공하는 kafdrop을 도커에 배포할 수 있고 PC용으로 오프셋 익스플로러Offset Explorer 등 다양한 도구를 사용할 수 있습니다. 여기서는 PC용 오프셋 익스플로러를 사용합니다.

참고

Offset Explorer는 https://www.kafkatool.com/download.html에서 다운로드 받을 수 있습니다. O/S에 해당하는 프로그램을 다운로드해 설치합니다.

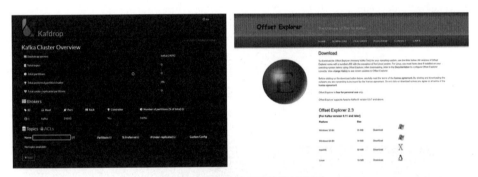

그림 5-9 kafdrop과 오프셋 익스플로러

오프셋 익스플로러를 실행하고 오른쪽 아래 [Add Connections]를 클릭해 카프카를 실행한 IP를 입력한 후 [Add]를 클릭합니다.

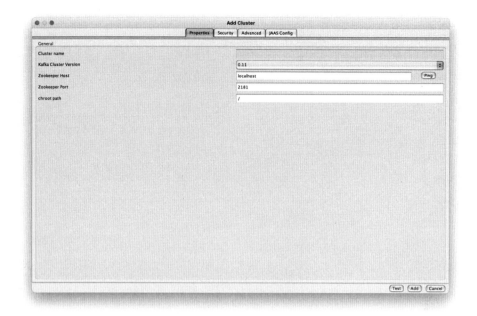

그림 5-10 오프셋 익스플로러에서 카프카 연결 설정

오프셋 익스플로러가 카프카에 연결되면 그림 5-11처럼 카프카의 기본 정보를 확인할 수 있습니다.

- Brokers: 카프카 클러스터를 구성하는 서버 목록

- Topics: 카프카에 등록돼 있는 토픽(관련 이벤트의 묶음) 목록

- Consumers: 토픽에 발행한 메시지를 사용하는 소비자 목록

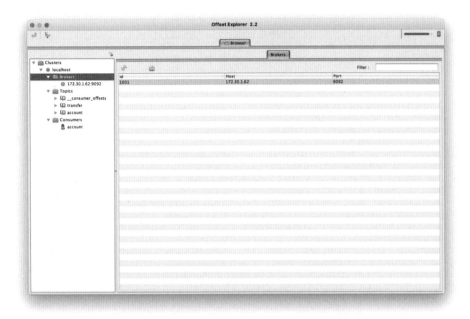

그림 5-11 오프셋 익스플로러 - 브로커/토픽/소비자

5.4 아웃바운드 어댑터와 이벤트 발행

애플리케이션 서비스가 도메인 이벤트를 이벤트 저장소에 저장하면서 이벤트를 함께 발행할 수 있습니다. spring-kafka는 스프링 트랜잭션과 완벽한 통합을 지원하지만 그렇지 않은 브로커도 있습니다. 트랜잭션을 지원하지 않는 이벤트 브로커를 사용하면 애플리케이션 서비스가 이벤트 저장소(데이터베이스)에 이벤트 기록과 이벤트 발행을 하나의 트랜잭션으로 처리할 수 없습니다. 예제에서는 카프카가 트랜잭션을 지원하지 않는다고 가정합니다.

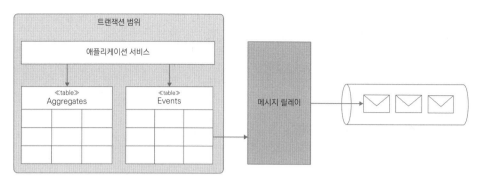

그림 5-12   트랜잭셔널 아웃박스 패턴과 메시지 릴레이

이벤트 저장소에 이벤트 저장과 이벤트 브로커로 이벤트 발행을 단일 트랜잭션으로 처리할 수 없는 문제를 해결하기 위해 크리스 리처드슨[Chris Richardson]이 마이크로서비스 패턴에서 소개한 트랜잭셔널 아웃박스[Transactional Outbox] 패턴을 사용할 수 있습니다. 이 패턴은 단일 트랜잭션으로 도메인 객체 외에 이벤트를 데이터베이스에 함께 저장하고 메시지 릴레이[Message Relay]가 데이터베이스에 저장돼 있는 도메인 이벤트를 주기적으로 조회해 브로커에 전달합니다.

메시지 릴레이를 사용하면 애플리케이션 서비스가 직접 이벤트를 발행하는 방법에 비해 약간의 지연이 발생하지만 "트랜잭션"과 "이벤트 전달"을 보장하면서 개발자가 이벤트를 발행하지 않는 실수를 방지합니다.

> **강조**
>
> 이벤트 소싱은 이미 발행해야 하는 이벤트를 단일 트랜잭션에서 데이터베이스에 저장하므로 트랜잭셔널 아웃박스 패턴을 사용하는 것이 적합합니다.

5.4.1 이벤트 발행

카프카로 이벤트를 발행하는 구현은 다양하지만 예제는 KafkaTemplate을 사용합니다. 메시지 릴레이는 TB_CART_EVENT 테이블에 저장돼 있는 도메인 이벤트를 폴링해 카프카에 이벤트를 발행합니다. 이벤트를 발행하면 이벤트 테이블에 카프카에 이벤트를 발행했음을 의미하는 플래그 값을 변경합니다. 상태 변경은 다음 폴링에서 이미 발행한 이벤트를 제외시켜 중복 발행을 방지합니다.

예제 5-12 이벤트 발행 플래그

```
@Entity
@Table(name = "TB_CART_EVENT")
public class CartEventJpo {
  private boolean relayed;
}
```

메시지 릴레이는 스프링이 제공하는 @Scheduled 어노테이션을 사용해 이벤트 테이블에서 발행해야 하는 이벤트를 주기적으로 조회합니다. @Scheduled 어노테이션은 fixedDelay와 fixedRate 값으로 폴링 주기와 방식을 설정할 수 있습니다.

두 값은 모두 작업 간 대기 시간을 지정하지만 동작 방식에 차이가 있습니다. fixedDelay는 이전 작업이 끝난 후 다음 작업을 시작하기까지 지정한 시간을 대기하는 반면 fixedRate는 이전 작업을 시작한 시간 기준으로 다음 작업을 시작합니다. 그림 5-13은 fixedDelay와 fixedRate가 동작하는 방식의 차이를 보여줍니다.

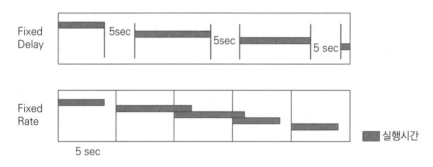

그림 5-13 fixedDelay와 fixedRate

이벤트가 너무 많은 경우에 fixedRate를 사용하면 이전 폴링에서 메시지 릴레이가 조회한 이벤트를 카프카에 발행하는 중간에 다음 작업을 시작할 가능성이 있어 이벤트를 여러 번 발행할 수 있습니다. 따라서 작업간 대기 시간을 지정하는 fixedDelay를 사용해야 합니다.

@Scheduled를 지정한 메소드는 이벤트 저장소에서 플래그(relayed)가 false인 목록을 시간순으로 조회(1)하고 KafkaTemplate을 이용해 이벤트를 발행(2)합니다. 이벤트를 발행하면 해당 이벤트의 relayed 값을 true로 변경(3)하고 상태를 저장(4)합니다.

예제 5-13 이벤트 발행 후 플래그 값 변경

```java
@Component
public class MessageRelay {

  private final EventStore eventStore;
  private final KafkaTemplate kafkaTemplate;

  @Scheduled(fixedDelay = 500)
  public void publish() {
    List<Event> events = this.eventStore.retrieve();  (1)
      // 생략
      events.stream().forEach(event -> {
      // 생략
      this.kafkaTemplate.send(message);              (2)

      event.setRelayed(true);                        (3)
      this.eventStore.update(event);                 (4)
    });
  }

}
```

5.4.2 이벤트 브로커와 메시지

헥사고날 아키텍처는 기술에 의존하는 구성 요소인 어댑터를 도메인과 격리해 기술 변화에 대응합니다. 예를 들어 애플리케이션 서비스의 코드를 변경하지 않으면서 레디스에서 카프카로 교체하고 NATS로 다시 교체할 수 있어야 합니다.

많은 브로커가 제공하는 기능은 유사하지만 설계 의도에 따라 서로 다른 데이터 포맷을 요구합니다. 메시지 릴레이가 다양한 포맷을 알아야 하면 브로커를 교체할 때마다 데이터 포맷을 변환하는 코드도 변경해야 합니다. 따라서 브로커에 중립적인 이벤트를 정의하고 2장에서 소개한 리스코프 치환 원칙을 적용해 다양한 메시지 브로커의 특성을 반영한 포맷으로 변환해 이벤트를 발행하는 로직을 분리해야 합니다.

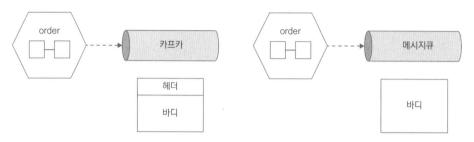

그림 5-14 메시지 브로커와 메시지 포맷

그림 5-15는 사용 중인 브로커 변경에 유연하게 대응하기 위해 도메인 이벤트와 브로커가 제공하는 데이터 포맷을 분리한 설계를 보여줍니다. 카프카는 메시지에 헤더와 페이로드를 분리할 수 있지만 페이로드만 지원하는 브로커도 있습니다. 사용하는 브로커에 최적화시킨 구체적인 메시지 릴레이는 도메인 이벤트를 브로커가 요구하는 데이터 포맷으로 변환해 발행합니다.

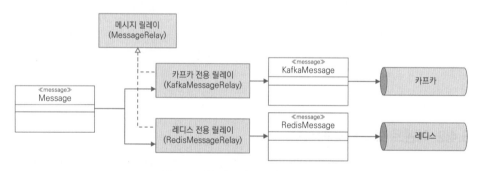

그림 5-15 기술에 중립적인 메시지와 변환

예제 5-14에서 카프카 전용 메시지 릴레이는 테이블에서 도메인 이벤트를 읽고 카프카에 전송하기 전에 KafkaMessage로 변환합니다.

```
@Component
public class KafkaMessageRelay {

  @Scheduled(fixedDelay = 500)
  public void publish() {
    List<Event> events = this.eventStore.retrieve();
    events.stream().forEach(event -> {
      KafkaMessage message = new KafkaMessage(event.eventId(),
                                event.getClass().getTypeName(),
                                JsonUtil.toJson(event));
      Message domainMessage = MessageBuilder
                                .withPayload(message.toJson())
                                .setHeader(KafkaHeader.TOPIC,
                                        this.serviceName)
                                .build();
      this.kafkaTemplate.send(domainMessage);

      event.setRelayed(true);
      this.eventStore.update(event);
    });
  }

}
```

5.4.3 변환(2차) 메시지(커맨드/이벤트)

한 서비스가 이벤트를 발행하고 다른 마이크로서비스가 이벤트를 소비하려면 메시지를 구독하는 서비스가 역직렬화하기 위해 이벤트의 타입을 알아야 합니다. 그림 5-16은 이벤트를 발행하는 서비스와 구독한 서비스간 타입 의존성을 보여줍니다. 세 번째 이벤트 타입을 추가하면 구독하는 서비스 역시 이벤트 타입과 핸들러를 추가해서 다시 배포해야 합니다.

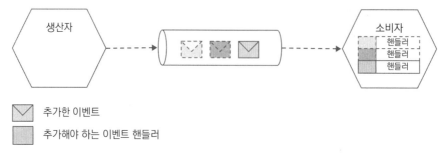

추가한 이벤트

추가해야 하는 이벤트 핸들러

그림 5-16 이벤트 발행과 구독에 따른 타입 의존성

대표적 사례로 웹소켓을 사용해 시스템에서 발생한 이벤트를 사용자에게 알려주는 알림 서비스가 있습니다. 주문을 완료하면 알림 서비스는 OrderCompleted 이벤트에 반응해 사용자에게 "주문이 완료됐습니다."와 같은 알림을 보낼 수 있습니다. 알림 서비스를 특정 도메인 이벤트에 반응하는 방식으로 설계하면 해당 도메인 이벤트를 변경하거나 새로운 이벤트를 추가할 때마다 알림 서비스를 변경해야 합니다.

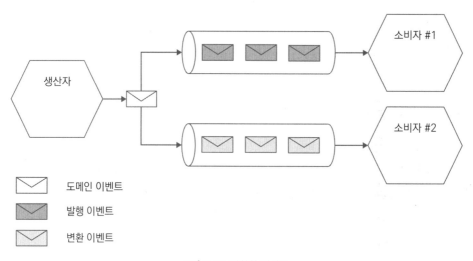

도메인 이벤트

발행 이벤트

변환 이벤트

그림 5-17 변환한 메시지

이벤트를 소비하는 서비스의 이벤트 핸들러를 변경하거나 추가하지 않고 도메인 이벤트를 발행하는 서비스가 도메인 이벤트를 새로운 메시지(알림 서비스의 경우 커맨드)로 변환해 발행하면 타입 의존성을 제거할 수 있습니다. 예를 들어 주문 서비스는

OrderCompleted 이벤트를 발행한 후 OrderCompleted를 알림 서비스가 요구 (이해)하는 커맨드로 변환해서 알림 서비스가 구독하는 토픽에 한번 더 발행합니다.

메시지 변환 책임을 부여할 수 있는 후보로 이벤트 핸들러, 애플리케이션 서비스, 메시지 릴레이를 고려할 수 있습니다.

첫 번째 후보인 이벤트 핸들러를 사용하면 변환한 도메인 이벤트를 이벤트 저장소에 추가로 저장해야 합니다. 하지만 변환한 이벤트는 애그리게이트와 관련 없는 이벤트로 응집도가 낮아지므로 적합하지 않습니다.

두 번째 후보인 애플리케이션 서비스도 데이터베이스 저장과 이벤트 발행을 트랜잭션으로 묶을 수 없어 적합하지 않습니다.

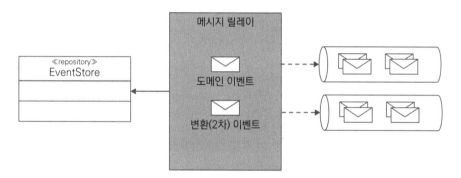

그림 5-18 이벤트 변환 책임과 메시지 릴레이

마지막 후보인 메시지 릴레이는 이벤트 스토어에서 이벤트를 읽어 브로커에 발행할 때 필요한 만큼 여러 번 메시지를 변환해 발행할 수 있습니다. 메시지 변환은 발행이 주 목적이므로 책임 관점에서도 메시지 릴레이에 부여하는 것이 적합합니다. 예제 5-15에서 메시지 릴레이는 도메인 이벤트를 2차 메시지로 변환한 후 브로커에 발행합니다.

예제 5-15 변환 커맨드/이벤트 발행

```
@Component
public class KafkaMessageRelay {
```

```
  private final EventStore eventStore;
  private final KafkaTemplate kafkaTemplate;

  @Scheduled(fixedDelay = 500)
  public void publish() {
    List<Event> events = this.eventStore.retrieve();
    events.stream().forEach(event -> {
      Message domainMessage = MessageBuilder
                  .withPayload(message.toJson())
                  .setHeader(KafkaHader.TOPIC, this.serviceName)
                  .build();
      this.kafkaTemplate.send(domainMessage);

      TransformedEvent transformedEvent =
                              new TransformedEvent(event);
      KafkaMessage mappedMessage = new
                  KafkaMessage(transformedEvent.eventId(),
                      transformedEvent.getClass().getTypeName(),
                      JsonUtil.toJson(transformedEvent));

      Message transformdMessage = MessageBuilder
                  .withPayload(mappedMessage.toJson())
                  .setHeader(KafkaHader.TOPIC, this.serviceName)
                  .build();
      this.kafkaTemplate.send(transformedMessage);

      event.setRelayed(true);
      this.eventStore.update(event);
    });
  }

}
```

예제 5-15에서 이벤트 발행은 정해진 하나의 카프카 토픽(예를 들어 마이크로서비스명 –
order)으로 발행했습니다. 하지만 변환한 2차 메시지는 알림 서비스의 notification
토픽에 발행해야 합니다. 예제 5-16은 메시지 릴레이가, 알림 서비스가 구독하는 토
픽에 변환한 커맨드를 발행합니다.

예제 5-16 변환한 이벤트 발행과 토픽

```java
@Component
public class KafkaMessageRelay {

  private final EventStore eventStore;
  private final KafkaTemplate kafkaTemplate;

  @Scheduled(fixedDelay = 500)
  public void publish() {
    List<Event> events = this.eventStore.retrieve();
    events.stream().forEach(event -> {
      this.kafkaTemplate.send(domainMessage);
      TransformedEvent transformedEvent =
                      new TransformedEvent(event);
      KafkaMessage mappedMessage = new KafkaMessage(
                    transformedEvent.eventId(),
                    transformedEvent.getClass().getTypeName(),
                JsonUtil.toJson(transformedEvent));

      Message transformdMessage = MessageBuilder
                    .withPayload(mappedMessage.toJson())
                    .setHeader(KafkaHader.TOPIC, "notification")
                    .build();
      this.kafkaTemplate.send(transformedMessage);

      event.setRelayed(true);
      this.eventStore.update(event);
    });
  }

}
```

예제 5-16에서 변환해야 하는 메시지 타입이 늘어나면 publish 메소드에서 메시지
를 변환하는 코드를 계속 추가해야 합니다. 메시지 릴레이의 책임은 메시지 변환이 아
니라 브로커에 메시지를 발행하는 것입니다. 따라서 변환의 책임을 독립된 클래스로
분리하고 메시지 릴레이는 분리한 클래스에 변환을 위임하고 변환 결과를 발행합니다.
메시지를 발행할 토픽도 필요에 따라 변경할 수 있어야 하는데 이벤트 어댑터와 추상
화된 핵심에서 설명합니다.

그림 5-19는 이벤트를 다른 커맨드나 이벤트로 변환하는 책임을 가진 인터페이스와

구현 클래스의 관계를 보여줍니다.

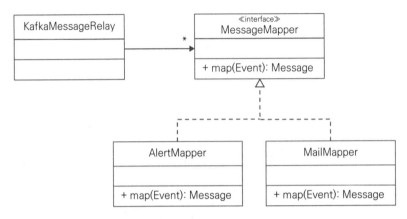

그림 5-19 이벤트 변환 전용 객체

메시지 릴레이가 동일한 메커니즘으로 브로커에 이벤트를 발행할 수 있게 Message 인터페이스를 선언하고 커맨드와 이벤트가 인터페이스를 구현합니다.

예제 5-17 메시지와 커맨드/이벤트

```
public interface Message {
  public String topicName();
}

//

public class Event implements Message {}

//

public class Command implements Message {}
```

KafkaMessageRelay는 데이터베이스에 저장돼 있는 이벤트를 폴링해 1차로 발행하고 MessageMapper에게 변환을 위임합니다. MessageMapper는 1차로 발행한 이벤트가 변환 대상이면 2차 메시지를 생성해 반환합니다.

예제 5-18은 이벤트를 변환하는 MessageMapper 인터페이스입니다. 이 인터페이스는 Upcaster.upcast 오퍼레이션과 동일하게 이벤트 타입을 확인해 새로운 메시지로 변환하는 map 오퍼레이션을 제공합니다.

예제 5-18 MessageMapper

```java
public interface MessageMapper {

  public Optional<Message> map(Event event);

}
```

예제 5-19에서 NotificationEventMapper는 주문 마이크로서비스에서 OrderCompleted 도메인 이벤트가 발생했을 때 알림 서비스가 요구하는 메시지 타입인 PutAlert 커맨드로 변환합니다.

예제 5-19 OrderCompleted 도메인 이벤트를 알림 커맨드로 변환

```java
@Component
public class NotificationMessageMapper implements MessageMapper {

  public Optional<Message> map(Event event) {
    if (event.getClass().isAssignableFrom(OrderCompleted.class)) {
      return this.map(event.toEvent(OrderCompleted.class));
    }
    return Optional.empty();
  }

  public Optional<Message> map(OrderCompleted event) {
    String id = UUID.randomUUID().toString().split("-")[0];
    return Optional.of(
               new PutAlert(id, "A new order has been placed.",
                   String.format("/order/%s", event.getOrderNo())));
  }

}
```

예제 5-20은 메시지 릴레이가 MessageMapper를 사용하는 방법을 보여줍니다. 메시지 릴레이를 생성하면 애플리케이션 컨텍스트에서 MessageMapper 인터페이스를 구현한 스프링 빈을 찾아 messageMappers 리스트에 추가(1)합니다. 메시지 릴

레이는 도메인 이벤트를 발행하고 MessageMapper에 이벤트 변환을 위임합니다. MessageMapper는 이벤트 타입을 검사하고 2차 메시지를 생성(2)해 반환합니다. 2차 메시지는 알림 서비스가 구독하는 토픽(예를 들어 notification)에 발행해야 하므로 앞서 설명한 MessageBuilder로 토픽명을 지정(3)해서 카프카에 발행(4)합니다.

예제 5-20 EventRelay와 MessageMapper

```java
@Component
public class KafkaMessageRelay {

  private final ApplicationContext context;

  private final EventStore eventStore;
  private final KafkaTemplate kafkaTemplate;
  private List<MessageMapper> messageMappers;

  public EventRelay() {
    this.messageMappers = new ArrayList<>();

    Arrays.stream(context.getBeanNamesForType(MessageMapper.class))
          .forEach(name -> {
              this.messageMappers.add(context
                                  .getBean(name, EventMapper.class));
          });                                                      (1)
  }

  @Scheduled(fixedDelay = 500)
  public void publish() {
    List<Event> events = this.eventStore.retrieve();
    events.stream().forEach(event -> {
      // 생략
      this.kafkaTemplate.send(domainMessage);

      messageMappers.stream.foreach(mapper -> {
        Optional<Message> transformedEvent = mapper.map(event); (2)
        if (transformedEvent.isPresent()) {
          KafkaMessage message = new KafkaMessage(
                          event.eventId(),
                          transformedEvent.getClass().getTypeName(),
                          JsonUtil.toJson(transformedEvent));
          Message transformdMessage = MessageBuilder
                      .withPayload(mappedMessage.toJson())
```

```
                    .setHeader(KafkaHader.TOPIC, message.topicName)
                    .build();                                         (3)
            this.kafkaTemplate.send(transformedMessage);             (4)
        }
    });

    event.setRelayed(true);
    this.eventStore.update(event);
  });
  }

}
```

예제 5-20이 이벤트 변환 책임만을 부여한 클래스를 확장할 수 있게 설계한 반면 이벤트 변환과 발행 책임을 모두 가진 클래스로 설계할 수도 있습니다.

예제 5-21 이벤트 변환 및 발행 책임을 부여한 MessageMapper

```
public abstract class MessageMapper {

  protected KafkaTemplate kafkaTemplate;

  public Mapper(KafkaTemplate kafkaTemplate) {
    this.kafkaTemplate = kafkaTemplate;
  }

  public abstract void map(Event event);
}
```

이제 메시지 릴레이는 변환 및 발행 전체를 MessagMapper 객체에 위임합니다.

예제 5-22 KafkaMessageRelay와 2차 이벤트

```
public class KafkaMessageRelay {

  private List<MessageMapper> mappers;

  public KafkaMessageRelay(…) {
    String[] mapperBeanNames = this
                        .applicationContext
                        .getBeanNamesForType(MessageMapper.class);
```

```
      this.mappers = Arrays.stream(mapperBeanNames)
              .map(beanName -> (MessageMapper)this.applicationContext
                                              .getBean(beanName))
              .collect(Collectors.toList());
  }

  @Scheduled(fixedDelay = 500)
  public void publish() {
    List<Event> events = this.eventStore.retrieve();
    events.stream().forEach(event -> {
      // 생략
      this.mappers.stream().forEach(mapper -> mapper.map(event));
      // 생략
    });
  }

}
```

예제 5-23은 예제 5-19에서 설명한 NotificationMessageMapper가 Order
Completed 이벤트를 새로운 메시지로 변환하는 것은 동일하지만 카프카의 notification
토픽에 메시지를 발행하는 책임을 추가했습니다.

예제 5-23 MessageMapper를 이용한 2차 메시지 변환 및 발행

```
@Component
public class NotificationMessageMapper extends MessageMapper {

  private static final String defaultOutput = "notification";

  public NotificationMessageMapper(KafkaTemplate kafkaTemplate) {
    super(kafkaTemplate);
  }

  public void map(OrderCompleted event) {
    String id = UUID.randomUUID().toString().split("-")[0];
    PutAlert transformedEvent =
            new PutAlert(id, "A new order has been placed.",
                    String.format("/order/%s",event.getOrderNo()));

    KafkaMessage kafkaMessage = new KafkaMessage(
      transformedEvent.identifier(),
      transformedEvent.getClass().getTypeName(),
```

```
        JsonUtil.toJson(transformedEvent),
        transformedEvent.time());

    Message message = MessageBuilder
      .withPayload(JsonUtil.toJson(kafkaMessage))
      .setHeader(KafkaHeaders.TOPIC, defaultOutput)
      .build();

    this.kafkaTemplate.send(message);
  }

}
```

5.4.4 서비스 내부 이벤트와 외부 발행 이벤트

한 마이크로서비스가 이벤트를 발행하는 브로커의 토픽을 다른 마이크로서비스가 구독은 하지만 모든 이벤트가 아닌 일부 이벤트에만 반응한다면 굳이 브로커에 모든 이벤트를 발행할 필요가 없습니다. 따라서 이벤트를 설계할 때 용도에 따라 마이크로서비스 내부에서만 이벤트를 사용하도록 한정하는 경우와 마이크로서비스간 협업을 위해 이벤트 브로커로 발행하는 이벤트를 구분하는 것이 좋습니다.

> **참고**
>
> 블라드 코노노프(Vlad Khononov)는 도메인 주도 설계 첫걸음에서 서비스 내부 이벤트를 프라이빗 이벤트(private event)로 외부 발행 이벤트를 퍼블릭 이벤트(public event)로 구분했습니다.

예제 5-24처럼 Event 클래스에 outbox 속성을 추가해 내부 이벤트와 외부 발행 이벤트를 구분합니다. 기본 동작은 내부 이벤트(outbox = false)이고 필요시 외부로 발행(outbox = true)합니다. 서비스의 특성에 따라 기본 동작을 반대로 설계할 수 있습니다.

예제 5-24 내/외부 발행 이벤트를 구분하기 위한 Event 객체

```java
public abstract class Event {

  private String id;
  private long time;
  protected boolean outbox;

  public Event() {
    this.id = UUID.ramdomUUID().toString();
    this.time = System.currentTimeMillis();
    this.outbox = false;
  }

  public String getPayload() {
    return JsonUtil.toJson(this);
  }

}
```

outbox 속성은 protected로 선언해 Event 객체를 상속한 구체적인 도메인 이벤트 생성자에서 값을 변경할 수 있어야 합니다. 예제 5-25는 ItemRemoved 도메인 이벤트를 이벤트 브로커로 발행하게 변경합니다.

예제 5-25 ItemAdded 도메인 이벤트와 외부 발행

```java
public class ItemRemoved extends Event {

  public ItemRemoved(String productNo, String productName,
                     int quantity) {
    this.outbox = true;

    this.productNo = productNo;
    this.productName = productName;
    this.quantity = quantity;
  }

}
```

메시지 릴레이는 outbox 속성이 true인 경우에만 카프카와 같은 이벤트 브로커로 이벤트를 발행하게 변경합니다.

```
@Component
public class KafkaMessageRelay {

  private final EventStore eventStore;
  private final KafkaTemplate kafkaTemplate;

  @Scheduled(fixedDelay = 500)
  public void publish() {
    List<Event> events = this.eventStore.retrieve();
    events.stream().forEach(event -> {
      // 스프링 컨텍스트에 이벤트 발행
      if (event.isOutbox()) {
        // 브로커로 이벤트 발행
      }
    });
  }

}
```

5.5 인바운드 어댑터와 이벤트 소비

카프카에 발행한 메시지를 수신해 이벤트에 반응하기 위해 스프링 카프카가 제공하는 MessageListener를 사용합니다. 이벤트를 수신하면 카프카 메시지로 선언한 KafkaMessage로 역직렬화(1)하고 다시 도메인 이벤트 인스턴스를 생성한 후 이벤트 핸들러가 반응하게 publishEvent 메소드를 호출(2)합니다. 예제 5-27은 카트 서비스가 발행한 이벤트를 수신하는 CartStreamListener입니다.

예제 5-27 카프카와 이벤트 소비

```
public class CartStreamListener implements MessageListener {

  @Override
  public void onMessage(Object message) {
    ConsumerRecord consumerRecord = (ConsumerRecord)message;
    KafkaMessage kafkaMessage = JsonUtil
        .fromJson(String.valueOf(consumerRecord.value()),
                              KafkaMessage.class);
```

```
    try {
        Cass<Event> clazz = (Class<Event>) Class
                    .forName(kafkaMessage.getTypeName());
        Event event = JsonUtil.fromJson(kafkaMessage.getPayload(),
                            clazz);        (1)
        eventPublisher.publishEvent(event);    (2)
    } catch (ClassNotFoundException e) {
        logger.warn(String.format("could not find %s class",
                            kafkaMessage.getTypeName()));
    }
  }

}
```

메시지 전달은 최소 한 번 이상, 한 번 또는 전달 안 됨, 정확히 한 번만 전달하는 세 가지 방식이 있습니다. 이벤트 브로커는 마이크로서비스간 협력을 위해 최소 한번 전달을 보장해야 하는데 카프카도 메시지 전달을 위해 최소 한번 이상 전달됨[At-Least-Once]을 보장합니다. 말 그대로 "최소 한 번 이상"이므로 동일한 이벤트를 여러 번 수신하더라도 서비스는 동일 이벤트에 한 번만 반응해야 합니다.

논란의 소지는 있지만 이벤트 핸들러가 이벤트를 정확하게 한번 처리하기 위해 메시지 릴레이와 같은 방식으로 이벤트를 수신해 저장소에 저장하는 책임과 이벤트를 스프링 컨텍스트에 발행하는 책임을 가진 리버스 릴레이[ReverseRelay]를 사용할 수 있습니다. 리버스 릴레이는 주기적으로 수신한 이벤트의 저장소에서 메시지를 조회해 처리한 후 플래그 값을 변경하거나 이벤트를 삭제합니다. 이를 트랜잭셔널 아웃박스 패턴의 반대 의미로 트랜잭셔널 인박스[Transactional Inbox] 패턴이라 합니다.

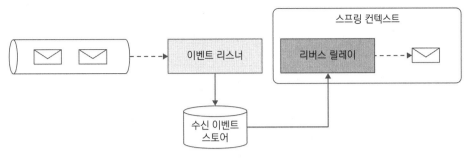

그림 5-20 메시지 수신과 리버스 릴레이

예제 5-28에서 CartStreamListener는 JSON으로 직렬화한 KafkaMessage를 수신하면 기술에 중립적인 Message 객체로 역직렬화(1)하고 MessageStore를 이용해 수신 메시지 테이블(TB_MESSAGE)에 저장합니다.

예제 5-28 수신한 이벤트를 테이블에 저장

```java
public class CartStreamListener {

  @KafkaListener(topics = "${broker.topic}",
                 groupId = "${spring.application.name}")
  public void on(String message) {
    KafkaMessage kafkaMessage = JsonUtil.fromJson(message,
                                           KafkaMessage.class);

    try {
      Class<Message> clazz = (Class<Message>) Class
                           .forName(kafkaMessage.getTypeName());
      Message msg = JsonUtil.fromJson(kafkaMessage.getPayload(),
                              clazz);       (1)
      this.messageStore.save(msg);          (2)
    } catch (ClassNotFoundException e) {
      logger.warn(String.format("could not find %s class",
                              kafkaMessage.getTypeName()));
    }
  }

}
```

리버스 릴레이는 메시지 릴레이와 같은 방식으로 MessageStore에서 메시지가 도착한 순서로 조회(1)해 스프링 컨텍스트에 메시지를 발행(2)합니다. 서비스에서 메시지를 처리한 결과가 정상이면 발행한 메시지는 처리된 것으로 플래그를 변경(3)합니다.

예제 5-29 수신한 이벤트를 스프링 컨텍스트에 발행

```java
public class ReverseRelay {

  private final MessageStore messageStore;
  private final ApplicationEventPublisher eventPublisher;

  public ReverseRelay(MessageStore messageStore,
                      ApplicationEventPublisher eventPublisher) {
    this.messageStore = messageStore;
    this.eventPublisher = eventPublisher;
  }

  @Scheduled(fixedDelay = 100)
  public void publish() {
    List<Optional<Message>> messages = this.messageStore
                                .retrieveUnexecutedMessages(); (1)
    messages.stream().forEach(message -> {
      if (message.isPresent()) {
        eventPublisher.publishEvent(message.get());          (2)
        this.messageStore.update(message.get());             (3)
      }
    });
  }

}
```

5.6 이벤트 어댑터와 마이크로서비스 모듈

서비스간 브로커를 활용해 메시지를 주고 받기 위해 데이터베이스에 저장한 도메인 이벤트를 폴링해 이벤트 브로커에 이벤트를 발행하는 메시지 릴레이 클래스를 포함하는 relay 모듈을 추가합니다. 이벤트 브로커는 필요에 따라 언제든지 교체할 수 있어야 하므로 사용하는 브로커의 종류를 구분해서 하위 패키지를 분리합니다. 이벤트 발행을 담당하는 KafkaMessageRelay 클래스와 이벤트를 수신하는 StreamListener 클래스를 추가하고 KafkaReverseRelay도 같은 패키지에 둡니다.

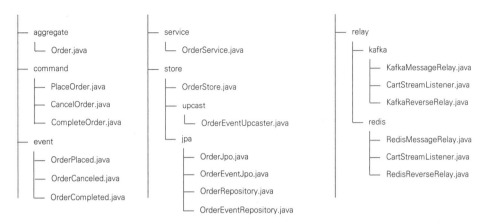

```
├── aggregate                    ├── service                    ├── relay
│   └── Order.java               │   └── OrderService.java       ├── kafka
├── command                      ├── store                       │       ├── KafkaMessageRelay.java
│       ├── PlaceOrder.java      │   └── OrderStore.java         │       ├── CartStreamListener.java
│       ├── CancelOrder.java     ├── upcast                      │       └── KafkaReverseRelay.java
│       └── CompleteOrder.java   │       └── OrderEventUpcaster.java  └── redis
├── event                        ├── jpa                                 ├── RedisMessageRelay.java
│       ├── OrderPlaced.java     │       ├── OrderJpo.java               ├── CartStreamListener.java
│       ├── OrderCanceled.java   │       ├── OrderEventJpo.java          └── RedisReverseRelay.java
│       └── OrderCompleted.java  │       ├── OrderRepository.java
                                 │       └── OrderEventRepository.java
```

그림 5-21 마이크로서비스와 이벤트 아웃바운드 어댑터 모듈

relay 패키지 하위에 있는 카프카와 레디스 전용 메시지 릴레이와 리버스 릴레이는 둘 중 하나만 사용하는 경우 별도의 라이브러리로 제공하고 예제 5-30처럼 메이븐의 pom.xml에 의존성을 추가할 수 있습니다.

예제 5-30 카프카 전용 메시지 릴레이와 메이븐 의존성

```xml
<dependencies>
  <dependency>
    <groupId>io.cosmos</groupId>
    <artifactId>relay-kafka</artifactId>
    <version>1.0.0</version>
  </dependency>
</dependencies>
```

스프링은 동적으로 빈을 등록할 수 있는 API를 제공합니다. application.yml에 구독하는 토픽 목록을 설정하고 토픽 개수만큼 StreamListener를 빈으로 등록할 수도 있습니다.

5.7 이벤트 어댑터와 추상화된 핵심

EventStore는 메시지 릴레이에서 이벤트 브로커로 도메인 이벤트를 발행하기 위해 사용하는 전용 인터페이스입니다. AggregateStore에서 구현한 EventRepository와 EventJpo를 사용하면서 메시지 릴레이에 필요한 오퍼레이션을 추가로 구현합니다.

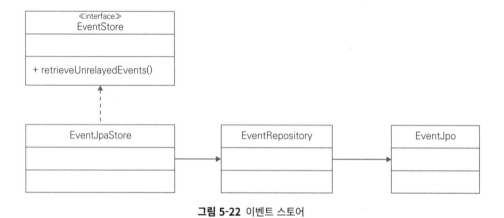

그림 5-22 이벤트 스토어

메시지 릴레이가 사용하는 EventStore의 인터페이스는 발행하지 않은 도메인 이벤트만 조회하고 발행한 이벤트의 상태(relayed)를 변경하는 두 개의 오퍼레이션을 제공합니다.

5.7.1 어노테이션

추상 클래스인 Event에 리플레이 대상 이벤트임을 표시하는 rehydration과 외부 발행 이벤트임을 의미하는 outbox는 도메인과 직접적인 연관이 없으므로 속성으로 선언하지 않는 것이 더 좋습니다. 어노테이션을 사용하면 비즈니스 로직에 영향을 주지 않으면서 클래스에 역할을 부여해 컴파일 또는 실행 시간에 처리하는 방법을 결정할 수 있습니다.

예제 5-31은 리플레이 대상과 이벤트 브로커로 이벤트를 발행할지 설정할 수 있는 어노테이션^{Annotation}입니다. 변환(2차) 메시지를 발행하는 토픽 이름을 지정하는 속성도 추가할 수 있습니다. 변환(2차) 메시지 사례인 알림 서비스(notification)로 커맨드를 발행하므로 Command에도 사용할 수 있는 어노테이션을 선언합니다.

예제 5-31 커맨드/이벤트와 어노테이션

```
@Target({ElementType.TYPE})
@Retention(RetentionPolicy.RUNTIME)
@Documented
public @interface Event {
  boolean rehydration() default true;
  boolean outbox() default false;
  String topic() default "";
}

//

@Target({ElementType.TYPE})
@Retention(RetentionPolicy.RUNTIME)
@Documented
public @interface Command {
  String topic() default "";
}
```

어노테이션을 사용하면 Event 추상 클래스를 상속하는 도메인 이벤트 클래스에서 기술 종속적인 속성을 제거해 개발자가 도메인에 더 집중할 수 있습니다. 예제 5-32는 리플레이 대상이 아니면서 통합 감사 로그를 위해 이벤트 브로커로 이벤트를 발행해야 하는 LogedIn 도메인 이벤트를 보여줍니다.

예제 5-32 Event 어노테이션을 적용한 도메인 이벤트

```
@Event(rehydration=false, outbox=true, topic="audit")
public class LogedIn extends Event {
  private String tenantId;
  private long time;
}
```

메시지 릴레이는 @Event 어노테이션의 outbox 속성을 검사해 메시지 브로커로 이벤트를 발행하거나 topic 속성 값에 할당한 토픽으로 이벤트를 발행할 수 있습니다.

5.8 레거시 통합

이벤트 주도 아키텍처는 레디스나 카프카처럼 메시지를 전달할 수 있는 브로커를 사용합니다. 하지만 일부 시스템은 메시지 브로커를 이용해 메시지를 주고 받을 수 없는 상황도 있습니다. 너무 오래된 시스템은 브로커와 연결할 수 있는 라이브러리 자체를 지원하지 않을 수도 있습니다. 또한 기업간 연계는 보안과 같은 제약사항이 있기도 합니다. 메시지 브로커를 사용할 수 없는 다른 시스템과 통합할 일이 없기를 기대하지만 현실에서 통합은 필수 요구사항입니다.

5.8.1 피드

피드^{Feed}는 자주 업데이트되는 데이터를 사용자에게 제공하기 위한 포맷입니다. 피드는 배포를 목적으로 생성해 출판^{Publish}하고 구독^{Subscribe}합니다. 피드는 다양한 형식으로 출판할 수 있지만 표준인 RSS, ATOM을 많이 사용합니다.

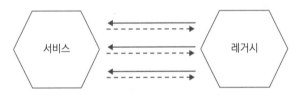

그림 5-23 레거시 시스템과 피드

피드를 이용하면 외부 시스템이 데이터(발생한 도메인 이벤트)에 접근할 수 있는 환경을 제공합니다. 외부 시스템은 주기적으로 피드 API를 호출해 필요한 데이터를 조회합니다. 피드는 이벤트 소싱을 적용한 시스템과 그렇지 않은 시스템간의 이벤트를 교환할 수 있는 방법으로 활용할 수 있는 좋은 후보입니다.

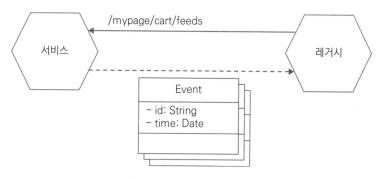

그림 5-24 피드와 도메인 이벤트 목록

피드는 이벤트 전체를 출판할 수 있지만 매번 전체 이벤트를 조회하는 것은 낭비입니다. 따라서 복제하는 외부 시스템이 특정 시간 또는 이벤트 식별자를 기준으로 이후에 발생된 이벤트의 요약 목록을 조회할 수 있는 RESTful API를 추가로 제공할 필요가 있습니다. 외부 시스템은 주기적으로 요약 목록을 확인해 추가로 복제해야 하는 이벤트를 확인하고 해당 이벤트 상세를 다시 요청해 데이터를 복제합니다.

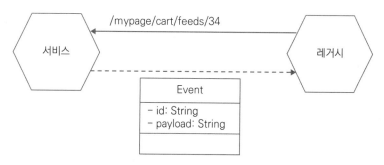

그림 5-25 피드와 도메인 이벤트 상세

5.8.2 웹훅

피드를 사용하면 데이터를 복제하는 주체가 외부 시스템입니다. 외부 시스템이 주기적으로 복제하지 않고 실시간으로 데이터를 복제해야 하면 웹훅^{Webhook}을 사용할 수 있습니다. 웹훅은 데이터의 변경을 알고 싶은 서비스가 호출받을 URL을 미리 등록해 놓으면 데이터에 변화가 발생했을 때 등록한 URL로 데이터를 전송합니다.

웹훅을 사용하면 이벤트가 발생한 서비스가 능동적으로 전달하므로 도메인 이벤트 목록을 제공하는 API가 필요하지 않습니다. 그림 5-26과 5-27은 웹훅에 URL을 등록하고 이벤트를 전달하는 과정을 보여줍니다.

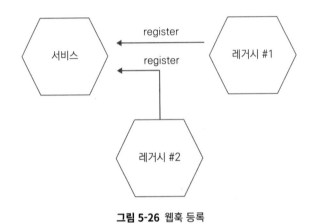

그림 5-26 웹훅 등록

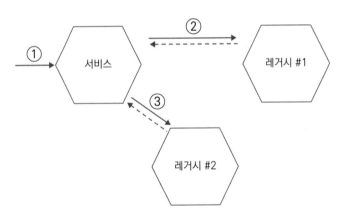

그림 5-27 웹훅과 도메인 이벤트 전달

5.8.3 그래프 큐엘

도메인 이벤트를 조회할 수 있는 피드를 제공하더라도 외부 시스템이 도메인 이벤트의 전체 속성을 사용하는 사례는 생각보다 많지 않습니다.

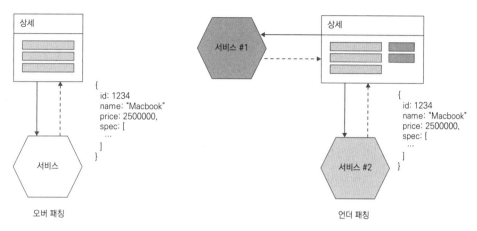

그림 5-28 오퍼 패칭과 언더 패칭

RESTful API는 클라이언트가 필요하지 않은 데이터까지 조회하는 오버 패칭[Over-fetching]과 한번 호출로 필요한 데이터를 얻을 수 없어 여러 번 호출해야 하는 언더 패칭[Under-fetching]의 한계가 있습니다. 그래프 큐엘[GraphQL]을 사용하면 이 단점을 해소할 수 있습니다. 그래프 큐엘은 데이터 제공자가 아닌 데이터를 조회하는 클라이언트가 필요한 속성을 선택할 수 있게 합니다. 그래프 큐엘은 피드 방식에서 이벤트 상세를 조회할 때 함께 사용해 네트워크 사용량을 줄일 수 있습니다.

피드, 웹훅, 그래프 큐엘은 도메인 이벤트가 추가되거나 버전 변경이 발생했을 때 외부 시스템에 알릴 수 있는 다양한 장치를 준비해 동기화 시 누락되는 이벤트가 없도록 주의를 기울여야 합니다. 또한 웹훅은 등록한 URL을 호출했을 때 데이터 포맷의 명확한 명세를 제공해야 하고 성공/실패도 기록해 전달하지 못한 이벤트가 있는지 확인할 수 있어야 합니다.

5.9 요약

5장에서는 RESTful API 설계와 마이크로서비스에서 발생한 도메인 이벤트를 외부에 발행하는 방법과 다른 마이크로서비스에서 발행한 이벤트를 수신하는 방법을 알아봤습니다.

- 데이터베이스 CRUD는 HTTP 메소드 POST, GET, PUT, DELETE와 매핑합니다.

- RESTful API는 사용하는 클라이언트에게 명확성을 드러내도록 설계해야 합니다.

- URL은 애그리게이트 단위로 설계하고 다양한 행위는 HTTP 헤더(command, query)를 사용해 URL을 단순하게 유지할 수 있습니다.

- 트랜잭션을 지원하지 않는 브로커는 트랜잭셔널 아웃박스와 인박스 패턴을 적용할 수 있습니다.

- 트랜잭셔널 아웃박스 패턴은 이벤트 스토어에 저장돼 있는 도메인 이벤트를 폴링해 브로커에 메시지를 발행하는 메시지 릴레이를 사용하고 인박스 패턴은 반대로 동작하는 리버스 릴레이를 사용합니다.

- 레디스, 카프카와 같은 메시지 브로커가 제공하는 기능을 활용하기 위해 브로커 전용 객체를 사용해야 합니다.

- 메시지 릴레이는 도메인 이벤트를 다른 메시지로 변환해 발행하는 책임이 있습니다.

- 도메인 이벤트를 여러 번 처리하지 않게 하기 위해 이미 처리한 이벤트 식별자를 관리해야 합니다.

- 레거시 시스템과 통합은 대상 시스템이 복제할 수 있는 피드를 제공해야 하고, 조회 최적화를 위해 그래프 큐엘을 활용할 수 있습니다.

- 실시간 복제 요구가 있다면 이벤트 소싱을 적용한 시스템이 이벤트를 레거시 시스템에 능동적으로 전달하는 웹훅을 활용할 수 있습니다.

CHAPTER 6

결과적 일관성

6장에서 다루는 내용

- 라우팅 슬립과 프로세스 매니저 패턴
- 오케스트레이션과 코레오그래피
- 오케이스레이션과 코레오그래피 구현
- 이벤트 소싱과 결과적 일관성
- 결과적 일관성과 타임아웃
- 마이크로서비스 분리와 통합

그림 6-1은 커머스 도메인에서 모노리스 아키텍처로 구축한 주문과 결제 프로세스입니다. 애플리케이션 서비스인 OrderService는 주문Order과 결제Payment 애그리게이트를 생성하고 결제 대행 서비스Payment Gateway를 이용해 결제한 후 Order와 Payment 애그리게이트 상태를 변경합니다. 주문과 결제 처리를 완료하면 배송Shipping 애그리게이트를 생성합니다.

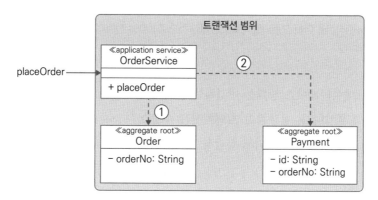

그림 6-1 모노리스 아키텍처와 트랜잭션

모노리스 아키텍처는 데이터 일관성을 유지하기 위해 데이터베이스 트랜잭션에 전적으로 의존합니다. 단순한 사례지만 처리 과정에서 오류가 발생하면 전체를 롤백해 주문 이전 상태로 되돌려야 합니다. 주문 가능한 상품의 재고 확인 같은 다양한 비즈니스 규칙을 추가하면서 프로세스는 점점 복잡해집니다. 프로세스가 복잡해지는 만큼 처리 시간이 증가해 성능이 저하됩니다. 무엇보다 오류가 발생하면 원인 분석은 점점 어려워지고 그 만큼 유지보수 비용도 증가합니다.

> **참고**
>
> 일반적으로 "트랜잭션"은 데이터베이스 트랜잭션을 의미합니다. 6장에서 (비즈니스 또는 프로세스) 트랜잭션은 데이터베이스 트랜잭션이 아닌 일관성을 유지해야 하는 범위의 의미로 사용합니다. 예를 들어 주문 트랜잭션은 주문-결제-배송 서비스에서 실행되는 독립적인 데이터베이스 트랜잭션을 조정하여 달성하는 마이크로서비스간 데이터의 일관성입니다.

마이크로서비스 아키텍처에서는 주문과 결제를 분리하면서 다양한 방법으로 서비스간 협력이 필요합니다. 모든 서비스를 RESTful API 협력으로 설계할 수 있지만 TCP/IP는 신뢰할 수 있는 통신 방법이 아니므로 재시도, 써킷 브레이커처럼 다양한 문제를 보완하는 패턴을 함께 사용해야 합니다. 무엇보다 모노리스 아키텍처와 달리 서비스간 데이터베이스 트랜잭션을 하나로 묶을 수 없어 오류가 발생하면 일관성을 유지할 수 없습니다.

> **참고**
>
> TCP/IP에서 통신 오류가 발생하는 사례는 찾아볼 수 없을 만큼 극히 드뭅니다. 하지만 TCP/IP는 "Best Effort(최선을 다해 전송)"를 목표로 설계한 것으로 100% 전송되는 것을 신뢰할 수 없습니다.

트랜잭션은 데이터베이스 상태를 변경하는 논리적인 기능을 수행하는 작업 단위와 일련의 처리 흐름입니다. 전통적인 트랜잭션은 ACID(Atomicity/Consistency/Isolation/Durability) 특징을 유지하기 위해 잠금을 제어하는 커밋^{commit}과 롤백^{rollback} 기능을 제공합니다.

마이크로서비스 아키텍처는 ACID와는 다르게 가용성을 더 중요하게 여기는 분산 시스템에 적합한 BASE^{Basically Available/Soft State/Eventually Consistency}를 사용합니다. BASE는 CAP 이론에 기반한 접근(그림 6-2)으로 애그리게이트 상태 변경에만 ACID를 사용하고 애그리게이트간에는 결과적 일관성^{Eventual Consistency}을 사용합니다.

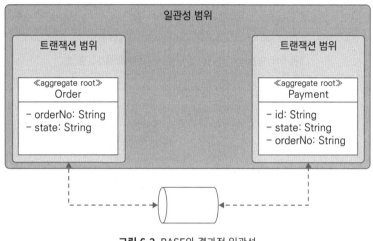

그림 6-2 BASE와 결과적 일관성

주문 프로세스에 참여하는 마이크로서비스는 주문의 상태를 대기/처리 중/완료와 같이 소프트 스테이트^{soft state}로 프로세스의 진행과 완료를 관리하고 카프카로 대표되는 브로커를 활용해 메시지를 주고 받으면서 결과적 일관성를 달성합니다. 이벤트를 사용하면 요청-응답간 대기 시간을 감소시키고 데이터베이스 잠금을 더 짧게 사용하므로 더 많은 요청을 처리할 수 있습니다.

그림 6-3과 6-4는 주문 요청 시 주문 프로세스에서 주문과 결제 애그리게이트의 상태 변화를 보여줍니다. 각 서비스는 데이터의 일관성을 유지하기 위해 언제 어떤 이벤트를 발행할지, 반대로 이벤트를 수신했을 때 무엇을 처리해야 할지 알고 있어야 합니다.

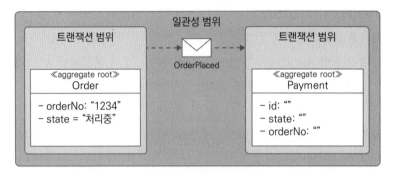

그림 6-3 이벤트와 결과적 일관성 - 주문완료/결제진행 중

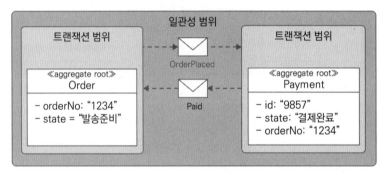

그림 6-4 이벤트와 결과적 일관성 - 결제완료/주문완료(발송준비)

그림 6-5는 잔액이 부족해 결제 서비스에서 실패가 발생했을 때 주문 애그리게이트의 상태 변화를 보여줍니다. "잔액부족" 시나리오에서 사용자가 주문을 조회하면 사용자 인터페이스는 주문 상태를 "결제대기", 상세 사유를 "잔액부족"으로 표시하고 사용자가 다시 결제를 시도할 수 있는 버튼을 제공합니다.

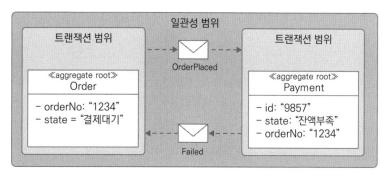

그림 6-5 이벤트와 결과적 일관성 – 주문완료/결제실패

외부 결제 대행 서비스가 일시적 장애로 오류가 발생하더라도 결제 서비스는 기능의 완전성을 제공해야 합니다. 오류가 발생하면 내부적으로 재시도 패턴을 사용합니다. 예를 들어 1초 대기 후 최대 3회까지 다시 결제를 시도해 보고 계속 오류가 발생할 때 실패 이벤트를 발행합니다.

6.1 기업 통합 패턴

마이크로서비스 아키텍처에서 결과적 일관성은 비즈니스 프로세스에 참여하는 시스템 간 협력의 결과입니다. 그레고르 호페Gregor Hohpe와 바비 울프Bobby Woolf는 기업 통합 패턴Enterprise Integration Patterns에서 시스템 간 다양한 협력 패턴을 소개했습니다. 패턴들 중 결과적 일관성에 활용할 수 있는 라우팅 슬립Routing Slip과 프로세스 매니저Process Manager 패턴을 간략하게 살펴봅니다.

6.1.1 라우팅 슬립 패턴

이 패턴은 사전에 정의한 규칙에 따라 수신한 메시지를 하나 이상의 대상으로 라우팅합니다. 경우에 따라 단일 구성 요소(프로시저)가 아닌 일련의 구성 요소를 통과해야 하기도 합니다. 이는 처리 단계와 비즈니스 규칙을 충족하는지 검사하는 파이프-필터 아키텍처로 볼 수 있습니다. 각 필터는 수신 메시지를 검사하고 다양한 비즈니스 규칙을 적용한 후 그 결과를 다음 필터로 전달합니다. 비즈니스 규칙은 매우 복잡할 수 있고 때로는 외부 시스템과 커뮤니케이션한 결과에 따라 달라지기도 합니다.

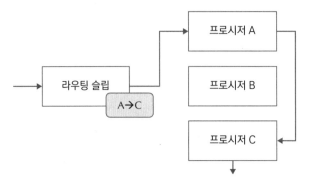

그림 6-6 라우팅 슬립 패턴

메시지가 도착하면 시작 프로시저 A는 메시지를 검사해 자신이 처리할지 아니면 다음 프로시저로 전달할지 결정합니다. 자신이 처리해야 하면 처리 후 결과를 다음 프로시저에 전달합니다. 단순한 비즈니스 프로세스는 이 패턴을 활용해 마이크로서비스간 협업 순서를 정의할 수 있습니다.

6.1.2 프로세스 매니저 패턴

라우팅 슬립 패턴은 메시지를 처리할 때 동적으로 라우팅될 수 있음을 보여주지만 두 가지 제약사항이 있습니다.

1. 처리 단계의 순서는 미리 결정돼 있어야 한다.

2. 처리 순서는 선형이어야 한다.

라우팅 슬립은 처리 순서가 미리 결정돼 있으므로 중간 프로세스(프로시저 A ~ C)가 내용을 기반으로 다음에 어떤 프로세스가 실행돼야 하는지 동적으로 선택하거나 처리 단계가 순차적이지 않은 상황에 사용할 수 없습니다. 또한 프로시저를 동시에 실행할 수도 없습니다.

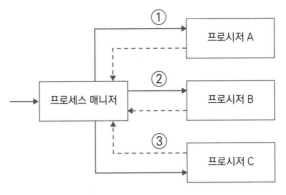

그림 6-7 프로세스 매니저 패턴

프로세스 매니저는 라우팅 슬립과 다르게 프로시저의 실행 결과를 이용해 다음에 실행할 프로시저를 결정합니다. 프로세스 매니저 패턴을 사용하면 설계 시 미리 결정한 처리 흐름만 조정할 수 있는 라우팅 슬립 패턴의 단점을 동적인 흐름을 갖도록 조정할 수 있습니다. 대부분의 워크플로우 엔진이 이 패턴을 사용합니다.

6.2 분산 트랜잭션

분산 트랜잭션을 주로 사용하는 모노리스 아키텍처와 마찬가지로 마이크로서비스 아키텍처도 분산 트랜잭션을 사용할 수 있지만 가용성과 확장성 측면에서 다시 모노리스로 되돌리는 결과를 초래합니다.

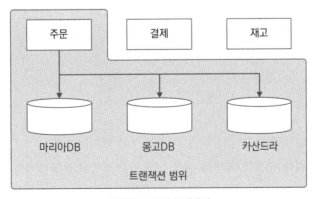

그림 6-8 분산 트랜잭션

그림 6-8은 마이크로서비스 아키텍처에서 분산 트랜잭션을 사용하는 방법을 보여줍니다. 주문 서비스가 결제와 재고 데이터베이스에 직접 접근하므로 주문 서비스가 결제와 재고를 상세하게 알아야 하는데 결과적으로 응집도가 낮고 결합도가 높은 시스템입니다. 마이크로서비스 아키텍처는 서비스가 기능을 제공하기 위해 최적의 데이터 저장소(관계형 데이터베이스, 몽고디비, 카산드라 등)를 자유롭게 선택할 수 있습니다. 하지만 선택한 데이터 저장소가 2PC[2-Phase Commit]로 알려진 X/A 프로토콜을 지원하지 않으면 분산 트랜잭션을 사용할 수 없습니다.

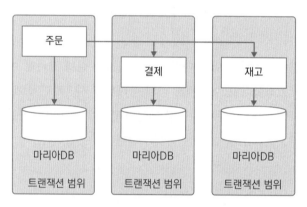

그림 6-9 서비스간 분산 트랜잭션

그림 6-9는 주문, 결제, 재고 서비스 모두 자신만의 로직을 가지고 분산 트랜잭션을 지원하는 데이터베이스를 사용합니다. 하지만 비즈니스 트랜잭션에 참여하는 서비스가 API로 협력하는 경우 독립적인 트랜잭션을 소유하기 때문에 결제나 재고 서비스에서 오류가 발생하면 주문을 롤백할 수 없습니다. 결론적으로 마이크로서비스 아키텍처는 일관성을 유지하기 위해 분산 트랜잭션을 사용할 수 없습니다.

6.3 사가

사가는 장기 실행 트랜잭션[Long-running transaction]에서 데이터베이스 잠금을 오랫동안 유지해야 하는 문제를 해결하기 위해 짧은 트랜잭션 집합으로 분해해서 관리하는 접근법입니다. 마이크로서비스 아키텍처에서 사가는 조금 다른 시나리오를 적용해 데이터의 일관성을 유지하는데 사용합니다.

사가는 사전적 의미로 "일련의 사건"입니다. 마이크로서비스 아키텍처에서 일련의 사건은 비즈니스 프로세스를 완성하는 여러 서비스간의 협력에서 발생하는 개별 트랜잭션의 순서입니다. 사가는 비즈니스 트랜잭션을 구성하는 여러 트랜잭션들 중 하나에서 오류가 발생하면 이전에 완료된 트랜잭션을 이전 상태로 되돌리는 트랜잭션(보상 트랜잭션)을 실행합니다.

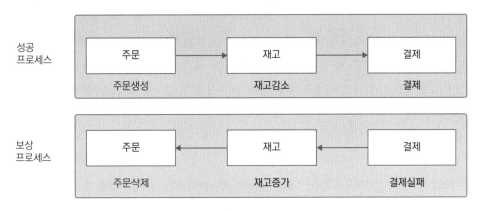

그림 6-10 사가

그림 6-10은 주문 비즈니스 프로세스에서 주문, 재고, 결제 서비스는 독립적인 트랜잭션으로 도메인 객체의 상태 변경을 보여줍니다. 성공 프로세스를 살펴보면 주문 서비스가 Order 애그리게이트를 생성하고 OrderPlaced 이벤트를 발행합니다. OrderPlaced 이벤트를 수신한 재고 서비스는 주문한 상품의 재고를 차감합니다. 보상 프로세스에서 결제 서비스가 결제를 시도하고 결제 대행 서비스의 일시적인 장애로 오류[PaymentFailed]가 발생하면 주문 서비스는 Order 객체를 삭제하고 재고 서비스는 Product의 재고 수량을 다시 증가시킵니다.

분산 트랜잭션을 사용하면 개별 트랜잭션이 아직 진행 중이라 롤백할 수 있는 반면 마이크로서비스 아키텍처는 주문과 재고 서비스가 이미 트랜잭션을 커밋했기 때문에 롤백할 수 없습니다. 이런 이유로 "롤백"이라 하지 않고 "보상"이란 언어를 사용합니다.

사가는 오케스트레이션^{Orchestration}과 코레오그래피^{Choreography} 두 가지 방법으로 구현할 수 있습니다. 오케스트레이션은 하나의 서비스가 트랜잭션에 필요한 이벤트에 반응해 일관성을 조정하는 책임을 갖는 중앙 집중형이고 코레오그래피는 참여하는 모든 서비스가 자율적으로 도메인 이벤트에 반응해 일관성을 달성하는 분산형이라 할 수 있습니다.

사가는 보상하는 방법만 정의하고 있어 일반적으로 비즈니스 트랜잭션의 각 스텝에서 상태를 중앙에서 관리하는 프로세스 매니저를 함께 사용해 보상 프로세스를 진행시킵니다. 또한 일관성을 유지하기 위해 비즈니스 트랜잭션에 참여하는 애그리게이트간에 트랜잭션을 구분하는 값을 주고 받아야 합니다.

6.3.1 상관 관계 아이디

결과적 일관성은 애그리게이트 식별자를 상관 관계 아이디(Correlation Identifier)로 사용합니다. 주문 프로세스에서 주문을 생성하면 결제와 배송 마이크로서비스는 주문번호(orderNo)를 상관 관계 아이디로 사용해 각각 결제와 배송 애그리게이트를 생성합니다. 주문 이후 주문취소, 배송 프로세스도 같은 주문번호를 사용합니다.

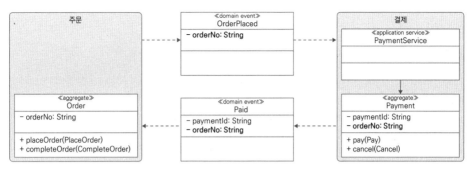

그림 6-11 주문과 상관 관계 아이디

결제 서비스는 결제 후 주문 번호(orderNo)를 포함한 Paid 이벤트를 발행합니다. 결제 완료 이벤트를 수신한 주문 서비스는 상관 관계 아이디인 주문 번호로 해당 주문을 찾아 결제 상태를 완료로 변경합니다. 실패 이벤트를 받으면 실패 사유에 따라 비즈니스 프로세스에서 정의한 보상 기능을 수행하고 새로운 상태로 변경합니다.

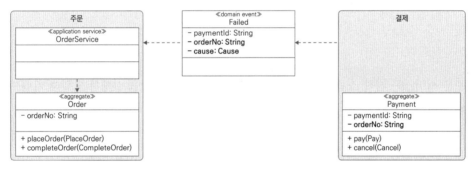

그림 6-12 결제 실패와 상관 관계 아이디

6.3.2 오케이스레이션

주문 마이크로서비스가 비즈니스 프로세스에 필요한 모든 작업을 알고 있으며 이벤트가 발생할 때마다 프로세스의 다음 스텝을 결정합니다. 다시 말해 주문 마이크로서비스가 프로세스 흐름의 전체 제어권을 가집니다. 그림 6-13은 오케스트레이션 방식을 사용했을 때 주문과 협력하는 재고, 결제, 배송 서비스간 주고 받는 이벤트 순서를 보여줍니다.

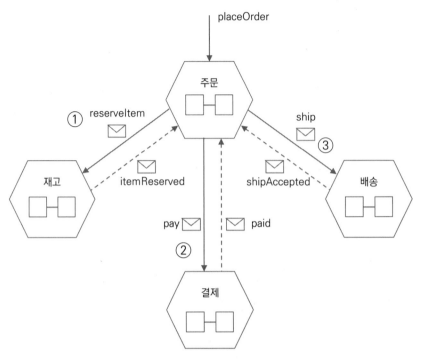

그림 6-13 오케스트레이션 – 주문 성공 시나리오

주문 서비스는 시작 스텝을 완료(주문 요청 접수)하면 다음 스텝을 실행하기 위해 커맨드를 발행하고 응답 토픽에서 결과를 기다립니다. 협력에 참여하는 다른 서비스는 주문 서비스가 발행한 커맨드에 반응해 처리 후 결과(상품 예약, 결제 완료, 배송 접수)를 응답 토픽으로 발행합니다. 주문 마이크로서비스는 응답 토픽에서 수신한 이벤트가 성공이면 다음 스텝을 처리할 마이크로서비스에 커맨드를 한번 더 발행합니다. 응답 토픽에 주문 프로세스의 마지막 스텝 결과로 성공이 도착하면 비즈니스 프로세스를 완료합니다.

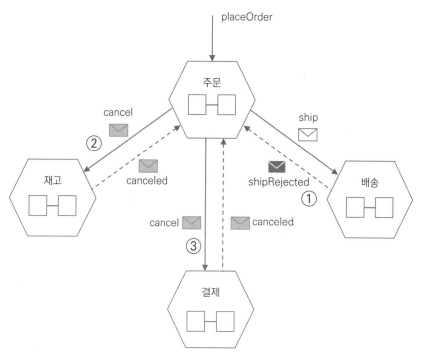

그림 6-14 오케스트레이션 – 주문 실패(배송예약) 시나리오

반대로 배송 마이크로서비스는 배송 처리 중 오류가 발생하면 shipRejected 이벤트를 발행합니다. 실패 이벤트를 수신한 주문 마이크로서비스는 재고와 결제 서비스에 해당 주문을 취소하는 커맨드를 발행합니다. 취소 커맨드를 수신한 재고와 결제 서비스는 각각 재고를 다시 증가시키고 결제를 취소해서 비즈니스 프로세스를 종료합니다.

오케스트레이션 방식에서 주문 서비스는 비즈니스 프로세스의 진행 상태를 관리하는 객체가 필요합니다. 상태 관리 객체는 직접 구현하거나 스프링 스테이트 머신과 같은 라이브러리를 사용할 수 있습니다. 또한 주문 서비스도 일시적으로 장애가 발생할 수 있으므로 프로세스의 진행 상태를 데이터베이스에 저장하고 서비스가 다시 시작했을 때 저장한 진행 상태를 조회하고 다음 스텝을 계속 진행시켜야 합니다.

6.3.3 코레오그래피

오케스트레이션 방식은 주문 마이크로서비스가 전체 흐름을 제어하지만 코레오그래피 방식은 개별 마이크로서비스가 설계 시 부여한 책임을 가지고 자율적으로 비즈니스 트랜잭션에 참여합니다.

주문 서비스와 결제, 재고, 배송 서비스는 비즈니스 프로세스를 완료하기 위해 서로 어떤 메시지를 발행하고 반응해 무엇을 처리할지 상세하게 정의합니다. 마이크로서비스는 자신이 반응하기로 한 메시지를 수신하면 설계 시 부여한 기능을 실행(일반적으로 처리, 처리 결과를 이벤트로 발행)합니다. 중간 스텝에서 실패가 발생하면 각 서비스는 실패 이벤트에 반응해 개별적으로 보상 로직을 실행합니다. 그림 6-15는 코레오그래피 방식을 사용할 때 비즈니스 프로세스의 흐름을 보여줍니다.

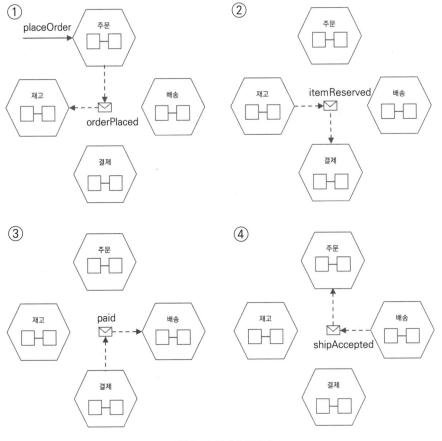

그림 6-15 코레오그래피

코레오그래피는 일련의 흐름을 병렬로 처리할 수 있는 유연함이 있습니다. 주문 서비스가 OrderPlaced 이벤트를 발행하면 재고, 결제, 배송 서비스는 설계 시 부여한 기능을 동시에 수행하고 결과를 이벤트로 발행합니다. 하지만 코레오그래피는 비즈니스 프로세스 전체를 파악하기 어려운 단점이 있어 명확한 문서화 및 현행화가 필요하고 단순하거나 자주 변하지 않는 프로세스에 적용하는 것이 좋습니다.

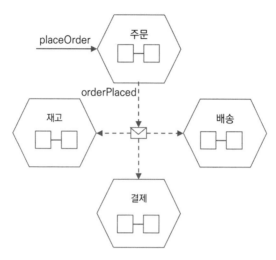

그림 6-16 코레오그래피와 병렬 처리

6.3.4 타임아웃

전체 비즈니스 트랜잭션에 참여하는 마이크로서비스 중 하나에서 장애가 발생해 서비스를 제공할 수 없는 상태가 되거나 급격한 부하 증가로 처리 시간이 지연될 수 있습니다. 일시적인 장애 또는 응답 지연을 고려해 비즈니스 트랜잭션의 타임아웃Timeout도 고려해야 합니다. 타임아웃은 데이터가 일관성을 유지하지 못한 채 비즈니스 트랜잭션이 장시간 방치되는 것을 방지합니다.

참고

사가 패턴을 지원하는 일부 라이브러리나 프레임워크는 타임아웃 대신 데드라인(Deadline)이라 부르기도 합니다.

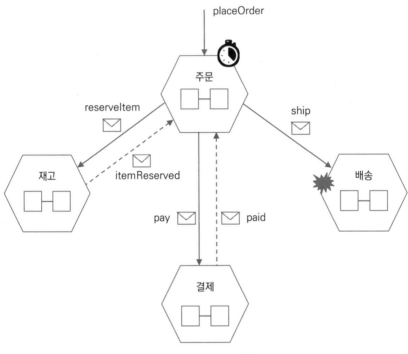

그림 6-17 사가와 타임아웃

그림 6-17은 비즈니스 트랜잭션의 타임아웃 상황을 보여줍니다. 주문 마이크로서비스는 트랜잭션의 타임아웃(예를 들어 5초)을 지정하고 트랜잭션을 시작합니다. 배송 마이크로서비스에 장애가 발생해 타임아웃이 발생하기 전에 기대하는 성공/실패 이벤트를 받지 못하면 그림 6-18처럼 취소 메시지를 발행하고 취소 메시지를 받은 서비스는 보상 로직을 실행합니다. 트랜잭션 타임아웃은 오케스트레이션과 코레오그래피 두 가지 방식에서 모두 고려해야 합니다.

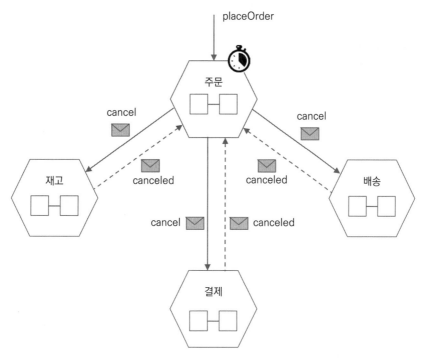

그림 6-18 사가, 타임아웃과 보상 메커니즘

적재 적소에 보상 트랜잭션을 적용하면 복잡한 케이스에서 코드를 단순하게 유지하면서 확장 가능한 서비스 구현이 가능합니다. 하지만 일부 트랜잭션은 완료되지 않은 상태로 계속 남아 있어 사용자가 직접 조정해야 합니다. 오픈 마켓에서 재고에 상관없이 주문을 받고 재고가 부족할 때 판매자가 주문을 취소하는 것도 일종의 보상 로직입니다.

전통적인 데이터와 트랜잭션 관점에서 보상 트랜잭션은 시스템이 완벽하게 처리할 수 없다고 생각할 수 있습니다. 크리스 리차드슨은 "보상 로직은 비즈니스 프로세스에서 실패하지 않도록 설계해야 한다."고 말했는데 이는 데이터베이스가 제공하는 롤백처럼 완벽한 롤백을 의미하지 않습니다. 또한 분산 트랜잭션을 사용해 일관성을 유지하는 방법에 익숙한 개발자에게 보상 트랜잭션은 기술적으로 수용 불가한 방법일 수 있습니다. 하지만 도메인 전문가는 일관성을 달성하는데 소요되는 시간에 관대하거나 거의 신경쓰지 않는 경우가 많으므로 충분한 활용 가치가 있습니다.

6.3.5 의미적 잠금

주문 생성 후 재고와 결제가 완료되기 전까지 일시적으로 전체 프로세스가 아직 완료되지 않았음을 알 수 있는 방법이 필요합니다. 마이크로서비스 아키텍처에는 비즈니스 프로세스에 참여하는 서비스에서 데이터베이스의 잠금 기능을 사용하지 않고 앞서 설명한 소프트 스테이트를 사용합니다. 데이터베이스 잠금과 달리 논리적임을 강조하기 위해 이를 의미적 잠금Semantic Lock이라 부르기도 합니다. 일반적으로 트랜잭션이 완료되지 않은 데이터는 사용자에게 보여주지 않지만 의미적 잠금은 데이터를 조회했을 때 화면에 보이는 것이 더 자연스럽기도 합니다.

프론트엔드는 주문 담당자가 주문 목록을 조회하면 목록에는 보이지만 상태를 "결제 대기"로 표시하고 완료된 주문과 달리 주문확인, 배송 준비 중처럼 상태를 변경하는 명령을 내릴 수 없게 버튼들을 비활성합니다. 다시 조회했을 때 주문이 완료됐으면 비활성화시킨 버튼을 다시 활성화시켜 상태를 변경할 수 있습니다. 백엔드는 아직 완료되지 않은 주문이 다른 커맨드를 받으면 상태를 확인해 적절한 결과를 반환해야 합니다. 예를 들어 "결제 대기 중"이면 주문확인이나 배송시작 요청을 처리하지 않고 예외를 발생시킵니다. 의미적 잠금은 이벤트 소싱과 사가에서 구현해 봅니다.

6.4 계좌 이체

에릭 에반스는 도메인 주도 설계에서 "도메인 서비스"를 사용하는 것이 더 자연스러운 사례로 계좌 이체를 소개했습니다. 하지만 도메인 서비스를 사용하면 그림 6-19처럼 일관성 범위가 트랜잭션과 같아 필요할 때 서비스를 분리하기 어려운 한계가 있습니다.

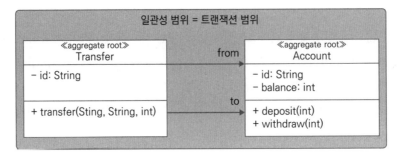

그림 6-19 도메인 서비스와 일관성

사례로 구현할 기능도 같은 계좌 이체지만 도메인 서비스가 아닌 두 개의 애그리게이트를 사용하고 향후 두 개의 서비스로 분리될 수 있을 것으로 가정합니다. 그림 6-20은 반 버논의 애그리게이트 설계 규칙을 적용한 계좌 이체 도메인 모델입니다.

Transfer는 계좌 이체로 출금과 입금할 두 개의 Account와 관계가 있고 Transfer는 입금/출금할 Account의 식별자(from, to 속성)를 속성으로 참조합니다. 계좌 이체는 일관성의 범위로 한 개의 Transfer와 두 개의 Account 애그리게이트가 참여하고 애그리게이트마다 독립적인 데이터베이스 트랜잭션을 소유합니다.

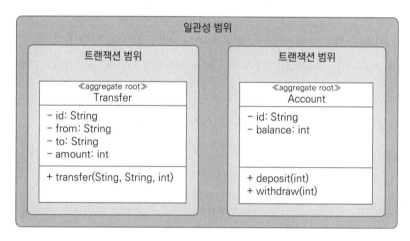

그림 6-20 계좌 이체와 트랜잭션/일관성 범위

계좌 이체는 출금을 먼저 시도하고 성공하면 입금을 처리하는 것이 일반적인 비즈니스 프로세스지만 보상 트랜잭션 상황을 만들기 위해 입금을 먼저 처리하고 출금 시 잔액이 부족할 때 입금을 취소합니다.

단일 마이크로서비스에서 애그리게이트간 일관성을 오케이스트레이션과 코레오그래피 방식으로 계좌 이체를 단계별로 구현합니다. 결과적 일관성을 구현하는 방법을 이해하면 카프카를 활용해 이벤트를 주고 받도록 transfer와 account 서비스를 분리할 수 있습니다.

6.4.1 오케스트레이션

오케스트레이션 방식에서 계좌 이체 성공 시나리오는 다음과 같은 흐름을 가집니다.

1. 사용자가 transfer 서비스에 "TransferMoney" 커맨드로 이체를 요청한다.

2. transfer 서비스는 Transfer 애그리게이트를 생성하고 [TransferCreated] 이벤트를 발행한다.

3. TransferOrchestrator가 [TransferCreated] 도메인 이벤트에 반응해 to 계좌에 Deposit 커맨드를 발행한다.

4. Deposit 커맨드를 수신한 account 서비스는 to 계좌에 입금 처리하고 [Deposited] 이벤트를 발행한다.

5. TransferOrchestrator는 [Deposited] 이벤트를 수신하고 transfer 서비스에 입금 완료로 처리하는 [CompleteDeposit] 커맨드를 발행한다.

6. TransferOrchestrator는 transfer 서비스가 입금 완료를 처리하면 from 계좌에 Withdraw 커맨드를 발행한다.

7. Withdraw 커맨드를 수신한 account 서비스는 from 계좌에서 출금을 처리하고 [Withdrawed] 이벤트를 발행한다.

8. TransferOrchestrator는 [Withdrawed] 이벤트에 반응해 transfer 출금 완료로 처리하는 [CompleteWithdraw] 커맨드를 발행한다.

○ transfer 서비스는 CompleteDeposit, CompleteWithdraw 커맨드를 처리하고 계좌 이체 완료를 검사해 입금/출금을 모두 완료했으면 계좌 이체 상태를 완료로 변경한다.

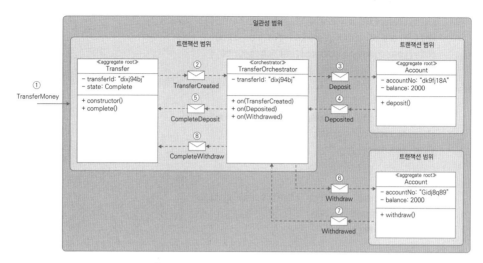

그림 6-21 오케스트레이션과 계좌 이체 성공 흐름

예제 6-1은 계좌 이체 애그리게이트입니다. 상관 관계 아이디로 Transfer 애그리게이트 식별자인 transferId를 사용합니다. Transfer 애그리게이트는 TransferMoney 커맨드를 생성자 파라미터로 사용하고 입금과 출금이 성공하면 complete 메소드로 입금과 출금 상태를 변경합니다. 반대로 입금과 출금 중 하나가 실패하면 계좌 이체를 취소합니다.

예제 6-1 Transfer 애그리게이트

```java
public class Transfer {

  private String transferId;

  private String fromAccount;
  private boolean withdrawed;

  private String toAccount;
  private boolean deposited;

  private int amount;

  private boolean completed;

  public Transfer(TransferMoney command) {
```

```
    this.transferId = command.getTransferId();
    this.fromAccount = command.getFromAccount();
    this.toAccount = command.getToAccount();
    this.amount = command.getAmount();
  }

  public void complete(CompleteDeposit command) {
    this.deposited = true;
    this.complete();
  }

  public void complete(CompleteWithdraw command) {
    this.withdrawed = true;
    this.complete();
  }

  public void complete() {
    if (this.withdrawed && this.deposited) {
      this.completed = true;
    }
  }

  public void cancel(CancelTransfer command) {
    this.completed = false;
  }

}
```

Transfer의 비즈니스 프로세스 진행을 관리하는 TransferOrchestrator를 선언합니다. 이 클래스는 계좌 이체 트랜잭션에서 Transfer와 Account가 발행하는 다양한 이벤트에 반응하면서 메시지(커맨드, 이벤트)를 발행합니다.

- 계좌 이체를 시작하면 transferId를 할당(1)해 입금 커맨드를 발행(2)한다.

- 입금 완료 이벤트를 수신(3)하면 출금 커맨드를 발행(4)한다.

- 출금 완료 이벤트를 수신(5)하면 TransferService가 제공하는 complete를 호출해 트랜잭션을 완료(6)한다.

```java
@Component
public class TransferOrchestrator {

  private final TransferService transferService;
  private final Gateway gateway;

  public TransferOrchestrator(TransferService transferService,
                              Gateway gateway) {
    this.transferService = transferService;
    this.gateway = gateway;
  }

  @EventListener
  public void on(TransferCreated event) {
    Deposit deposit = new Deposit(event.getToAccount(),
                          event.getAmount(),
                          Optional.of(event.getTransferId())); (1)
    this.gateway.send(deposit);                                 (2)
  }

  @EventListener
  public void on(Deposited event) {                             (3)
    if (event.getTransferId().isPresent()) {
      QueryTransfer query = new QueryTransfer(
                                  event.getTransferId().get());
      Transfer transfer = this.transferService.query(query);

      Withdraw withdraw = new Withdraw(transfer.getFromAccount(),
                                  event.getAmount(),
                                  event.getTransferId());
      this.gateway.send(withdraw);                              (4)
    }
  }

  @EventListener
  public void on(Withdrawed event) {                            (5)
    if (event.getTransferId().isPresent()) {
      CompleteWithdraw command = new CompleteWithdraw(
                                  event.getTransferId().get());
      this.transferService.complete(command);                   (6)
    }
  }
}
```

```
    }
```

TransferOrchestrator가 사용하는 Gateway는 스프링이 제공하는 메시지 전달 기능을 분리한 클래스입니다. Gateway는 커맨드를 보내는 send와 이벤트를 발행하는 publish 메소드를 제공합니다.

예제 6-3 커맨드와 이벤트 발행을 위한 게이트웨이

```java
public class Gateway {

  private final ApplicationEventPublisher eventPublisher;

  public Gateway(ApplicationEventPublisher eventPublisher) {
    this.eventPublisher = eventPublisher;
  }

  public void send(Command command) {
    this.eventPublisher.publishEvent(command);
  }

  public void publish(Event event) {
    this.eventPublisher.publishEvent(event);
  }

}
```

TransferOrchestrator가 Gateway.send 메소드를 호출해서 Account에 입금과 출금 커맨드를 전달하면 스프링은 입금과 출금 이벤트 핸들러인 DepositHandler와 WithdrawHandler의 on 메소드를 호출합니다. 각 이벤트 핸들러는 Account Service에 입금(1)과 출금(2)을 위임합니다.

예제 6-4 입/출금 이벤트 핸들러

```java
@Component
public class DepositHandler {

  private final AccountService accountService;

  public DepositHandler(AccountService accountService) {
```

```
    this.accountService = accountService;
  }

  @EventListener
  public void on(Deposit command) { (1)
    this.accountService.deposit(command);
  }

}

//

@Component
public class WithdrawHandler {

  private final AccountService accountService;

  public WithdrawHandler(AccountService accountService) {
    this.accountService = accountService;
  }

  @EventListener
  public void on(Withdraw command) { (2)
    this.accountService.withdraw(command);
  }

}
```

입금과 출금 요청을 받은 애플리케이션 서비스인 AccountService는 입금과 출금을 처리하고 Deposited, Withdrawed 이벤트를 발행합니다. 두 이벤트는 어떤 Transfer 애그리게이트와 연관돼 있는지 구별하기 위해 상관 관계 아이디로 transferId를 포함합니다.

예제 6-5 Account 애플리케이션 서비스

```
public class AccountService {

  private final AccountStore accountStore;
  private final Gateway gateway;

  public void deposit(Deposit command) {
```

```
      Account account = this.accountStore.retrieve(command.getNo());

      account.deposit(command);
      this.accountStore.update(account);

      if (command.getTransferId().isPresent()) {
        this.gateway.publish(new Deposited(command.getNo(),
                                           command.getAmount(),
                                           command.getTransferId()));
      }
    }

    public void withdraw(Withdraw command) {
      Account account = this.accountStore.retrieve(command.getNo());

      account.withdraw(command);
      this.accountStore.update(account);

      if (command.getTransferId().isPresent()) {
        this.gateway.publish(new Withdrawed(command.getNo(),
                                            command.getAmount(),
                                            command.getTransferId()));
      }
    }
  }
}
```

입금은 성공했지만 잔액 부족으로 출금에 실패한 시나리오는 다음과 같은 보상 흐름을 실행합니다.

9. AccountService는 출금 계좌에 잔액이 부족하면 [WithdrawFailed] 이벤트를 발행한다.

10. [WithdrawFailed] 이벤트를 수신한 TransferOrchestrator는 Transfer Service에 계좌 이체 취소를 요청한다.

11. TransferService는 Transfer 애그리게이트를 실패로 처리하고 [Transfer Canceled] 이벤트를 발행한다.

12. [TransferCanceled] 이벤트를 수신한 TransferOrchestrator는 [Cancel

Deposit] 커맨드를 발행한다.

13. [CancelDeposit] 커맨드를 수신한 DepositHandler는 입금을 취소한다.

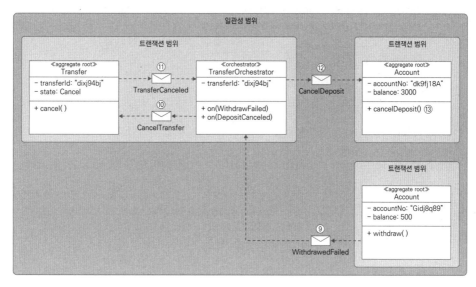

그림 6-22 계좌 이체 실패와 오케스트레이션

예제 6-6에서 AccountService는 잔액이 부족할 때 WithdrawFailed 이벤트를 발행합니다. Account 클래스는 잔액이 부족하면 NotEnoughBalanceException 예외를 던지고 AccountService는 try-catch문으로 예외 발생 시 Gateway를 이용해 이벤트를 발행합니다.

예제 6-6 잔액 부족 시 실패 이벤트 발행

```
public class AccountService {

  public void withdraw(Withdraw command) {
    Account account = this.accountStore.retrieve(command.getNo());

    try {
      account.withdraw(command);
      this.accountStore.update(account);

      if (command.getTransferId().isPresent()) {
```

```
        this.gateway.publish(new Withdrawed(command.getNo(),
                                        command.getAmount(),
                                        command.getTransferId()));
    }
  } catch (NotEnoughBalanceException e) {
    this.gateway.publish(new WithdrawFailed(
                                command.getTransferId()));
    throw e;
  }
 }

}
```

TransferOrchestrator는 WithdrawFailed 이벤트에 반응해 입금을 취소하는 CancelTransfer 커맨드를 생성해서 TransferService에게 계좌 이체 취소를 요청합니다. TransferOrchestrator는 프로세스 매니저 패턴과 유사해 다양한 프로세스 변화를 수용할 수 있습니다.

예제 6-7 잔액 부족 이벤트와 오케스트레이터

```
@Component
public class TransferOrchestrator {

  @EventListener
  public void on(WithdrawFailed event) {
    if (event.getTransferId().isPresent()) {
      CancelTransfer command = new CancelTransfer(
                                event.getTransferId().get());
      this.transferService.cancel(command);
    }
  }

  @EventListener
  public void on(TransferCanceled event) {
    CancelDeposit command = new CancelDeposit(event.getToAccount(),
                                event.getAmount(),
                                Optional.of(event.getTransferId()));
    this.gateway.send(command);
  }

}
```

TransferService는 Transfer 애그리게이트의 완료(completed) 상태를 false로 변경하고 계좌 이체 취소 이벤트를 발행합니다.

예제 6-8 계좌 이체 취소

```java
public class TransferService {

  public void cancel(CancelTransfer command) {
    Transfer transfer = this.transferStore
                              .retrieve(command.getTransferId());
    transfer.cancel(command);
    this.transferStore.update(transfer);

    this.gateway.publish(new TransferCanceled(transfer.getTransferId(),
                                      transfer.getFromAccount(),
                                      transfer.getToAccount(),
                                      transfer.getAmount()));
  }

}
```

TransferOrchestrator는 계좌 이체 취소(TransferCanceled) 이벤트에 반응해 입금을 취소하는 CancelDeposit 커맨드를 발행합니다.

예제 6-9 계좌 이체 실패

```java
@Component
public class TransferOrchestrator {

  @EventListener
  public void on(TransferCanceled event) {
    CancelDeposit command = new CancelDeposit(event.getToAccount(),
                                      event.getAmount(),
                                      Optional.of(event.getTransferId()));
    this.gateway.send(command);
  }

}
```

DepositHandler는 입금을 취소하는 CancelDeposit 커맨드에 반응해 Account Service가 제공하는 cancelDeposit 메소드를 호출해 입금을 취소합니다.

예제 6-10 입금 이벤트 핸들러와 입금 취소

```
@Component
public class DepositHandler {

  @EventListener
  public void on(CancelDeposit command) {
    this.accountService.cancelDeposit(command);
  }

}
```

AccountService.cancelDeposit 메소드는 입금했던 금액만큼 잔액을 감소시키는 보상 로직을 실행합니다.

예제 6-11 입금 취소

```
public class AccountService {

  public void cancelDeposit(CancelDeposit command) {
    Account account = this.accountStore.retrieve(command.getNo());
    account.cancelDeposit(command);
    this.accountStore.update(account);
  }

}
```

6.4.2 코레오그래피

코레오그래피 방식은 전체 흐름을 제어하는 오케스트레이터 없이 애그리게이트에서 발행한 이벤트에 핸들러가 직접 반응해 비즈니스 트랜잭션을 처리합니다. 오케스트레이션 방식에서 구현한 TransferService, Transfer 애그리게이트는 비즈니스 트랜잭션 흐름과 관계 없는 기본 기능만 제공하므로 많은 변경이 필요하지 않습니다.

코레오그래피는 애그리게이트 단위로 발행하는 이벤트에 반응해 처리를 위임하는 클래스를 추가합니다. 코레오그래피는 사전에 설계된 프로세스로만 진행하므로 라우팅 슬립 패턴과 유사합니다.

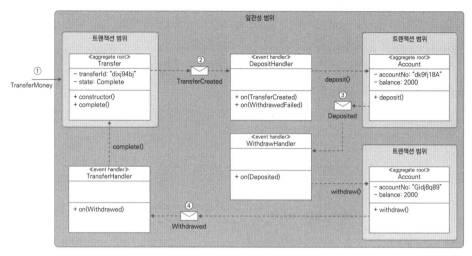

그림 6-23 계좌 이체 성공과 코레오그래피

DepositHandler는 TransferCreated 이벤트에 직접 반응해 AccountService에 입금 처리를 위임합니다. AccountService.deposit는 입금을 처리하고 성공 이벤트인 Deposited를 발행합니다.

예제 6-12 입금 이벤트 핸들러

```
@Component
public class DepositHandler {

  private final AccountService accountService;

  @EventListener
  public void on(TransferCreated event) {
    Deposit command = new Deposit(event.getToAccount(),
                                  event.getFromAccount(),
                                  event.getAmount(),
                                  Optional.of(event.getTransferId()));
    this.accountService.deposit(command);
```

```
  }

}
```

WithdrawHandler는 Deposited 이벤트에 반응해 AccountService에 출금 처리를 위임합니다. AccountService.withdraw는 출금을 처리하고 성공 이벤트인 Withdrawed를 발행합니다.

예제 6-13 출금 이벤트 핸들러

```
@Component
public class WithdrawHandler {

  private final AccountService accountService;

  @EventListener
  public void on(Deposited event) {
    Withdraw command = new Withdraw(event.getFromAccountNo(),
                                    event.getAmount(),
                                    event.getTransferId());
    this.accountService.withdraw(command);
  }

}
```

TransferHandler는 Withdrawed 이벤트에 반응해 TransferService에 계좌 이체 완료를 위임합니다. TransferService가 제공하는 complete 메소드는 계좌 이체(Transfer)의 상태를 완료로 변경합니다.

예제 6-14 출금 이벤트 핸들러

```
@Component
public class TransferHandler {

  private final TransferService transferService;

  @EventListener
  public void on(Withdrawed event) {
    if (event.getTransferId().isPresent()) {
      CompleteTransfer command = new CompleteTransfer(
```

```
                                      event.getTransferId().get());
      this.transferService.complete(command);
    }
  }

}
```

잔액 부족으로 출금에 실패하면 그림 6-24와 같은 보상 흐름을 실행합니다.

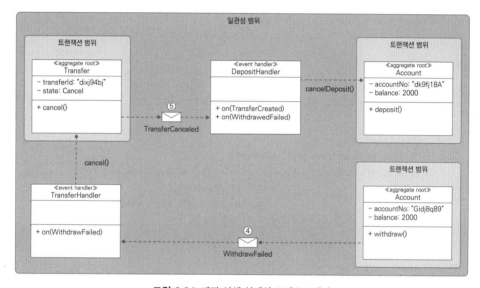

그림 6-24 계좌 이체 실패와 코레오그래피

TransferHandler는 WithdrawFailed 이벤트에 반응해 TransferService에 계좌
이체 취소를 요청합니다. TransferService.cancel 메소드는 TransferCanceled
이벤트를 발행합니다.

예제 6-15 입금 실패 이벤트 핸들러

```
@Component
public class TransferHandler {

  @EventListener
  public void on(WithdrawFailed event) {
    if (event.getTransferId().isPresent()) {
```

```
      CancelTransfer command = new CancelTransfer(
                                    event.getTransferId().get());
      this.transferService.cancel(command);
    }
  }
}
```

DepositHandler는 TransferCanceled 이벤트에 반응해 입금 취소를 Account
Service에 위임합니다. AccountService.cancelDeposit는 입금을 취소하고
DepositCanceled 이벤트를 발행합니다.

예제 6-16 입금 취소

```
@Component
public class DepositHandler {

  @EventListener
  public void on(TransferCanceled event) {
    CancelDeposit command = new CancelDeposit(event.getToAccount(),
                                event.getAmount(),
                                Optional.of(event.getTransferId()));
    this.accountService.cancelDeposit(command);
  }

}
```

지금까지 계좌 이체 시나리오에서 오케스트레이션과 코레오그래피 방식으로 일관성
을 유지하게 구현했습니다. 두 가지 방식 모두 보상 로직을 가진 메소드를 제공해야 하
는 번거로움이 있지만 이벤트를 사용해 서비스의 독립성을 높일 수 있습니다.

이어서 알아볼 이벤트 소싱을 사용하면 보다 간결한 방식으로 보상 로직을 구현할 수
있습니다.

6.5 이벤트 소싱과 결과적 일관성

회계 장부를 기입하는 방법에서 이벤트 소싱을 사용할 때 보상 트랜잭션을 처리하는 아이디어를 얻을 수 있습니다. 분개, 가수금, 상계와 같은 회계 관련 언어를 사용해 설명하는 것은 오히려 혼란스러울 수 있어 두 가지 간단한 시나리오를 사용합니다.

회계는 원장 중간에 수기로 작성한 것에 취소선을 사용할 뿐 절대 지우거나 변경하지 않습니다. 이벤트 소싱도 이벤트의 추가만 있고 변경이 없기 때문에 회계 장부와 같다고 할 수 있습니다. 담당자는 삭제 대신 정정correcting 과정을 거쳐 잔액을 맞춥니다. 오류가 있는 차액만 정정하는 것을 부분 반전Partial Reversal이라 하고 전체를 취소하고 올바른 금액으로 다시 기록하는 방법을 전체 반전Full Reversal이라고 합니다. 두 가지 방식 모두 거래 내역을 추적해 어떤 이유로 정정했는지 확인할 수 있습니다.

₩1,000을 입금해야 했는데 상대 계좌에서 금액을 잘못 입력해 ₩10,000을 입금한 경우 부분 반전은 차액인 ₩9,000을 반환합니다.

- 계좌 B에서 A로 ₩9,000을 차감해 장부의 잔액을 맞춘다.

- 차감 기록에는 정정하는 원래 거래의 오류를 추적할 수 있는 사유(ERROR 13)를 포함시킨다.

- 계산을 통해 원래 정상적으로 이체했어야 하는 금액을 유추할 수 있다.

ID	FROM	TO	AMOUNT	REASON
13	Account A	Account B	₩10000	
27	Account B	Account A	₩9000	ERROR 13

그림 6-25 회계와 부분 반전

전체 반전은 같은 상황에서 잘못된 입금액 전체를 반환하고 다시 정상적인 금액을 입금 받습니다.

- 계좌 B에서 A로 ₩10,000을 다시 송금해 잘못된 입금 자체를 취소한다.

- 이 송금은 취소돼야 하는 거래를 추적할 수 있도록 사유(ERROR 13)를 포함한다.

- 원래 의도한 대로 계좌 A에서 B로 ₩1,000을 다시 이체한다.

ID	FROM	TO	AMOUNT	REASON
13	Account A	Account B	₩10000	
27	Account B	Account A	₩10000	ERROR 13
29	Account A	Account B	₩1000	

그림 6-26 회계와 전체 반전

회계 장부에서 잘못된 입금/출금 처리 방법을 이벤트 소싱에 적용하면 보상 트랜잭션을 보다 쉽게 구현할 수 있습니다. 이벤트 소싱에서 보상 트랜잭션은 상관 관계 아이디로 커밋한 도메인 이벤트를 찾아 deleted 속성 값을 true로 변경해 리플레이 대상 이벤트에서 제외시키는 아주 간단한 메커니즘으로 구현할 수 있습니다.

> **참고**
> 4장에서 설명한 백업과 아카이빙은 회계년도가 끝났을 때 새로운 회계 장부로 바꾸는 것과 같다고 할 수 있습니다.

6.5.1 이벤트 소싱과 사가

상태 변화를 빠짐없이 기록하는 방법인 이벤트 소싱의 적용 범위를 확대하면 사가도 마이크로서비스 아키텍처에서 결과적 일관성을 제공하기 위해 사용하는 특별한 목적을 가진 이벤트 소싱이라 할 수 있습니다. 이벤트 소싱으로 사가를 구현하면 이벤트 소싱의 장점을 모두 얻을 수 있습니다.

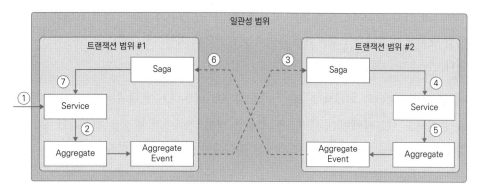

그림 6-27 트리거 역할의 사가

그림 6-27은 클라이언트 요청으로 발생하는 커맨드와 이벤트의 전달 흐름에서 Saga 객체의 역할을 보여줍니다. 서비스가 요청을 수신①하면 애그리게이트에 명령을 전달 ②합니다. 애그리게이트는 명령을 처리하고 도메인 이벤트를 발행③합니다. 오른쪽 트랜잭션 범위 #2에서 도메인 이벤트에 반응하는 Saga 객체가 이벤트를 수신해 비즈니스 트랜잭션을 완료하기 위해 서비스로 요청을 전달④합니다. 서비스는 애그리게이트에 명령을 전달⑤하고 결과로 성공 또는 실패 이벤트를 발행⑥합니다. 비즈니스 트랜잭션을 시작한 트랜잭션 범위 #1의 Saga 객체는 다시 이벤트에 반응해 트랜잭션의 최종 완료 또는 실패 처리를 다시 서비스에 위임⑦합니다.

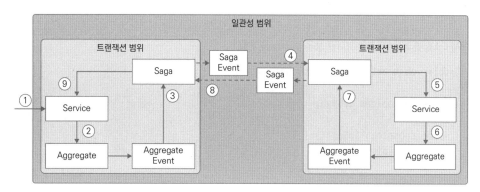

그림 6-28 비즈니스 프로세스 흐름과 Saga 객체

그림 6-28은 앞서 살펴본 방식과 달리 Saga 객체가 애그리게이트에서 발행한 도메인

이벤트에 직접 반응하는 방식으로 협력에 참여하지 않고 Saga 객체가 발행한 이벤트에만 반응해 비즈니스 트랜잭션에 참여하는 방식으로 직접적인 의존성을 제거할 수 있습니다.

이 설계는 도메인이 처리해야 하는 고유 기능과 비즈니스 트랜잭션을 조정하는 기능을 분리하고 애플리케이션 서비스를 포함한 하위 레이어의 변경을 최소화할 수 있는 장점이 있는 반면 Saga 이벤트를 추가로 정의해야 하는 단점이 있습니다.

6.5.2 의미적 잠금

계좌 이체 비즈니스 트랜잭션에서 두 개의 계좌 애그리게이트가 제공하는 입금과 출금 기능을 사용합니다. 계좌 이체 중 입금을 완료하고 출금을 진행하는 사이에 카드사에서 입금 계좌에 출금을 요청할 수 있습니다. 만약 카드사 출금 요청을 처리한 후 계좌 이체에 실패하면 일관성을 유지할 수 없습니다. 이 문제는 의미적 잠금을 사용해 비즈니스 트랜잭션에 참여하는 동안 다른 요청을 보류시켜야 합니다.

EventSourcedAggregate 클래스에 boolean 타입으로 inSaga 속성을 선언하고 비즈니스 트랜잭션에 참여할 때 true로 변경하고 종료(성공/실패)됐을 때 false로 변경하는 메소드를 추가합니다. inSaga 속성 값의 변경은 상속한 클래스에서 호출할 수 있게 protected로 선언합니다.

예제 6-17 애그리게이트와 의미적 잠금

```
public abstract class EventSourcedAggregate {

  private boolean inSaga;

  public boolean inSaga() {
    return this.inSaga;
  }

  protected void startSaga() {
    this.inSaga = true;
  }

  protected void endSaga() {
```

```
      this.inSaga = false;
  }

}
```

예제 6-18은 Account 애그리게이트가 입금 요청을 받았을 때 inSaga 속성으로 비즈니스 트랜잭션에 참여 중인지 확인합니다. 이 속성이 true이면 비즈니스 트랜잭션이 완료되지 않았음을 알리기 위해 예외를 던지고 false이면 입금 요청을 처리하고 상관 관계 아이디를 포함한 이벤트를 발행합니다.

예제 6-18 계좌 이체 트랜잭션에 참여 중인 계좌와 의미적 잠금

```
public class Account extends EventSourcedAggregate {

  public void deposit(Deposit command) {
    if (this.inSaga()) {
      throw new IllegalStateException(
                    String.format("Account(%s) is in saga.",
                                  command.getAccountNo()));
    }

    Deposited event = new Deposited(command.getAmount(),
                                    command.getTransferId());
    event.correlationId(command.getTransferId());
    this.apply(event);
  }

}
```

이 메소드를 사용하는 애플리케이션 서비스인 AccountService는 기능의 완결성을 위해 바로 예외를 발생시키지 않고 @Retryable 어노테이션을 이용해서 몇 번의 재시도 후 예외를 발생시킬 수 있습니다. 또한 예제는 inSaga 속성을 선언해 비즈니스 트랜잭션에 참여 중인지 확인하지만 주문 애그리게이트에서 "결제 중"과 같이 비즈니스에서 정의한 상태로 inSaga 속성을 대신할 수 있습니다.

6.5.3 결과적 일관성

앞서 알아본 계좌 이체를 이벤트 소싱으로 구현해 봅니다. 오케스트레이션과 코레오그 래피 중 어떤 방식을 선택하더라도 상태를 관리하면 복잡도를 낮출 수 있으므로 커맨 드 없이 이벤트에만 반응하면서 상태를 관리하고 입금과 출금을 동시에 처리합니다. 추가로 이벤트 소싱을 활용해 트랜잭션의 상태 변화를 기록하면 7장에서 소개할 감사 사례의 이벤트 통합 저장소처럼 CQRS를 적용해 비즈니스 트랜잭션 데이터를 수집해 모니터링할 수 있습니다.

그림 6-29와 6-30은 Saga 이벤트에 반응하고 TransferSaga 객체로 상태를 관리 하면서 입금과 출금을 처리하는 흐름을 보여줍니다.

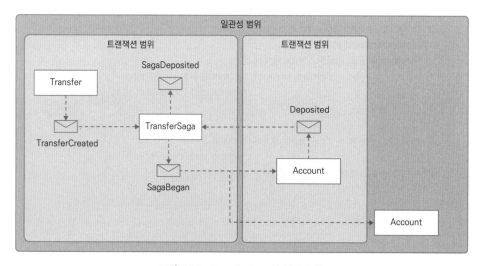

그림 6-29 TransferSaga와 입금 흐름

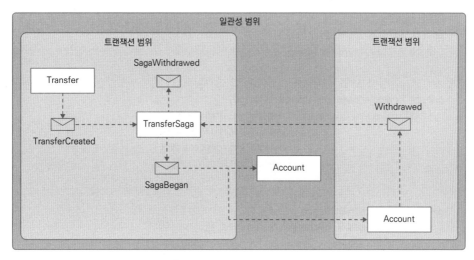

그림 6-30 TransferSaga와 출금 흐름

이벤트 소싱을 적용한 입금과 출금 상태를 관리하는 TransferSaga 객체는 애그리게이트와 같은 방법으로 커맨드를 처리하고 이벤트를 발행합니다. Saga는 기술 언어이면서 도메인 객체를 직접 사용하지 않으므로 클래스 이름에 사용할 수 있습니다. BeginSaga, SagaBegan과 같이 커맨드와 이벤트 클래스 이름에 Saga를 포함시켜 선언합니다.

TransferSaga가 상속하는 EventSourcedSaga는 4장에서 이벤트 소싱을 적용하는 애그리게이트가 상속하는 EventSourcedAggregate, AggregateStore와 크게 다르지 않습니다.

예제 6-19 TransferSaga와 이벤트 소싱

```
public class TransferSaga extends EventSourcedSaga {

    private String transferId;
    private String fromAccountNo;
    private String toAccountNo;
    private int amount;
    private boolean deposited;
    private boolean withdrawed;
```

```java
@Override
public String identifier() {
  return this.transferId;
}

public TransferSaga(BeginSaga command) {
  this.apply(new SagaBegan(command.getTransferId(),
                           command.getFromAccountNo(),
                           command.getToAccountNo(),
                           command.getAmount()));
}

private void on(SagaBegan event) {
  this.transferId = event.getTransferId();
  this.fromAccountNo = event.getFromAccountNo();
  this.toAccountNo = event.getToAccountNo();
  this.amount = event.getAmount();
  this.startSaga();
}

public void deposit() {
  this.apply(new SagaDeposited(this.getTransferId()));
}

private void on(SagaDeposited event) {
  this.deposited = true;
  if (this.deposited && this.withdrawed) {
    this.endSaga();
  }
}

public void withdraw() {
  this.apply(new SagaWithdrawed(this.transferId));
}

private void on(SagaWithdrawed event) {
  this.withdrawed = true;
  if (this.deposited && this.withdrawed) {
    this.endSaga();
  }
}

public void complete() {
  try {
```

```
      logger.info("TransferSaga.complete() - sleep ...");
      Thread.sleep(3000);  // 동시성 테스트
    } catch (InterruptedException e) {
      throw new RuntimeException(e);
    }

    this.apply(new SagaCompleted(this.transferId,
                                 this.fromAccountNo,
                                 this.getToAccountNo(),
                                 this.amount));
  }

  private void on(SagaCompleted event) {
    this.endSaga();
  }

  public void cancel(CancelSaga command) {
    this.apply(new SagaCanceled(this.transferId,
                                this.fromAccountNo));
  }

  private void on(SagaCanceled event) {
    this.endSaga();
  }

  @Override
  public boolean completed() {
    return deposited && withdrawed;
  }

}
```

예제 6-20은 transfer 서비스가 발행하는 Saga 이벤트와 account 서비스가 발행하는 도메인 이벤트에 반응해 일관성을 달성합니다.

1. Transfer 애그리게이트에서 발행한 [TransferCreated] 도메인 이벤트에 반응해 TransferSaga를 시작한다.

2. Account 애그리게이트에서 발행한 [Deposited], [Withdrawed] 도메인 이벤트에 반응해 TransferSaga의 상태를 변경하고 완료 여부를 확인한다.

3. 입금/출금이 모두 완료됐으면 TransferSaga를 완료 처리하고 Transfer를 종료 상태로 변경한다.

4. 출금이 실패해 [WithdrawFailed] 이벤트를 수신하면 TransferSaga를 취소 처리하고 Transfer도 취소한다.

5. Transfer가 취소되면 [TransferSagaCanceled] 이벤트를 발행하고 account 서비스는 상관 관계 아이디로 입금 이벤트를 삭제로 변경한다.

> **참고**
>
> 사가 흐름을 조정하는 클래스의 역할은 Orchestrator에서 Choreograhpy로 또는 반대로 기민하게 변경하기 위해 Coordinator로 네이밍했습니다.

이 구현은 TransferCreated 이벤트에 반응해 입금과 출금을 동시에 처리하면서 Deposited 이벤트 핸들러가 TransferSaga 상태를 변경하고 데이터베이스에 저장하는 동안 Withdrawed 이벤트 핸들러도 반응해 데이터베이스 동시성 문제가 발생하므로 @Retryable 어노테이션을 사용해 재시도 패턴을 적용합니다.

예제 6-20 도메인 이벤트에 반응하는 Coordinator

```java
@Component
public class TransferSagaCoordinator {

  private final String SAGA_NAME = "Transfer";

  private final TransferService transferService;
  private final SagaStore<TransferSaga> sagaStore;

  @EventListener
  public void on(TransferCreated event) {
    BeginSaga command = new BeginSaga(event.getTransferId(),
                                      event.getFromAccountNo(),
                                      event.getToAccountNo(),
                                      event.getAmount());
    TransferSaga saga = new TransferSaga(command);
    this.sagaStore.save(saga);
```

```
  }

  @Retryable
  @EventListener
  public void on(Withdrawed event) {
    if (event.getTransferId() == null) {
      return;
    }

    TransferSaga saga = this.sagaStore.load(event.getTransferId());

    if (saga.inSaga()) {
      saga.withdraw();
      this.sagaStore.save(saga);
    }
  }

  @Retryable
  @EventListener
  public void on(Deposited event) {
    if (event.getTransferId() == null) {
      return;
    }

    TransferSaga saga = this.sagaStore.load(event.getTransferId());
    if (saga.inSaga()) {
      saga.deposit();
      this.sagaStore.save(saga);
    }
  }

  @EventListener
  public void on(SagaWithdrawed event) {
    TransferSaga saga = this.sagaStore.load(event.getTransferId());

    if (saga.inSaga()) {
      saga.complete();
      this.sagaStore.save(saga);
    }
  }

  @EventListener
  public void on(SagaDeposited event) {
    TransferSaga saga = this.sagaStore.load(event.getTransferId());
```

```java
    if (saga.completed()) {
      saga.complete();
      this.sagaStore.save(saga);
    }
  }

  @EventListener
  public void on(SagaCompleted event) {
    CompleteTransfer command = new CompleteTransfer(
                                      event.getTransferId());
    this.transferService.complete(command);
  }

  @Retryable
  @EventListener
  public void on(WithdrawFailed event) {
    if (event.getTransferId() == null) {
      return;
    }

    TransferSaga saga = this.sagaStore.load(event.getTransferId());

    if (saga.inSaga()) {
      saga.cancel(new CancelSaga(event.getTransferId()));
      this.sagaStore.save(saga);
    }
  }

  @EventListener
  public void on(SagaCanceled event) {
    CancelTransfer command = new CancelTransfer(
                                      event.getTransferId());
    this.transferService.cancel(command);
  }

}
```

예제 6-21에서 TransferAccountSagaCoordinator는 transfer 서비스가 발행한 Saga 관련 이벤트에 반응합니다. 이 클래스는 transfer 서비스의 TransferSagaCoordinator와 마찬가지로 동시성 문제가 발생할 수 있어 @Retrayable 어노테이션을 사용하면서 기본 옵션을 사용해 최대 세 번까지 재시도합니다.

예제 6-21 Saga 이벤트에 반응하는 Coordinator

```java
@Component
public class TransferAccountSagaCoordinator {

  private final AccountService accountService;
  private final AggregateEventStore aggregateEventStore;

  @Retryable(exclude =
                  { ObjectOptimisticLockingFailureException.class })
  @EventListener
  public void onDeposit(SagaBegan event) {
    Deposit command = new Deposit(event.getToAccountNo(),
                                  event.getAmount(),
                                  event.getTransferId());
    this.accountService.deposit(command);
  }


  @EventListener
  public void onWithdraw(SagaBegan event) {
    Withdraw command = new Withdraw(event.getFromAccountNo(),
                                    event.getAmount(),
                                    event.getTransferId());
    try {
      this.accountService.withdraw(command);
    } catch (Exception e) {
      e.printStackTrace();
    }
  }


  @EventListener
  public void on(SagaCanceled event) {
    CancelDeposit command = new CancelDeposit(event.getAccountNo(),
                                              event.getTransferId());
    this.accountService.cancelDeposit(command);
  }


  @EventListener
  public void on(SagaCompleted event) {
    CompleteDeposit completeDeposit = new CompleteDeposit(
                                  event.getToAccountNo(),
                                  event.getAmount(),
                                  event.getTransferId());
    this.accountService.completeDeposit(completeDeposit);
    CompleteWithdraw completeWithdraw = new CompleteWithdraw(
```

```
                                      event.getFromAccountNo(),
                                      event.getAmount(),
                                      event.getTransferId());
    this.accountService.completeWithdraw(completeWithdraw);
  }

}
```

6.5.4 타임아웃

앞서 협력에 참여하는 마이크로서비스의 처리 시간 지연 또는 장애에 대응하기 위해
타임아웃의 필요성을 설명했습니다. 여기서는 transfer 마이크로서비스에서 스레드
를 이용해 타임아웃을 구현합니다.

스프링은 일정 주기마다 특정 작업을 실행하는 기능을 구현하는데 사용할 수 있
는 몇 가지 인터페이스를 제공합니다. TaskScheduler 인터페이스가 제공하는
schedule(Runnable, Date) 오퍼레이션은 Date로 전달한 시간이 되면 Runnable.
run 메소드를 실행하는데 이 때 타임아웃 이벤트를 발행할 수 있습니다. 예제 6-22는
지정한 시간이 됐을 때 발행하는 SagaTimeExpired 이벤트 클래스입니다.

예제 6-22 사가 타임아웃 이벤트

```
public class SagaTimeExpired {
  private String correlationId;
  private String sagaType;
}
```

예제 6-23은 SagaTimeout 클래스입니다. 여전히 상관 관계 아이디로 Transfer
애그리게이트의 식별자인 transferId를 사용⑴하고 계좌 이체 비즈니스 프로세
스를 다른 비즈니스 프로세스와 구분하기 위해 sagaType에 "Transfer"를 사용
⑵합니다. 또한 대기 시간이 만료됐을 때 이벤트를 발행하기 위해 Application
EventPublisher⑷도 생성자 파라미터로 전달합니다. 마지막으로 비즈니스 트랜잭
션을 시작한 transfer 서비스도 장애가 발생해 서비스가 재시작할 수 있습니다. 서비
스를 재시작하는 사이에 설정한 타임아웃 시간이 지났을 수 있으므로 이를 확인하기

위한 만료 시간(3)도 포함시킵니다.

예제 6-23 SagaTimeout 클래스

```java
public class SagaTimeout implements Runnable {

  private String correlationId;
  private String sagaType;
  private Date expireTime;
  private boolean complete;
  private final ApplicationEventPublisher eventPublisher;

  public SagaTimeout(String correlationId,                        (1)
                     String sagaType,                             (2)
                     Date expireTime,                             (3)
                     ApplicationEventPublisher eventPublisher) {  (4)
    this.correlationId = correlationId;
    this.sagaType = sagaType;
    this.expireTime = expireTime;
    this.complete = false;
    this.eventPublisher = eventPublisher;
  }

  public void complete() {
    this.complete = true;
  }

  public static Date currentTime() {
    Calendar calendar = Calendar.getInstance();
    return calendar.getTime();
  }

  @Override
  public void run() {
    SagaTimeExpired sagaTimeExpired = new SagaTimeExpired(
                                          this.correlationId,
                                          sagaType);
    this.eventPublisher.publishEvent(sagaTimeExpired);
  }

  public boolean expired() {
    return !this.complete &&
           System.currentTimeMillis() > this.expireTime.getTime();
  }
}
```

```java
public static Date expireTime(int seconds) {
  Calendar calendar = Calendar.getInstance();
  calendar.setTime(new Date());
  calendar.add(Calendar.SECOND, seconds);

  return calendar.getTime();
  }

}
```

SagaTimeExpired 이벤트를 발행하면 TransferSagaCoordinator에 선언한 이벤트 핸들러를 실행합니다. 이벤트 핸들러는 먼저 sagaType을 비교해 자신이 처리할 타임아웃 이벤트인지 확인(1)합니다. 또한 SagaTimeExpired 이벤트는 비즈니스 트랜잭션이 정상적으로 완료돼도 발행되므로 TransferSaga가 이미 완료됐는지 한번 더 확인(2)하고 보상 로직을 실행합니다.

예제 6-24 SagaTimeExpired 이벤트 핸들러

```java
public class TransferSagaCoordinator {

  private final String SAGA_NAME = "Transfer";

  @EventListener
  public void on(SagaTimeExpired event) {
    if (!SAGA_NAME.equals(event.getSagaType())) { (1)
      return;
    }

    TransferSaga saga = this.sagaStore
                            .load(event.getCorrelationId());

    if (saga.inSaga()) {                            (2)
      saga.cancel(new CancelSaga(event.getCorrelationId()));
      this.sagaStore.save(saga);
    }
  }

}
```

TransferSagaCoordinator는 트랜잭션을 시작하고 5초 후 타임아웃 이벤트를 발행하는 SagaTimeout 객체를 생성(1)해 TaskScheduler에 등록(2)합니다. transfer 서비스도 장애가 발생해 재시작할 수 있는데 TaskScheduler에 Timeout을 등록한 이후 서비스가 재시작하면 해당 Saga는 타임아웃 이벤트를 받지 못해 영원히 완료되지 않은 상태로 남게 됩니다. 따라서 TaskScheduler에 등록한 타임아웃 객체도 상태와 함께 데이터베이스에 저장(3)하고 상태가 변할 때마다 갱신(4, 5)합니다.

예제 6-25 SagaTimeout과 영속화

```java
public class TransferSagaCoordinator {

  @EventListener
  public void on(TransferCreated event) {
    BeginSaga command = new BeginSaga(event.getTransferId(),
                                      event.getFromAccountNo(),
                                      event.getToAccountNo(),
                                      event.getAmount());
    TransferSaga saga = new TransferSaga(command);
    this.sagaStore.save(saga);

    Date expireTime = SagaTimeout.expireTime(5);              (1)
    SagaTimeout sagaTimeout = new SagaTimeout(event.getTransferId(),
                                      SAGA_NAME,
                                      expireTime,
                                      this.eventPublisher);
    this.taskScheduler.schedule(sagaTimeout, expireTime);     (2)

    this.sagaTimeoutStore.create(sagaTimeout);                (3)
  }

  @EventListener
  public void on(SagaCompleted event) {
    CompleteTransfer command = new CompleteTransfer(
                                      event.getTransferId());
    this.transferService.complete(command);

    SagaTimeout sagaTimeout = this.sagaTimeoutStore
                              .retrieve(event.getTransferId());
    sagaTimeout.complete();
    this.sagaTimeoutStore.update(sagaTimeout);                (4)
  }
```

```
@EventListener
public void on(SagaCanceled event) {
  CancelTransfer command = new CancelTransfer(
                                event.getTransferId());
  this.transferService.cancel(command);

  SagaTimeout sagaTimeout = this.sagaTimeoutStore
                                .retrieve(event.getTransferId());
  sagaTimeout.complete();
  this.sagaTimeoutStore.update(sagaTimeout);              (5)
  }


}
```

장애로 transfer 서비스를 재시작하면 저장소에 등록돼 있는 SagaTimeout을 조회해 다시 TaskScheduler에 등록해야 합니다. 예제 6-26은 스프링이 외부 요청을 받을 준비가 됐을 때 해당 로직을 실행시키기 위해 ApplicationReadyEvent 이후 Timeout을 스케줄러에 다시 등록합니다.

sagaTimeoutStore가 제공하는 retrievePendingTimeout 메소드를 이용해 아직 완료되지 않은 SagaTimeout 목록을 조회(1)합니다. 이 목록을 반복하면서 이미 시간이 만료됐으면(2) 즉시 보상로직을 시작할 수 있게 현재 시간을 사용(3)해 이벤트를 발행(4)합니다. 그렇지 않은 경우 저장돼 있는 시간에 타임아웃 이벤트를 발행하게 TaskScheduler에 다시 등록(5)합니다. 이 클래스는 도메인 주도 설계의 리포지토리에서 설명한 저장돼 있는 데이터로부터 인스턴스를 다시 재구성^{Reconstitution}하는 책임을 의미하는 SagaReconstituter로 네이밍합니다.

예제 6-26 저장돼 있는 SagaTimeout 재구성

```
@Component
public class SagaReconstituter {

  private final TaskScheduler taskScheduler;
  private final SagaTimeoutStore sagaTimeoutStore;
  private final ApplicationEventPublisher eventPublisher;
```

```java
public SagaReconstituter(TaskScheduler taskScheduler,
                         SagaTimeoutStore sagaTimeoutStore,
                         ApplicationEventPublisher eventPublisher) {
    this.taskScheduler = taskScheduler;
    this.sagaTimeoutStore = sagaTimeoutStore;
    this.eventPublisher = eventPublisher;
}

@EventListener(ApplicationReadyEvent.class)
public void constitute() {
    List<SagaTimeout> sagaTimeouts = this.sagaTimeoutStore
                                    .retrievePendingTimeout(); (1)

    sagaTimeouts.stream().forEach(timeout -> {
        if (timeout.expired()) {                                 (2)
            Date expireTime = SagaTimeout.currentTime();         (3)
            SagaTimeout sagaTimeout = new SagaTimeout(
                                    timeout.getCorrelationId(),
                                    timeout.getSagaType(),
                                    expireTime,
                                    this.eventPublisher);
            this.taskScheduler.schedule(sagaTimeout, expireTime); (4)
        } else {
            SagaTimeout sagaTimeout = new SagaTimeout(
                                    timeout.getCorrelationId(),
                                    timeout.getSagaType(),
                                    timeout.getExpireTime(),
                                    this.eventPublisher);
            this.taskScheduler.schedule(sagaTimeout,
                                    timeout.getExpireTime());    (5)
        }
    });
}

}
```

6.5.5 상관 관계 아이디와 추적성

크리스 리차드슨은 마이크로서비스 아키텍처 패턴에서 분산 추적 패턴을 소개했습니다. 분산 추적 패턴은 외부 요청별로 고유한 요청 식별자를 할당하고 다른 마이크로서비스와 협력할 때 요청 식별자를 전달해 마이크로서비스간 의존성을 추적합니다. 스프링 클라우드 슬루스^{Sleuth}는 고유한 요청 식별자를 생성하고 전달하는 기능을 제공합니다. 요청 식별자는 3개 속성을 가집니다.

- traceId: 요청별로 할당한 고유값, 하나의 비즈니스 프로세스에 다수의 마이크로서비스가 협력해도 동일한 값을 가진다.

- spanId: 비즈니스 프로세스에서 실행 순서, 애플리케이션별로 할당하는 고유값으로 최초 요청은 traceId와 같은 값을 가진다.

- parentId: 자신을 요청한 마이크로서비스의 spanId, 연결 리스트$^{Linked List}$와 유사해서 호출 관계를 분석하는데 사용한다. 최초 요청 시 null을 할당한다.

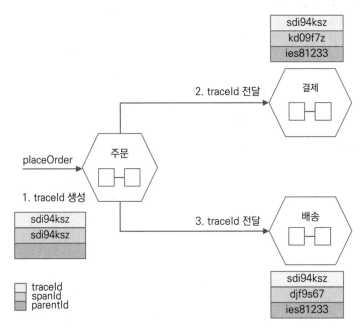

그림 6-31 스프링 클라우드 슬루스

이벤트 소싱과 결과적 일관성에서 추적성을 언급하는 것은 보상 메커니즘을 구현하는데 중요한 속성인 상관 관계 아이디 값으로 traceId를 사용할 수 있기 때문입니다. 분산 추적에 사용하는 traceId를 상관 관계 아이디로 사용하면 추적성을 유지하면서 도메인 객체에서 발생한 이벤트의 deleted 속성을 손쉽게 변경할 수 있습니다.

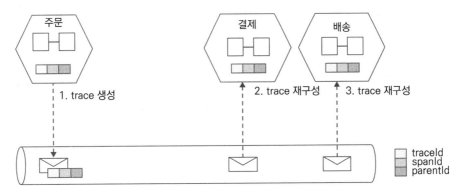

그림 6-32 TraceId를 이용한 추적성과 상관 관계 아이디

traceId를 사용하면 도메인 이벤트를 저장할 때 CORRELATION_ID에 traceId를 저장하고 브로커에 이벤트 발행 시에도 traceId를 포함해야 합니다. 예제 6-27은 계좌 이체 취소 이벤트에 반응해 traceId를 얻어 도메인 이벤트를 삭제합니다.

예제 6-27 TraceId를 이용한 이벤트 삭제

```java
@Component
public class TransferAccountCoordinator {

  private final Tracer tracer;

  @EventListener
  public void on(SagaCanceled event) {
    String traceId = tracer.currentSpan().context()
                          .traceId().toString();
    this.aggregateEventStore.markDelete(traceId);
  }

}
```

6.6 사례 연구

6.6.1 카트와 관심 상품

1장의 카트 서비스 사례에서 관심 상품으로 이동하는 요구사항이 있었습니다. 커머스 시스템은 카트와 유사한 관심 상품 목록을 별도로 관리하는 편의 기능을 제공하기도 합니다. 사용자는 상품 상세 페이지에서 관심 상품 목록에 추가하거나 카트에 담아 놓은 상품을 관심 상품으로 이동시킵니다.

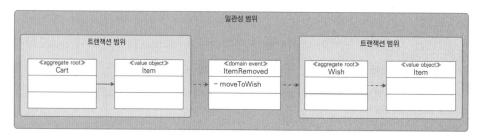

그림 6-33 카트와 관심 상품

카트 서비스를 이미 릴리즈해 운영 중이고 담당자가 관심 상품 기능 추가를 요청하면 카트 서비스에 관심 상품 기능을 추가할지 아니면 관심 상품 서비스를 추가할지 결정해야 합니다. 여기서는 새로운 wish 서비스를 추가한다고 가정합니다. 하지만 카트 서비스에 통합하기로 결정해도 관심 상품을 애그리게이트로 설계하면 코드상 차이는 거의 없습니다.

먼저 Cart에는 remove 메소드를 추가하고 Wish에는 add 메소드를 추가합니다. 애플리케이션 서비스에서 카트에 담아 둔 상품을 관심 상품으로 이동하는 커맨드를 설계해야 합니다. CartService에 RemoveItemAndMoveToWish 커맨드를 파라미터로 받는 메소드가 카트에서 아이템을 삭제하고 관심 상품 목록에 추가하는 것으로 설계할 수 있지만 두 애그리게이트에 영향을 주는 로직은 개별 트랜잭션으로 분리하고 조정하여 일관성을 유지해야 합니다.

이력을 기록한다는 관점에서 ItemRemovedAndMovedToWish 이벤트를 사용할 수 있지만 애그리게이트는 서로 영향을 주지 않는 독립적인 존재이므로 두 개 이상의 애그리게이트에 영향을 주는 의미를 가진 이벤트를 사용하는 것을 지양해야 합니다.

이 기능은 Cart에서 상품을 삭제했을 때 발행하는 ItemRemoved 이벤트에 Wish에 추가해야 함을 의미하는 moveToWish 속성을 추가하는 것으로 설계할 수 있습니다.

예제 6-28 관심 상품 이동 속성을 추가한 도메인 이벤트

```java
public class ItemRemoved {
  private String itemNo;
  private Product product;
  private boolean moveToWish;
}
```

RemoveItemAndMoveToWish 커맨드를 파라미터로 받는 remove 메소드를 추가합니다. Cart 애그리게이트는 오버로드한 두 메소드가 같은 ItemRemoved 이벤트를 발행하면서 선택적으로 moveToWish 속성에 값을 할당합니다.

예제 6-29 Cart 애그리게이트와 관심 상품 이동

```java
public class Cart {

  public void remove(RemoveItem command) {
    Optional<Item> foundItem = this.findItem(productNo);
    if (foundItem.isPresent()) {
      this.apply(ItemRemoved(foundItem.getItemNo(),
                        foundItem.getProduct(), false);
    }
  }

  public void remove(RemoveItemAndMoveToWish command) {
    if (this.exists(command.getItemNo()) {
      Item foundItem = this.findItem(command.getItemNo());
      this.apply(ItemRemoved(foundItem.getItemNo(),
                          foundItem.getProduct(), true);
    }
  }
}
```

```
    private void on(ItemRemoved event) {
      this.items.remove(event.getItemNo);
    }

  }
```

관심 상품 서비스는 ItemRemoved 이벤트에 반응해 moveToWish 속성이 true이면 Wish에 상품을 추가합니다.

예제 6-30 관심 상품과 카트 이벤트 핸들러

```
public class CartEventHandler {

  private final WishService wishService;

  @EventListener
  public void on(ItemRemoved event) {
    if (event.isMoveToWish()) {
      AddItem command = new AddItem(…);
      this.wishService.addItem(command);
    }
  }

}
```

6.6.2 주문과 재고

커머스 도메인에서 주문 시 상품별 재고 수량으로 주문 가능 여부를 확인하고 주문이 완료되면 해당 상품의 재고를 확정합니다. Product 애그리게이트에 수량 속성을 추가해 관리할 수 있지만 같은 상품에 대해 주문이 집중되면 동시성으로 인한 성능 저하나 갱신 분실 문제가 발생할 수 있습니다.

크레이그 라만은 UML과 패턴의 적용에서 다른 클래스를 설명하는 설명 클래스(Description Class)를 소개했습니다. 설명 클래스의 대표적인 사례는 상품에 붙어 있는 라벨입니다. 라벨은 제품명, 제조업체, 제조국, 제조연월일, 원료 등 제품의 정보를 포함합니다. 제품 정보는 상품을 설명할 뿐 물리적으로 존재하는 상품이 아닙니다.

그림 6-34는 설명 클래스인 상품(Product)과 물리적으로 존재하는 상품(Item)과의 관계를 보여줍니다. Item 클래스는 물리적으로 존재하므로 시스템에서 관리하기 위한 식별자(고유번호)를 할당합니다. 예를 들어 "맥북 16' 파우치"는 설명 클래스이고 창고에 120개를 보관하고 있다면 관계형 데이터베이스에서 TB_ITEM 테이블에 120개의 레코드로 존재합니다.

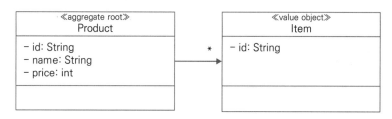

그림 6-34 상품과 설명 객체

Product와 Item을 애그리게이트와 값 객체로 설계하면 Product가 Item을 관리해야 합니다. 하지만 Product를 조회할 때 Item도 함께 조회하기 때문에 OOM 예외가 발생할 수 있습니다. 따라서 Product와 Item을 독립적인 애그리게이트로 분리할 필요가 있습니다. 그림 6-35는 Item을 애그리게이트로 변경하고 설명 클래스의 식별자를 참조하게 설계를 변경했습니다.

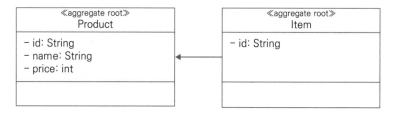

그림 6-35 상품과 설명 객체를 애그리게이트로 분리

재고가 1개만 남아 있을 때 주문 페이지는 재고를 확인해 주문 버튼을 활성화시킵니다. 사용자가 주문 내용을 확인하고 버튼을 클릭하는 사이에 다른 사용자가 먼저 해당 상품을 주문했을 수 있습니다. 이 때 주문 요청을 처리하면서 재고 서비스를 호출하여

재고를 다시 확인 할 수 있지만 이 또한 재고 확인 이후 로직을 실행하는 동안 다른 주문이 먼저 완료돼 실패할 가능성이 있습니다. 따라서, 재고 서비스가 Item과 관련된 기능을 제공해야 합니다.

재고 서비스는 단순히 재고 수량을 확인하지 않고 Item을 예약합니다. 재고 서비스는 Item 객체의 상태를 예약(Reserved)으로 변경하고 예약한 주문의 식별자(orderNo)를 함께 기록합니다. 이 설계는 다른 주문이 동일한 Item의 상태를 변경하는 것을 방지해 동시성 문제를 방지합니다.

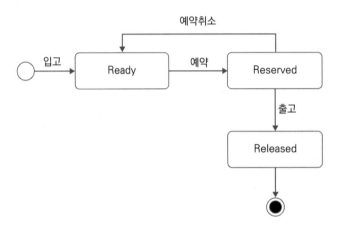

그림 6-36 상품과 상태 머신

Item을 예약하기 위한 커맨드 객체를 ReserveProduct로 선언하고 productNo와 orderNo를 파라미터로 갖는 생성자를 추가합니다. 코드를 단순하게 유지하기 위해 예약 수량은 1개로 가정합니다.

예제 6-31 상품 예약 커맨드

```java
public class ReserveProduct {

  private String productNo;
  private String orderNo;

  public ReserveProduct(String productNo, String orderNo) {
    this. productNo = productNo;
```

```
      this.orderNo = orderNo;
  }

}
```

재고 서비스는 OrderPlaced 이벤트를 수신하고 OrderPlaced 이벤트의 Item을 ReserveProduct 커맨드로 변환해서 ProductService에 위임합니다.

예제 6-32 재고 서비스와 주문 이벤트 핸들러

```
@Component
public class OrderEventHandler {

  private final ProductService productService;

  @EventListener
  public void on(OrderPlaced event) {
    String productNo = event.getItem().getProduct.getProductNo();
    String orderNo = event.getOrderNo();

    ReserveProduct command = new ReserveProduct(productNo, orderNo);
    this.productService.reserveProduct(command);
  }

}
```

ProductService는 예약 가능(상태가 Ready인)한 상품을 찾아 상태를 "예약"으로 변경합니다. 이벤트 소싱을 사용했다면 예약 가능한 상품은 7장에서 설명할 CQRS를 적용한 View에서 productNo를 찾아 Item 애그리게이트를 조회한 후 예약을 시도합니다. 여러 상품을 한번에 예약할 때에는 4장에서 설명한 병렬 처리를 사용할 수 있습니다.

예제 6-33 재고 서비스와 상품 예약

```
public class ProductService {

  private final ItemStore itemStore;

  @Transactional
```

```
  public void reserveProduct(ReserveProduct command) {
    Item item = this.itemStore.load(command.getProductNo);
    item.reserve(command);
    this.itemStore.save(item);
  }

}
```

Item 객체는 예약 상태와 어느 주문에서 예약을 했는지 확인하기 위해 orderNo 속성을 가집니다. reserve 메소드는 Item이 예약 가능한 상태임을 확인하고 상태를 예약됐음(Reserved)으로 변경합니다. 여기서 주의해야 할 것은 예약 가능한 상품을 조회했지만 그 사이 다른 주문이 해당 상품을 예약했을 가능성이 있으므로 커맨드 핸들러인 reserve 메소드가 비즈니스 규칙을 만족하는지 한번 더 검사합니다.

예제 6-34 상품 애그리게이트와 동시성

```
public class Item {

  private String id;
  private String productNo;
  private State state;

  private String orderNo;

  public void reserve(ReserveProduct command) {
    if (this.state != State.Available) {
      throw new NotAvailableProductException();
    }

    ProductReserved event = new ProductReserved(id, command.getOrderNo());
    this.apply(event);
  }

  private void on(ProductReserved event) {
    this.state = State.Reserved;
    this.orderNo = event.getOrderNo());
  }

  public static enum State {
    Available,
    Reserved,
```

```
    Released;
  }

}
```

6.6.3 결제와 결제 실패

OrderPlaced 이벤트를 수신한 결제 서비스는 주문 내용을 확인하고 Payment Gateway를 호출해 결제를 시도합니다. 결제 서비스의 OrderCoordinator는 OrderPlaced 이벤트를 수신하면 PaymentService.pay 메소드를 호출해 결제를 시도합니다.

예제 6-35 결제 애그리게이트 생성과 결제

```
public class PaymentService {

  private final PaymentStore paymentStore;
  private final PaymentGateway paymentGateway;

  public String pay(Pay command) {
    String transactionId = this.paymentGateway.pay(…);
    command.setTransactionId(transactionId);
    Payment payment = new Payment(command);
    this.paymentStore.save(payment);
  }

}
```

하지만 주문, 재고 서비스의 애플리케이션 서비스처럼 PaymentService가 Payment 생성자만 사용할 경우 최초 결제 시도를 실패하면 애그리게이트를 생성할 수 없습니다. 따라서 Payment 애그리게이트 생성과 결제 시도를 분리해야 합니다. Create Payment와 Pay 커맨드를 분리하고 커맨드에 대응하는 PaymentCreated와 Paid 이벤트를 발행합니다.

```java
public class PaymentService {

  private final PaymentStore paymentStore;
  private final PaymentGateway paymentGateway;

  public String createPayment(CreatePayment command) {
    Payment payment = new Payment(command);
    this.paymentStore.save(payment);
  }

  public void pay(Pay command) {
    Payment payment = this.paymentStore
                                    .load(command.getPaymentId());
    String transactionId = this.paymentGateway.pay(…);
    command.setTransactionId(transactionId);
    payment.pay(command);
    this.paymentStore.save(payment);
  }

}
```

OrderCoordinator는 PaymentCreated 이벤트에 반응해서 결제 대행 서비스를 사용하는 pay 메소드를 호출합니다.

예제 6-37 결제 생성 이벤트 핸들러

```java
public class OrderCoordinator {

  private final PaymentService paymentService;

  @EventListener
  public void on(PaymentCreated event) {
    Pay command = new Pay(event);
    paymentService.pay(command);
  }

}
```

6.7 전통적인 이력관리와 결과적 일관성

이벤트 소싱에서 설명한 전통적인 두 가지 이력 관리 방법을 사용한 마이크로서비스와 이벤트 소싱을 적용한 마이크로서비스간 결과적 일관성도 이력 정보에 상관 관계 아이디와 보상 로직에 이력 정보를 상태 테이블에 다시 복사하는 로직을 추가해서 결과적 일관성을 달성할 수 있습니다. 이 방법은 이력을 기록하는 모든 서비스에 적용할 수 있습니다.

여기서는 재고 서비스에 이벤트 소싱을 적용하지 않는다고 가정하고 결과적 일관성을 달성하는 방법을 알아봅니다. Item 애그리게이트를 3장에서 설명한 상태와 이력 테이블인 TB_ITEM과 TB_ITEM_HISTORY로 분리합니다.

예제 6-38 두 개 테이블을 이용한 ITEM 이력 테이블

```
CREATE TABLE TB_ITEM (
  ITEM_NO VARCHAR(8) NOT NULL,
  ORDER_NO VARCHAR(8) NOT NULL,
  PRODUCT_NO VARCHAR(8) NOT NULL,
  STATUS VARCHAR(10) NOT NULL
);

CREATE TABLE TB_ITEM_HISTORY (
  ITEM_NO VARCHAR(8) NOT NULL,
  SEQUENCE INTEGER NOT NULL,
  ORDER_NO VARCHAR(8) NOT NULL,
  PRODUCT_NO VARCHAR(8) NOT NULL,
  STATUS VARCHAR(10) NOT NULL
);
```

ItemService는 Item 애그리게이트에 상태 변화가 있을 때마다 ItemHistoryStore를 사용해 TB_ITEM_HISTORY 테이블에 이전 상태를 추가합니다.

예제 6-39 재고 Item과 이력

```
public class ItemService {

  public void reserve(Reserve command) {
    List<Item> items = this.itemStore
```

```
                          .retrieveByProduct(command.getProductNo(),
                                            command.getQuantity());
    if (items.size() < command.getQuantity()) {
      throw new NotEnoughStocksException();
    }

    items.parallelStream().forEach(item -> {
      Optional<ItemHistory> itemHistory = this.itemHistoryStore
                          .retrieveLastestItem(item.getItemNo());
      if (itemHistory.isEmpty()) {
        this.itemHistoryStore.create(new ItemHistory(item, 1));
      } else {
        this.itemHistoryStore.create(new ItemHistory(item,
                            itemHistory.get().getSequence()+1));
      }
    });

    items.parallelStream().forEach(item -> {
      item.reserve(command.getOrderNo());
    });

    this.itemStore.update(items);

    items.forEach(item -> {
      this.gateway.publish(new ItemReserved(item.getProductNo(),
                                            1));
    });
  }

}
```

ItemService는 주문 프로세스 실패로 예약한 상품을 취소하기 위해 ItemHistory Store에서 마지막 상태를 조회해 TB_ITEM 테이블의 해당 레코드를 이전 상태로 되돌립니다.

예제 6-40 재고 Item과 보상 로직

```
public class ItemService {

  public void cancelReserve(CancelReserve command) {
    List<Item> items = this.itemStore
                          .retrieveByOrder(command.getOrderNo());
```

```
    items.parallelStream().forEach(item -> {
      Optional<ItemHistory> itemHistory = this.itemHistoryStore
                          .retrieveLatestItem(item.getItemNo());
      if (itemHistory.isEmpty()) {
        this.itemHistoryStore.create(new ItemHistory(item, 1));
      } else {
        this.itemHistoryStore.create(new ItemHistory(item,
                        itemHistory.get().getSequence()+1));
      }
    });

    items.parallelStream().forEach(item -> {
      item.cancelReserve();
    });
    this.itemStore.update(items);

    items.forEach(item -> {
      this.gateway.publish(new ItemReserveCanceled(
                          item.getProductNo(), 1));
    });
  }

}
```

6.8 도메인 이벤트와 라이브러리

이벤트를 이용해 마이크로서비스간 메시지를 JSON으로 변환해 주고 받지만 각 서비스는 도메인 이벤트를 해석할 수 있어야 합니다. 예를 들어 도메인 이벤트를 event.jar 처럼 하나의 라이브러리로 통합하고 의존성을 추가해 공유하거나 마이크로서비스별로 발행하는 이벤트 라이브러리(order-event.jar, inventory-event.jar)를 사용할 수 있습니다.

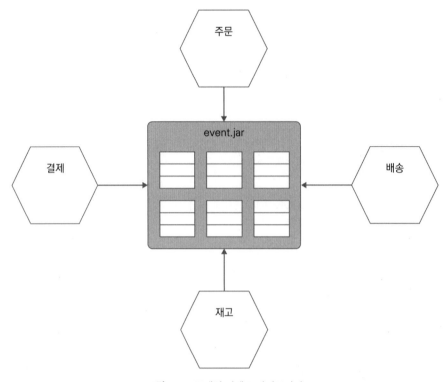

그림 6-37 도메인 이벤트 라이브러리

이벤트 라이브러리를 공유하면 OrderPlaced 이벤트에 변화가 있는 경우 이 라이브러리에 의존성을 가진 모든 마이크로서비스가 영향도를 검토하고, 영향이 있으면 다시 배포해야 합니다. 이런 절차는 마이크로서비스 아키텍처가 독립적으로 개선하고 배포할 수 있는 장점과 상반되는 접근입니다. 또한 자칫 잘못하면 거대한 이벤트 라이브러리에 의존해야 합니다.

이벤트에 반응하는 마이크로서비스가 다른 속성을 참고만 하고 유도된 속성(주문 총금액, 결제 금액)을 추가하는 것처럼 현실에서 도메인 이벤트에 반응하는 마이크로서비스가 이벤트의 모든 속성을 그대로 사용하는 사례는 많지 않습니다. 그림 6-38은 주문 서비스의 주문 애그리게이트와 결제 서비스에서 사용하는 값 객체인 주문간 속성의 차이를 보여줍니다.

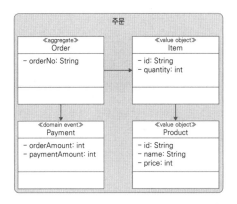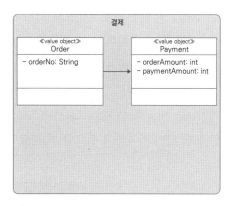

그림 6-38 주문 애그리게이트(주문 서비스)와 주문 값 객체(결제 서비스)

라이브러리를 직접 참조해서 도메인 이벤트 클래스를 사용하지 않게 하기 위해 명세만 제공하고 이벤트를 소비하는 마이크로서비스가 공개한 명세에서 필요한 속성만 가진 클래스를 별도로 정의해서 마이크로서비스간 독립성을 유지할 수 있습니다.

> **참고**
> 로버트 C. 마틴은 클린 아키텍처에서 중복된 코드를 진짜 중복과 우발적 중복으로 분류하고 중복을 제거할 때 주의해야 함을 설명했습니다.

6.9 일관성과 마이크로서비스 분리 및 통합

크리스 리차드슨은 마이크로서비스 패턴에서 마이크로서비스를 분리하는 기준으로 비즈니스 능력[Business Capability]과 서브 도메인[Subdomain] 패턴을 소개했습니다. 모건 브루스[Morgan Bruce]와 파울로 페레이라[Paulo Pereira]는 Microservices In Action에서 유스케이스, 변동성, 기술로 접근하는 방법을 상세하게 설명합니다. 하지만 이런 접근법들 중 한 가지만으로 서비스를 정확하게 분리할 수 없으며 상호 보완 관계를 가집니다.

시스템 구축 초반에 식별한 마이크로서비스는 시간이 지나면서 더 작은 마이크로서비스로 분할하거나 반대로 통합이 필요한 상황을 만나게 됩니다. 여러 애그리게이트간 일관성을 단일 트랜잭션으로 처리하는 마이크로서비스를 분할하려면 결과적 일관성을 적용하기 위해 많은 노력이 필요합니다. 1장에서 소개한 애그리게이트 설계 규칙 중 하나인 이벤트를 사용해 애그리게이트간에 일관성을 유지하면 단순한 소스 이동만으로 마이크로서비스를 분할하거나 통합할 수 있습니다. 따라서 명확하지 않은 애그리게이트는 비교적 큰 마이크로서비스로 개발하더라도 결과적 일관성을 적용하고, 도메인을 더 깊이 이해하고 필요할 때 분할하는 전략을 선택할 수 있습니다.

그림 6-39 모노리스 아키텍처와 트랜잭션

그림 6-40은 단일 트랜잭션으로 구현한 마이크로서비스를 분할할 때 이벤트 처리를 위해 추가해야 하는 주요 구성요소를 보여줍니다. 여러 애그리게이트를 가진 마이크로서비스에서 결과적 일관성을 사용하지 않으면 서비스 릴리즈 후 분할해야 하는 상황에서 일관성, 가용성과 같은 품질 속성을 그대로 유지하기 위해 많은 노력이 필요합니다.

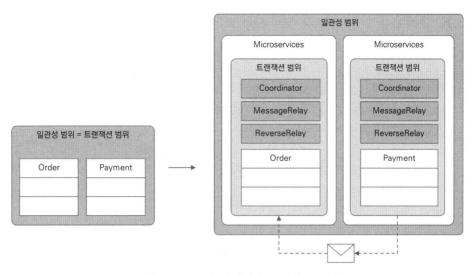

그림 6-40 모노리스에서 마이크로서비스로 전환

반대로 2개의 서비스로 분리돼 있던 여러 애그리게이트를 하나의 서비스로 통합하는 경우에도 영향을 받게 되는데 결과적 일관성으로 구현하면 비용은 거의 무료라 할 수 있습니다.

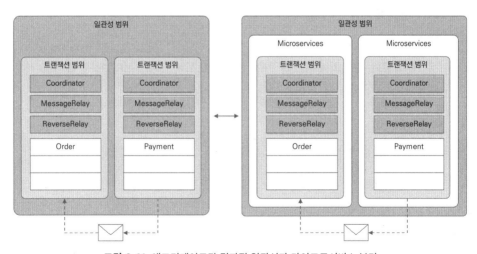

그림 6-41 애그리게이트간 결과적 일관성과 마이크로서비스 분리

6.10 요약

6장에서는 마이크로서비스간 데이터의 일관성을 유지하기 위해 도메인 이벤트를 활용하는 방법을 알아봤습니다.

- 라우팅 슬립 패턴과 프로세스 매니저 패턴을 이용해 결과적 일관성을 달성할 수 있습니다.

- 사가는 분산 트랜잭션이 아닌 비즈니스 트랜잭션 실패 시 보상하는 방법에 관한 아이디어입니다.

- 결과적 일관성은 중앙집중형인 오케스트레이션 방식과 분산형인 코레오그래피 방식이 있습니다.

- 오케스트레이션 방식은 커맨드와 이벤트를 사용하고 코레오그래피 방식은 이벤트만 사용해 보상 메커니즘을 구현합니다.

- 결과적 일관성을 달성하려면 비즈니스 트랜잭션을 식별할 수 있는 상관 관계 아이디가 필요하고 주로 애그리게이트의 식별자를 사용합니다.

- 이벤트 소싱을 적용한 마이크로서비스간 결과적 일관성은 도메인 이벤트에 삭제 플래그를 두고 이벤트 리플레이에서 제외시키는 방식으로 구현할 수 있습니다.

- 두 개 이상의 애그리게이트를 가진 마이크로서비스에서 결과적 일관성을 적용하면 서비스 분할이나 통합을 수월하게 합니다.

CHAPTER 7

명령과 조회 책임 분리(CQRS)

7장에서 다루는 내용

- 이벤트 소싱과 조회 최적화
- CQRS
- CQRS와 일관성
- 도메인 이벤트와 CQRS

통계 데이터를 만들기 위해 현재 상태를 기록한 테이블들을 조인하는 것은 너무나 당연해 보입니다. 업무 담당자는 언제나 더 복잡한 통계를 요구하면서 빠른 응답을 기대합니다. 많은 테이블의 조인을 이용한 통계가 더 이상 성능을 개선할 수 없는 상황에 이르면 배치^{Batch}를 사용해 요구사항을 충족시킵니다. 그러나 배치는 실시간 통계 요구사항의 해결책이 될 수 없습니다.

오픈 마켓에서 판매자 지원 팀은 50개 이하의 상품을 판매하는 입점사에게 다양한 매출 분석을 지원하기로 결정했고 첫 번째 기능으로 상품별 판매량과 매출을 보여주는 일간/주간/월간 대시보드를 제공하기로 했습니다.

입점사 아이디(SHOP_ID)로 상품, 주문 테이블을 조인해 판매량을 조회할 수 있습니다. 개발 팀은 상품의 일일 판매량을 제공하기 위해 예제 7-1처럼 주문일자로 그룹핑한 SQL을 작성합니다. 이 SQL은 이벤트 소싱을 적용하지 않은 시스템에서만 사용할 수 있고 분석 기능을 개선하거나 추가하려면 SQL을 변경해야 합니다. 분석 기능을 추가할수록 SQL은 점점 복잡해집니다. 업무 담당자의 변경 요청으로 테이블에 변경이 생기면 이 테이블을 사용하는 분석 SQL에 영향이 있는지 검토해야 합니다.

예제 7-1 상품의 일간 주문 현황 조회 쿼리

```
SELECT
  TB_PRODUCT.PRD_NO,
  TB_PRODUCT.PRD_NM,
  TB_ORDER.ORDER_DT,
  SUM(TB_ORDER_ITEM.QTY)
FROM TB_PRODUCT
    INNER JOIN TB_ORDER_ITEM
            ON TB_ORDER_ITEM.PRD_NO = TB_PRODUCT.PRD_NO
    INNER JOIN TB_ORDER
            ON TB_ORDER.ORD_NO = TB_ORDER_ITEM.ORD_NO
WHERE
  TB_PRODUCT.SHOP_ID = ?
GROUP BY
  TB_PRODUCT.PRD_NO,
  TB_PRODUCT.PRD_NM,
  TB_ORDER.ORD_DT;
```

모노리스 스타일 아키텍처에서 누적값 계산은 프로그램 로직이나 데이터베이스 쿼리로 조인해 구현할 수 있습니다. 하지만 마이크로서비스 아키텍처에서 상품과 주문 데이터는 서로 다른 데이터베이스에 분산돼 있어 조인할 수 없습니다.

다른 사례로 커머스 도메인에서 전화 상담사의 일일 누적 통화시간 계산을 가정해 보겠습니다. 상품 판매량 분석처럼 프로그램 로직이나 여러 테이블간 조인을 허용하여 구현하더라도 전화 상담사가 업무를 시작하기 위해 시스템에 접속하는 9시와 13시 전후에 총 통화시간 계산 요청이 급격하게 증가합니다.

프로그램이나 복잡한 쿼리를 사용한 부하를 해소하는 합리적인 방법은 통화를 종료할 때 통화시간(시작시각~종료시각)을 계산해서 조회 전용으로 분리해 설계한 테이블에 저장하는 것입니다. 이 방법은 조인이 없는 단일 테이블 조회로 비즈니스 로직이나 데이터베이스에 많은 부하를 주지 않습니다. 더불어 변경 요청이 다른 업무에 영향을 주지 않으므로 영향도 분석도 필요하지 않습니다. 부하를 완전하게 분리하기 위해 읽기에 최적화된 독립된 데이터베이스를 사용할 수도 있습니다.

이벤트 소싱은 도메인 이벤트를 리플레이한 후 백엔드에서 조회 조건을 만족하는 애그리게이트를 필터링해야 하기 때문에 다건 조회에는 적합하지 않습니다. 앞서 소개한 사례처럼 복잡한 조건으로 필터링하거나 다양한 집계 요구사항을 충족시키는 방법으로 명령과 조회 책임 분리[CQRS]를 사용할 수 있습니다. 이벤트 소싱을 사용한 시스템에서 CQRS는 선택이 아닌 필수입니다. 또한 CQRS는 현재 상태만 기록하는 시스템에서도 유용하게 활용할 수 있습니다.

7.1 명령과 조회 책임 분리

명령과 조회 책임 분리는 버트란드 메이어가 소개한 명령과 조회 분리[Command & Query Separation, CQS]에서 시작합니다. CQS는 객체가 제공하는 메소드를 객체의 상태를 변경하는 커맨드와 상태를 반환하는 쿼리로 구분합니다. 쿼리(조회)는 상태를 변경하지 않으므로 사이드 이펙트가 없습니다.

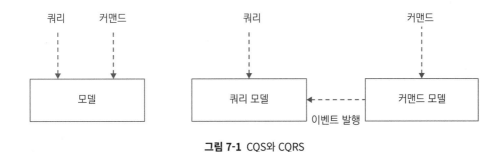

그림 7-1 CQS와 CQRS

CQS가 객체의 메소드인 코드 레벨의 책임 분리라면 CQRS는 아키텍처 패턴으로 다양하게 적용할 수 있습니다.

CQRS는 이전에 존재한 하나를 단순히 두 개의 객체로 만드는 것이다. (그렉 영)

CQRS는 장황한 배경 설명으로 인해 복잡하고 어렵다고 생각하지만 구현은 단순합니다. 많은 테이블 조인을 피하기 위해 조회에 최적화시킨 테이블을 분리해서 설계하고 커맨드 처리를 완료한 후 발행한 도메인 이벤트에서 필요한 속성을 복사해 조회 전용 테이블에 한번 더 CUD를 실행하는 것뿐입니다.

7.2 구체화된 뷰와 이벤트 핸들러

데이터베이스에서 뷰는 접근이 허용된 데이터를 제한적으로 보여주기 위해 기본 테이블에서 유도하는 가상의 테이블입니다. 뷰가 논리적인 테이블인 반면 구체화된 뷰 Materialized View는 물리적으로 존재하는 테이블입니다. 구체화된 뷰는 주로 복잡한 조인과 같이 많은 비용이 드는 데이터를 조회할 때 사용합니다. 또한 구체화된 뷰를 생성할 때 AVG, SUM, COUNT 같은 집계 함수를 사용해 다양한 조건을 사용할 수 있습니다.

뷰와 구체화된 뷰의 특징과 차이점은 다음과 같습니다.

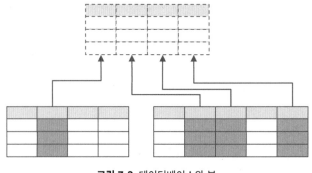

그림 7-2 데이터베이스와 뷰

- 뷰는 미리 네이밍한 쿼리로 어떤 것도 추가로 저장하지 않는다.

- 뷰에 질의하면 뷰 정의에 기반해 실제 테이블의 데이터를 조회한다.

- 뷰는 테이블 쿼리보다 느리다.

- 원래의 복잡한 쿼리문은 뷰 정의로 이동할 뿐 유지보수 비용은 감소하지 않는다.

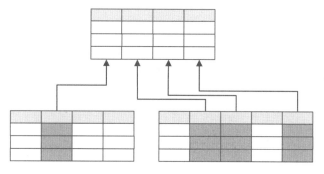

그림 7-3 데이터베이스와 구체화된 뷰

- 구체화된 뷰는 물리적으로 데이터를 저장하고 주기적으로 갱신한다.

- 구체화된 뷰에 질의하면 구체화된 뷰의 데이터를 반환한다.

- JOIN을 포함해 다양한 조건의 SELECT 쿼리를 위한 빠른 성능을 제공한다.

- 쿼리 옵티마이저가 실행 계획을 수립할 때 더 빠른 방법을 선택한다.

이벤트 소싱은 현재 상태를 직접 관리하지 않을 뿐만 아니라 관계형 데이터베이스가 아니면 데이터베이스 뷰나 구체화된 뷰를 사용할 수 없습니다. 하지만 구체화된 뷰를 동기화시키는 메커니즘을 직접 구현해서 조회 전용 데이터를 관리할 수 있습니다.

> **참고**
>
> 데이터베이스에서 사용하는 언어인 구체화된 뷰와 CQRS에서 사용하는 구체화된 뷰는 기술적으로 구분이 필요합니다. 7장에서 "구체화된 뷰"는 일반적인 테이블을 의미합니다.

애그리게이트에 처리를 위임하는 애플리케이션 서비스가 동일 트랜잭션에서 구체화된 뷰를 생성할 수 있지만 이벤트 주도 아키텍처는 애그리게이트가 발행한 도메인 이벤트에 반응하는 이벤트 핸들러가 구체화된 뷰에 상태를 갱신합니다.

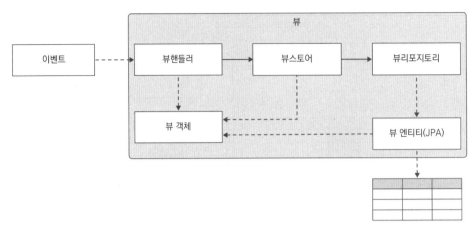

그림 7-4 CQRS 핵심 객체와 의존성

그림 7-4는 구체화된 뷰를 생성하기 위해 필요한 구성 요소간 관계를 보여줍니다. 애그리게이트가 도메인 이벤트를 발행하면 이벤트 핸들러(구체화된 뷰와 관련된 작업을 수행하기 때문에 뷰 핸들러)가 이벤트에 반응해 뷰(View) 객체로 변환합니다. ViewStore는 뷰 객체를 구체화된 뷰 테이블과 매핑한 JPA 엔티티 객체(ViewJpo)로 변환해 데이터베이스에 저장합니다. 일반적으로 구체화된 뷰 테이블을 뷰 클래스와 일대일로 매핑합니다. 조회 목적에 따라 개별 테이블로 분리해 설계하거나 동일 조회 조건을 가진 여러 뷰 클래스를 하나의 테이블로 통합할 수 있습니다.

> **참고**
>
> 정해진 뷰 클래스 네이밍 규칙은 없으며 구체화된 뷰에 해당하는 클래스를 반드시 View라고 사용할 필요도 없습니다. 예제는 데이터베이스 언어인 "Materialized View"의 View를 사용합니다.

한 은행에 여러 계좌를 소유한 고객이 전체 계좌 목록을 조회하면 Account 애그리게이트에서 발생한 스냅샷과 이벤트를 리플레이해 현재 잔액을 반환해야 합니다. 계좌에서 이체는 동시 다발적으로 발생하는 경우가 많지 않으므로 CQRS를 사용해 현재 잔액 조회를 위한 데이터를 미리 만들어 놓을 수 있습니다.

단순한 입금과 출금 이벤트인 Deposited와 Withdrawed 이벤트에 반응해서 잔액을 갱신합니다. 단순 계좌 이체 비즈니스 트랜잭션에서도 같은 이벤트를 발행하므로 tranferId 값의 유무를 검사해야 합니다.

계좌 이체가 완료되면 DepositCompleted와 WithdrawCompleted 이벤트에 반응해 잔액을 갱신합니다.

예제 7-2 Account 애그리게이트와 CQRS

```java
public class AccountViewHandler {

  private AccountViewStore accountViewStore;

  public void on(AccountOpened event) {
    AccountView view = new AccountView(event.getAccountNo(),
                                       event.getBalance());
    this.accountViewStore.create(view);
  }

  @EventListener
  public void on(Deposited event) {
    if (event.getTransferId() != null) {
      return;
    }

    AccountView view = this.accountView
                           .retrieve(event.getAccountNo());
    view.setBalance(view.getBalance() + event.getAmount());
    this.accountViewStore.update(view);
  }

  @EventListener
  public void on(DepositCompleted event) {
    AccountView view = this.accountViewStore
                           .retrieve(event.getAccountNo());
    view.setBalance(view.getBalance() + event.getAmount());
    this.accountViewStore.update(view);
  }

  @EventListener
  public void on(Withdrawed event) {
    if (event.getTransferId() != null) {
      return;
    }
```

```
      AccountView view = this.accountView
                          .retrieve(event.getAccountNo());
      view.setBalance(view.getBalance() - event.getAmount());
      this.accountViewStore.update(view);
  }

  @EventListener
  public void on(WithdrawCompleted event) {
      AccountView view = this.accountViewStore
                          .retrieve(event.getAccountNo());
      view.setBalance(view.getBalance() - event.getAmount());
      this.accountViewStore.update(view);
  }

}
```

7.2.1 상품 판매량 뷰

입점사의 일일/주간/월간 상품 판매량 조회 전용 데이터를 생성하기 위해 먼저 조회 전용으로 사용할 뷰 클래스를 만듭니다. 뷰 클래스는 사용자 인터페이스 또는 다른 마이크로서비스가 요구하는 데이터를 담는 데이터 전송 객체^{Data Transfer Object, DTO}인 경우가 많습니다.

이 뷰는 입점사 아이디(shopId), 상품 번호(productNo), 수량(quantity), 주문일시(orderTime), 주문 번호(orderNo) 속성을 가집니다. 대시보드 페이지는 상품 번호와 함께 상품명(productName)도 제공해야 합니다. 하나의 주문이 여러 상품을 포함하므로 주문 아이템(상품)별로 생성자를 선언합니다.

예제 7-3 상품 주문 구체화된 뷰

```
@Getter
@Setter
public class ProductOrderView {

  private String viewId;

  private String shopId;
```

```
    private String orderNo;

    private String productNo;
    private String productName;
    private int quantity;

    private String orderTime;

    public ProductOrderView(String shopId,
                            String orderNo, String orderTime,
                            Item item) {
      this.viewId = UUID.random().toString();

      this.shopId = shopId;
      this.orderNo = orderNo;

      this.productNo = item.getProduct().getId();
      this.productName = item.getProduct().getName();
      this.quantity = item.getQuantity();

      this.orderTime = orderTime;
    }

  }
```

주문 애그리게이트가 요청을 처리하고 메시지 릴레이가 OrderCompleted 도메인 이벤트를 발행합니다. OrderCompleted 이벤트에 반응하는 ProductOrder ViewHandler는 상품별 판매 수량 속성을 포함하는 ProductOrderView를 생성하고 데이터베이스에 저장합니다.

OrderCompleted 도메인 이벤트 객체가 생성된 시간이 주문을 완료한 시간입니다. 이벤트가 발생한 시간은 밀리세컨드 단위의 long 타입을 사용합니다. ProductOrderView 클래스의 orderTime은 사용자가 입력한 기간으로 조회하기 위한 용도이므로 orderTime을 long으로 선언하면 사용자의 입력을 long으로 변환해야 하는 번거로움이 있습니다. 프로그래밍 편의성을 위해 SimpleDateFormat(1)을 사용해 long을 "20220427153243"과 같이 문자열로 변환(2)해 저장합니다.

예제 7-4 상품 주문 뷰 생성

```java
@Component
public class ProductOrderViewHandler {

  private final ProductOrderViewStore productOrderViewStore;

  @EventListener
  public void on(OrderCompleted event) {
    SimpleDateFormat dateFormat = new
                         SimpleDateFormat("yyyyMMddHHmmss"); (1)

    String shopId = event.getOrder().getShopId();
    String orderNo = event.getOrder().getId();
    String orderTime = dateFormat
                         .format(event.getOrder().getTime()); (2)
    List<Item> items = event.getOrder().getItems();

    for (Item item: items) {
      ProductOrderView view = new ProductOrderView(shopId, orderNo,
                                                orderTime, item);
      this.productOrderViewStore.create(view);
    }
  }

}
```

Spring Data JPA의 Jpo 클래스는 식별자뿐만 아니라 다양한 조건 검색에 필요한 속성을 컬럼으로 분리하고 나머지 데이터는 JSON으로 직렬화해 저장할 수 있습니다. 예제 7-5에서는 조회 조건에 사용하는 shopId, productNo, orderTime을 포함한 모든 속성을 테이블의 컬럼으로 매핑합니다.

예제 7-5 ProductOrderView와 테이블 매핑

```java
@Entity(name = "ProductOrderView")
@Table(name = "TB_PRODUCT_ORDER_VIEW")
public class ProductOrderViewJpo {

  @Id
  private String viewId;
  private String shopId;
  private String orderNo;
```

```
private String productNo;
private String productName;
private int quantity;
private String orderTime;

public ProductOrderViewJpo(ProductOrderView view) {
  this.viewId = view.getViewId();
  this.shopId = view.getShopId();
  this.orderNo = view.getOrderNo();
  this.productNo = view.getProductNo();
  this.productName = view.getProductName();
  this.quantity = view.getQuantity();
  this.orderTime = view.getOrderTime();
}

public ProductOrderView toView() {
  return new ProductOrderView(this.viewId, this.shopId,
                              this.orderNo, this.productNo,
                              this.productName, this.quantity,
                              this.orderTime);
}

}
```

5개 클래스와 1개 테이블로 도메인 이벤트에 반응해 조회에 최적화한 구체화된 뷰를
생성했습니다. 이제 일일/주간/월간 상품별 판매량을 챠트로 표현하기 위해 복잡한 조
인 없이 SHOP_ID, PRODUCT_ID, ORDER_TIME 컬럼만 사용하는 단순한 쿼리를
사용할 수 있습니다.

예제 7-6 구체화된 뷰를 사용한 일간 상품 판매량 조회 쿼리

```
SELECT
  PRODUCT_NO,
  PRODUCT_NM,
  SUM(QUANTITY)
FROM
  PRODUCT_ORDER_VIEW
WHERE
  SHOP_ID = ?
  AND ORDER_TIME LIKE ?
```

```
GROUP BY
  PRODUCT_NO,
  ORDER_TIME;
```

반대로 주문을 취소하면 해당 상품 판매량 뷰를 삭제해야 합니다. 예제 7-7처럼 ProductOrderViewHandler 핸들러는 OrderCanceled 이벤트에 반응해 orderNo로 뷰 테이블의 레코드를 찾아 삭제합니다.

예제 7-7 주문 취소시 상품 판매량 뷰 삭제

```java
@Component
public class ProductOrderViewHandler {

  private final ProductOrderViewStore productOrderViewStore;

  @EventListener
  public void on(OrderCanceled event) {
    this.productOrderViewStore.deleteByOrderNo(event.getOrderNo());
  }

}
```

7.2.2 상담사 일일 총 통화시간 뷰

그림 7-5는 전화 상담사의 통화 모델입니다. 통화를 시작하면 BeginCall 커맨드를 파라미터로 받는 생성자를 호출합니다. 생성자는 Talktime 값 객체를 생성하면서 현재 시각을 start 값으로 할당합니다. 통화를 종료하면 end 메소드를 호출하고 Talktime의 end에 현재 시각을 할당하면서 통화시간(end − start)을 계산해 CallEnded 이벤트에 포함시킵니다.

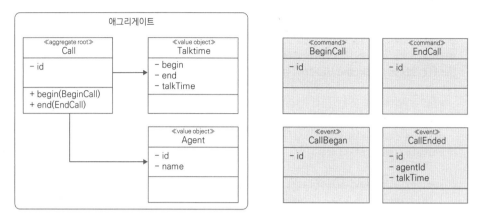

그림 7-5 전화 상담 도메인 모델

TalktimeView를 선언하고 getter와 setter를 사용해 총 통화시간을 변경할 수 있지만 View도 클래스이므로 예제 7-8처럼 통화시간을 증가시키는 간단한 increase 메소드를 추가합니다.

예제 7-8 일일 통화시간 뷰

```java
public class TalktimeView {

  private String agentId;
  private String talkDay;
  private long talkTime;

  public TalktimeView(String agentId, String talkDay) {
    this.agentId = agentId;
    this.talkDay = talkDay;
  }

  public void increase(long time) {
    this.talkTime += time;
  }

}
```

뷰 데이터를 저장하기 위해 예제 7-9처럼 JPA 엔티티 객체로 TalktimeViewJpo를 선언합니다.

예제 7-9 TalktimeViewJpo

```java
@Entity(name = "TalktimeView")
@Table(name = "TB_TALKTIME_VIEW")
public class TalktimeViewJpo {

  @Id
  private String agentId;
  private String talkDay;
  private long talkTime;

  public TalktimeViewJpo(TalktimeView view) {
    this.agentId = view.getAgentId();
    this.talkDay = view.getTalkday();
    this.talkTime = view.getTalktime();
  }

  public TalktimeView toView() {
    return new TalktimeView(this.agentId, this.talkDay,
                            this.talkTime);
  }

}
```

누적 상담시간은 통화일자로 조회해서 업데이트해야 하므로 TalktimeViewStore는
상담사 아이디와 상담일로 조회하는 retrieve 메소드를 제공합니다.

예제 7-10 TalkViewStore

```java
public class TalktimeViewStore {

  private final TalktimeViewRepository talktimeViewRepository;

  public void create(TalktimeView view) {
    this.talktimeViewRepository.save(new TalktimeViewJpo(view));
  }

  public Optional<TalkView> retrieve(String agentId,
                                     String talkDay) {
    Optional<TalktimeViewJpo> jpo = this.talktimeViewRepository
                        .findByAgentIdAndTalkday(agentId, talkDay);
    if (jpo.isEmpty()) {
      return Optional.empty();
```

```
    }

    return jpo.get().toView();
  }

  public void update(TalktimeView view) {
    this.talktimeViewRepository.save(new TalktimeViewJpo(view));
  }

}
```

TalktimeViewHandler는 CallEnded 이벤트에 반응해 상담사와의 통화일자로 TalktimeView를 조회합니다. 근무일 첫 통화는 해당 날짜에 데이터가 없으므로 뷰를 생성(1)하고 두 번째 통화(데이터가 있는 경우)부터는 통화시간을 누적(2)한 후 갱신 (3)합니다.

예제 7-11 TalktimeViewHandler

```
@Component
public class TalktimeViewHandler {

  private final TalktimeViewStore talktimeViewStore;

  @EventListener
  public void on(CallEnded event) {
    Optional<TalktimeView> view = this.talktimeViewStore
                                       .retrieve(event.getAgentId(),
                                                 event.getTalkday());
    if (view.isEmpty()) {
      TalktimeView view = new TalktimeView(event.getAgentId(),
                                           event.getTalkday(),
                                           event.getTalktime());
      this.talktimeViewStore.create(view);      (1)
    } else {
      TalktimeView view = view.get();
      view.increase(event.getTalktime());       (2)
      this.talktimeViewStore.update(view);       (3)
    }
  }

}
```

이 방법도 조회 요청에 대해 단순 SELECT만 사용하므로 백엔드나 데이터베이스에 큰 부하를 주지 않습니다. 반대로 전화 상담사가 통화를 종료할 때 조회 전용 테이블을 업데이트하는 데 사용하는 비용(시간)을 개선해야 할 대상으로 생각할 수 있습니다. 업데이트 비용은 메시지 브로커에 도메인 이벤트를 발행해서 비동기로 처리하면 두 기능의 실행 시간을 분리할 수 있습니다.

7.3 뷰 조회

커맨드 네이밍 규칙과 유사하게 조회를 위한 클래스는 접두어로 Query를 사용합니다. 커맨드 목적을 명확하게 표현하기 위해 조회 대상과 조건을 포함합니다.

상품 판매량 뷰를 조회하는 커맨드는 QueryProductOrderQuantity로 상담사 일일 통화시간은 QueryAgentDailyTalktime으로 네이밍합니다. 모든 상담사의 일일 통화시간을 조회할 때는 파라미터가 없는 메소드가 아닌 속성이 없는 클래스로 선언해 조회 요청을 명확하게 모델에 표현할 수 있습니다. 페이징이 필요하면 page와 pageSize 속성을 추가할 수도 있습니다.

예제 7-12 입점사 상품 판매량 뷰 조회

```
public Class QueryProductOrderQuantity {
  private String shopId;
}
```

예제 7-13 전화 상담사 일일 통화시간 조회

```
public class QueryAgnetDailyTalktime {
  private String agentId;
  private String talkDay;
}
```

예제 7-14 전체 전화 상담사 일일 통화시간 조회

```
public class QueryDailyTalktime {
  private int page;
```

```
    private int pageSize;
  }
```

7.4 CQRS와 RESTful API

'5장, 마이크로서비스 협업'에서 애그리게이트 조회에 적용할 수 있는 RESTful API
에 대해 소개했습니다. CQRS에서 다양한 조건으로 조회할 때 RESTful API 설계는
조금 다릅니다. 조회를 분리하기 위해 Cart에서 발생한 이벤트에 반응하는 이벤트 핸
들러를 사용해 읽기에 최적화시켜 저장한 데이터인 ItemView를 사용합니다. 레이어
드 아키텍처의 전형적인 호출 흐름인 CartEndpoint > CartService > CartStore 순
서로 호출하지 않고 CartEndpoint에서 ViewStore를 직접 사용할 수 있습니다.

예제 7-15 RESTful API와 View 조회

```
@RestController
@RequestMapping(value = "/cart")
public class CartEndpoint {

  private final HttpSession httpSession;
  private final ItemViewStore itemViewStore;

  @GetMapping
  public List<ItemView> queryItems() {
    String userId = String.valueOf(httpSession
                                   .getAttribute("userId"));
    return this.itemViewtore.queryItems(userId);
  }

}
```

"/cart" URL로 다양한 조회 조건을 함께 사용하려면 GET 메소드도 헤더를 사용한
엔드포인트로 설계할 수 있습니다. 예제 7-16은 헤더에 query를 키로, 카트 조회와
카트에 담긴 특정 아이템을 조회하기 위한 요청을 구별합니다.

예제 7-16 조회 RESTful API와 조회용 사용자 정의 HTTP 헤더

```java
@RestController
@RequestMapping(value = "/cart")
public class CartEndpoint {

  private final HttpSession httpSession;
private final CartService cartService;
private final CartViewStore cartViewStore;

  @GetMapping(headers = { "query=QueryCart" })
  public Cart queryCart() {
    //
  }

  @GetMapping(headers = { "query=QueryCartItem" })
  public ItemView queryItem(@RequestParam String itemId) {
    String userId = String.valueOf(httpSession
                                    .getAttribute("userId"));
    QueryCartItem query = new QueryCartItem(userId, itemId);
    return this.itemViewtore.queryItem(query);
  }

}
```

HTTP GET 메소드는 @RequestBody를 사용할 수 없어 다양한 조회 조건은 @RequestParam을 사용합니다. 예제 7-17은 게시판에서 제목과 내용으로 검색하는 엔드포인트입니다. 조회는 Query를 접두어로 사용해 QueryBoardItems로 네이밍한 클래스를 사용합니다.

예제 7-17 조회 RESTful API와 @RequestParam

```java
@RestController
public class BoardEndpoint {

  private final BoardService boardService;

  @GetMapping(value = "/board",
              headers = { "query=QueryBoardItems" })
  public List<Item> queryItems(@RequestParam String keyword) {
    QueryBoardItems query = new QueryBoardItems(keyword);
    return this.boardService.queryItems(query);
```

```
    }
}
```

7.5 뷰 복원

개발자 실수로 조회 전용 데이터를 삭제해도 이벤트 스토어에 모든 도메인 이벤트가 저장돼 있으므로 필요할 때 다시 조회 전용 데이터를 생성할 수 있습니다. 그림 7-6은 ViewRecover가 이벤트 저장소에서 도메인 이벤트를 조회 후 이벤트 핸들러에 전달해 실수로 삭제한 구체화된 뷰를 다시 생성하는 방법을 보여줍니다. 물론 단순 복원뿐만 아니라 새로운 뷰를 추가하는 것도 가능합니다.

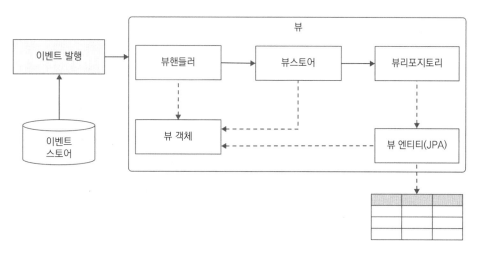

그림 7-6 도메인 이벤트와 뷰 복원

7.6 마이크로서비스 모듈

CQRS를 적용한 마이크로서비스의 모듈은 view입니다. view 패키지는 조회 전용 데이터를 생성하거나 변경하는 데 필요한 모든 클래스를 포함합니다. CartView와 CartViewStore는 애플리케이션 서비스인 CartService 또는 조회 전용 RESTful

API를 제공하는 엔드포인트인 CartEndpoint에서 직접 사용합니다. 조회를 위한 클래스는 query 패키지에 둡니다.

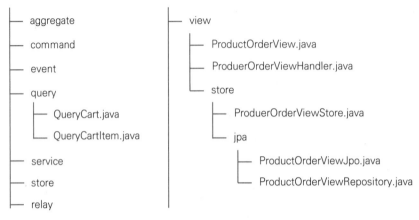

그림 7-7 마이크로서비스와 CQRS 모듈

마이크로서비스에서 여러 개의 뷰를 만들어야 하면 그림 7-8처럼 view에 하위 패키지를 추가해 구분합니다.

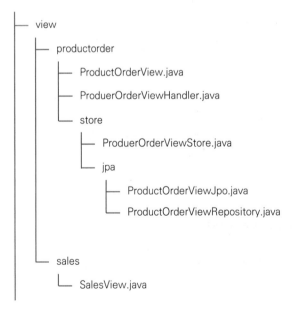

그림 7-8 CQRS의 view 모듈 확장

7.7 CQRS 활용 사례

앞서 이벤트를 주고 받으면서 서비스간 협력으로 기능을 구현하는 방법을 소개했습니다. 이벤트 주도 아키텍처는 이벤트를 활용해 서비스 간의 의존성을 최소화해 느슨하게 결합한 시스템을 구축할 수 있게 합니다. 특히 마이크로서비스 아키텍처에서 이벤트를 적극적으로 도입하면 다양한 조회 기능의 추가/변경이 자유로워 확장성을 높이면서 독립적인 개선이 가능합니다. 여기서는 CQRS를 활용할 수 있는 대표적인 사례를 소개합니다.

7.7.1 선택적 동기화 – 코드

시스템에서 빠지지 않는 것이 (공통 또는 기준)코드입니다. 개발자는 도메인을 깊이 이해하지 않고 코드 테이블을 만들어 관리합니다. 하지만 반드시 코드로 관리해야 하는 케이스는 생각보다 많지 않습니다.

코드 테이블에 새로운 코드를 추가/변경/삭제한 후 비즈니스 로직을 변경해야 하는가를 항상 고려해야 합니다. 예를 들어 A001 코드를 추가하고 비즈니스 로직에서 조건문으로 A001 코드를 분기해야 하면 테이블로 관리할 필요가 없습니다. 코드 테이블 사용은 추가/변경/삭제가 비즈니스 로직에 영향을 주지 않는 범위로 한정해야 합니다. 그렇지 않다면 enum만으로도 충분합니다.

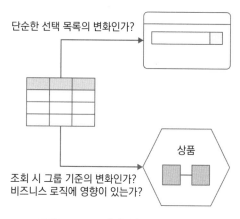

그림 7-9 코드 테이블과 비즈니스 로직

마이크로서비스 아키텍처에서 코드로 관리해야 하는 항목을 개별 마이크로서비스에 정의하면 독립성을 계속 유지할 수 있지만 코드 관리 책임을 가진 별도의 부서가 있으면 기준 코드를 관리하는 서비스가 필요합니다. 그림 7-10은 코드를 관리하는 서비스에서 코드를 변경하면 도메인 이벤트를 발행하고 마이크로서비스는 자신이 사용하는 코드 그룹에 속한 이벤트에만 반응해 선택적으로 업데이트하는 흐름을 보여줍니다. 이 방법은 product 서비스에서 관리하는 코드를 order 서비스까지 동기화해야 하는 유스케이스와 같이 마이크로서비스간 코드를 공유하는 시나리오에 활용할 수 있습니다.

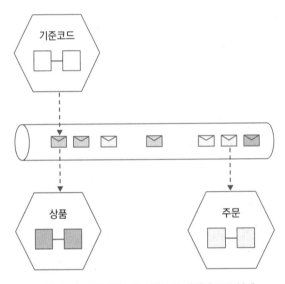

그림 7-10 코드 마이크로서비스와 선택적 코드 복제

7.7.2 이벤트 통합 저장소 – 감사

인증이 필요한 시스템은 로그인 시도와 그 결과인 성공과 실패, 비밀번호 변경, 접속 IP 같은 다양한 감사 기록을 요구합니다. 개인정보를 다루는 시스템은 개인정보 조회 시도를 모두 기록하는 기능을 요구하기도 합니다.

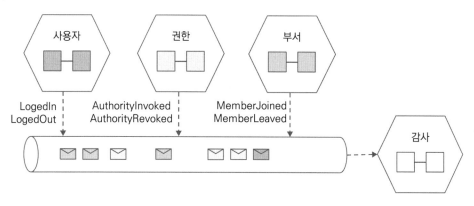

그림 7-11 통합 감사 로그

감사 기록 생성은 어느 하나의 마이크로서비스로 한정할 수 없고 통합해서 분석해야 합니다. 따라서 개별 서비스에서 감사 기록을 생성하고 설계한 토픽에 이벤트를 발행합니다. 감사[audit] 마이크로서비스는 감사 기록을 발행하는 토픽을 구독해 기록한 후 통합된 뷰를 제공합니다. 감사 기록을 생성하는 서비스에 기능을 추가하면서 감사 대상 도메인 이벤트를 추가하기도 하는데 이벤트 타입의 추가는 audit 마이크로서비스에 이벤트 핸들러를 추가하는 방식으로 변화를 수용하거나 5장에서 설명한 변환(2차) 메시지를 선택할 수 있습니다.

7.7.3 값 누적 – 실시간 매출 현황

커머스 도메인에서 일일 실시간 매출현황이 필요한 요구사항을 접수하면 order, payment 중 어느 서비스에 기능을 추가할지 고민해야 합니다. 이벤트를 활용한다면 새로운 sales 서비스를 추가하고 order에서 발행하는 이벤트를 수신해 일일 실시간 매출현황을 제공할 수 있습니다. 그림 7-12와 같이 OrderCompleted, OrderCanceled 이벤트에 반응해 상품 판매 실적과 일일 매출 현황 뷰를 생성합니다.

> **강조**
> 마이크로서비스 추가는 유지보수 비용 증가에 직접적인 영향을 주므로 신중하게 결정해야 합니다.

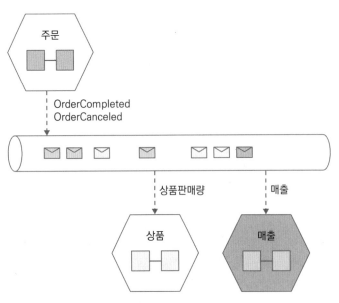

그림 7-12 상품 판매 실적과 실시간 일일 매출

7.7.4 복잡한 계산 – 설계사 수수료

1장의 유비쿼터스 언어에서 새로운 보험 계약이 이뤄질때 설계사에게 지급하는 수수료 계산에 대해 설명했습니다. 새로운 계약 이벤트가 발생하면 계약(상품/월보험료)에 따른 수수료 지급 계획과 예상 수수료를 계산할 수 있습니다. 반대로 계약을 해지하면 지급 계획과 예상 수수료를 삭제합니다. 수수료를 지급한 이후 계약을 해지하면 이미 지급한 수수료의 환수금 계산도 가능합니다.

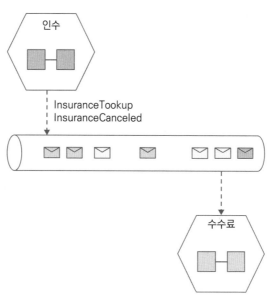

그림 7-13 보험 계약과 수수료 계산

구체화된 뷰는 그림 7-14처럼 설계사 번호와 계약번호를 기준으로 월별 지급 수수료 컬럼을 가집니다.

TB_BROKERAGEFEE_VIEW			
AGENT_ID	CONTRACT_ID	PAY_MONTH	FEE

그림 7-14 수수료와 구체화된 뷰

7.7.5 데이터 동기화 – 카트와 상품 판매가격 변경

카트 아이템을 값 객체로 설계한 경우 사용자가 카트에 상품을 추가하면 상품 엔티티의 판매가격을 값 객체로 변환해 저장합니다. 상품을 카트에 담은 이후 상품의 판매 가격을 변경하면 값 객체인 아이템의 판매가격도 갱신해야 합니다.

그림 7-15 상품 가격 변경과 카트 아이템

카트와 아이템을 독립된 애그리게이트로 설계한 경우 상품 아이디로 아이템을 조회해 손쉽게 변경할 수 있습니다. 반면 카트 애그리게이트에서 아이템을 값 객체로 설계하면 조금 더 복잡한 코드가 필요한데 상품을 포함한 카트를 구체화된 뷰로 만들고 이 뷰를 사용해 가격이 변경된 상품을 포함하고 있는 카트를 찾아 상품 가격을 변경할 수 있습니다.

TB_PRODUCT_CART_VIEW	
PRODUCT_NO	CART_ID

그림 7-16 상품과 카트 뷰

7.8 이벤트 소싱과 뷰 일관성

이벤트 소싱에서 비즈니스 로직은 애그리게이트가 처리하고 테이블들을 조인해 조회하는 책임을 CQRS로 분리합니다. CQRS에서 조회 전용 데이터를 조작하는 이벤트 핸들러는 원칙적으로 비동기로 반응해야 합니다.

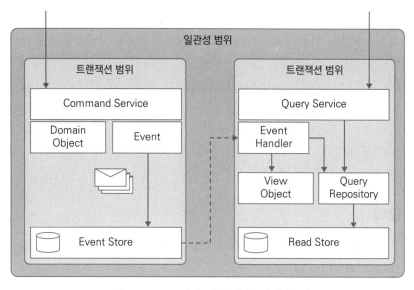

그림 7-17 CQRS 이벤트 핸들러와 트랜잭션 분리

"통화 종료 시 누적된 통화시간을 한 트랜잭션으로 처리해야 한다."는 요구사항이 있는 경우에는 사용할 수 없다고 생각할 수 있지만 여전히 CQRS를 사용할 수 있습니다.

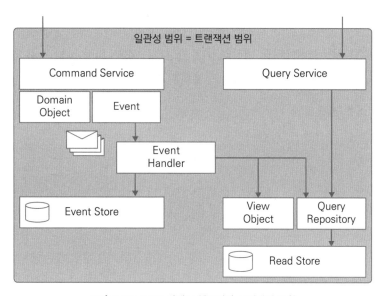

그림 7-18 CQRS 이벤트 핸들러와 트랜잭션 통합

그림 7-18은 한 트랜잭션으로 일관성을 보장하기 위해 이벤트 핸들러를 사용하는 방법입니다. 이 변형은 이벤트 핸들러가 하나의 트랜잭션에서 처리됨을 보장합니다. 하지만 한 트랜잭션에서 처리됨을 보장하기 위해 단일 마이크로서비스에서만 사용할 수 있는 단점이 있습니다. 이 경우 한 트랜잭션에서 총 통화시간을 업데이트하는 비용(시간)이 증가하지만 비즈니스 요구사항에 의한 결과이므로 선택할 수 있는 대안이 없습니다.

7.9 요약

7장에서는 이벤트 소싱을 적용한 시스템에서 CQRS를 이용해 복잡한 조회를 지원하는 방법을 알아봤습니다.

- 관계형 데이터베이스에서 사용할 수 있는 뷰와 구체화된 뷰에 대해 알아봤습니다.

- 도메인 이벤트에 반응해 구체화된 뷰에 조회 전용 데이터를 비동기로 생성할 수 있습니다.

- 단순 조회용에서 시작해 복잡한 계산 결과까지 CQRS를 활용할 수 있는 대표적인 사례들을 살펴봤습니다.

- 구체화된 뷰에 데이터를 생성하거나 변경하는 것은 비동기 방식을 사용하지만 필요에 따라 단일 트랜잭션에서 구체화된 뷰를 생성할 수 있습니다.

- CQRS를 활용하면 기존 서비스 수정 없이 새로운 서비스를 추가하면서 다양한 데이터를 생성할 수 있습니다.

사용자 인터페이스

8장에서 다루는 내용

- 태스크 기반 사용자 인터페이스
- 사용자 인터페이스와 커맨드
- 단일 페이지 애플리케이션에서 컴포넌트 조합과 협력
- 이벤트 주도 아키텍처에서 비동기 처리와 사용자 인터페이스
- 마이크로 프론트엔드

마이크로소프트는 Money 2000에서 다양한 실험을 진행하고 소프트웨어를 더 단순하게 만드는 방법으로 귀납적 사용자 인터페이스^{Inductive User Interface, 귀납적 UI} 가이드를 공개했습니다. 이 가이드는 소프트웨어를 사용하기 어려운 이유를 세 가지로 정리했습니다.

> **참고**
>
> 자세한 내용은 https://learn.microsoft.com/en-us/previous-versions/ms997506(v=msdn.10)?redirectedfrom=MSDN에서 확인할 수 있습니다.

1. 사용자는 소프트웨어에 관한 적절한 멘탈 모델을 구성하지 못한다.

2. 오랫동안 사용한 사용자도 일반적인 절차에 익숙하지 않다.

3. 사용자는 각 기능이나 화면을 파악하기 위한 노력과 시간이 필요하다.

『객체지향 UI 디자인』은 소프트웨어에 적절한 멘탈 모델인 도메인 객체를 중심으로 사용자가 요청할 수 있는 기능을 제공하는 방법과 페이지간 다양한 이동 패턴을 자세히 설명합니다. 스티브 크룩Steve Krug은 『사용자를 생각하게 하지 마!』에서 사용자는 사용법을 알아내기 위해 추가적인 노력을 원하지 않기 때문에 이를 해소시키기 위한 일반적인 접근법의 필요성을 설명했는데 이는 귀납적 UI와 일맥상통합니다.

요약하면 소프트웨어를 잘 사용하기 위해 사용자는 각 기능이나 화면이 제공하는 일반적인 절차에 익숙해 지는 시간이 필요하고 사용자 인터페이스는 이 시간을 단축하기 위해 사용자가 원하는 것을 자연스럽게 안내하는 방향으로 설계해야 합니다. 이벤트 소싱에서는 이런 접근법을 태스크 기반 사용자 인터페이스Task Based User Interface, 태스크 기반 UI라고 합니다.

8장에서는 이벤트 소싱을 적용하는 소프트웨어에서 고려해야 하는 사용자 인터페이스를 다룹니다.

> **강조**
>
> 『객체지향 UI 디자인』에서 태스크 지향 UI의 많은 단점에 대해 논하지만 "태스크"란 표현으로 태스크 기반 UI가 태스크 지향 UI와 같은 것으로 오해하지 않아야 합니다.

8.1 CRUD 사용자 인터페이스

사용자 인터페이스는 사용자가 무엇을 할 수 있는지 명확하게 해 소프트웨어를 좀 더 쉽게 사용할 수 있게 유도해야 합니다. 기본적으로 목록과 상세를 제공하는 CRUD 사용자 인터페이스(CRUD UI)는 모든 항목을 나열한 상세 화면을 제공합니다. 이 화면은 많은 속성을 한번에 편집할 수 있는 컨트롤들로 구성하고 입력한 값에 따라 다른 컨트롤을 활성화하거나 비활성화합니다.

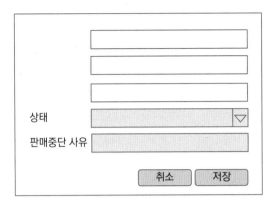

그림 8-1 CRUD UI

그림 8-1은 사용자가 상품의 상태를 판매중에서 중단으로 변경한 후 저장하려고 할 때 판매 중단 사유를 입력해야 하는 비즈니스 규칙이 있습니다. 일부 UI는 "판매 중단 사유를 입력하세요."라는 알림 문구를 제공하기도 하고 드롭다운에서 판매 중단을 선택하면 비활성화된 사유를 입력하는 컨트롤을 활성화시킵니다. 사용자에게 좀 더 자연스러운 흐름을 제공하는 사용자 인터페이스는 보이지 않던 비활성화 사유를 입력하는 컨트롤을 보여주기도 합니다. 이런 흐름은 사용자 인터페이스가 해당 컨트롤을 반드시 입력해야 한다는 것을 알려주므로 모든 것을 나열하는 방식보다 직관적입니다.

8.2 태스크 기반 사용자 인터페이스

태스크 기반 UI는 CRUD UI와 비슷하지만 조금 다르게 접근합니다. 우선 상품 목록을 표시하는 것은 같지만 상품 목록 오른쪽에 사용할 수 있는 기능을 보여주는 다양한 버튼을 제공합니다. 앞선 예시에서 이 버튼은 상품의 판매 상태에 따라 [판매시작] 또는 [판매중단] 버튼을 보여줍니다.

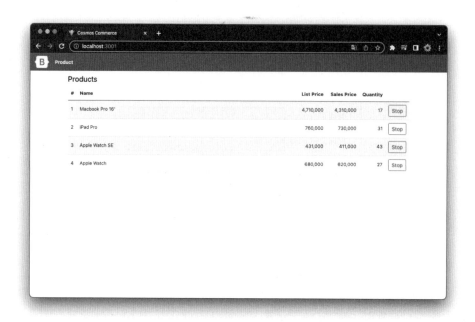

그림 8-2 태스크 기반 UI

[판매중단] 버튼은 사용자에게 이 버튼을 클릭하면 시스템이 상품 판매를 중단하겠다는 의도를 보여줍니다. 사용자가 버튼을 클릭하면 판매 중단 사유를 입력하는 모달을 제공합니다. 이 모달은 CRUD UI와 비교했을 때 사용자에게 상품 판매를 중단하는 프로세스를 훨씬 자연스럽게 안내합니다.

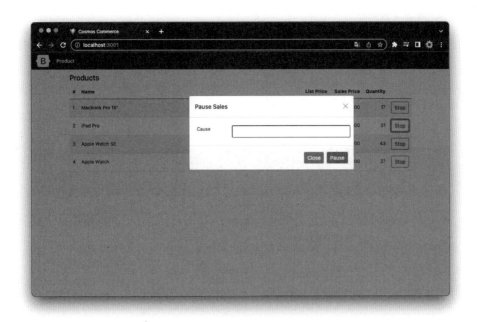

그림 8-3 커맨드에 필요한 정보 입력

특히, 태스크 기반 UI는 모바일 환경에서 더 나은 사용자 경험을 제공합니다. 사용자 경험은 비즈니스 프로세스에서 필수이고 사용 의도를 명확하게 드러냄으로써 소프트웨어의 가치를 한층 더 높일 수 있습니다. 더불어 태스크 기반 UI는 커맨드와 이벤트라는 시각에서 이벤트 소싱과 가장 잘 어울리는 접근법이기도 합니다.

8.3 사용자 인터페이스와 커맨드

태스크 기반 UI는 카트에 담긴 상품의 수량과 옵션 변경을 개별적인 커맨드로 분리하고 백엔드에 요청을 전달하고 Cart 애그리게이트에서 처리합니다. 하지만 업무 시스템은 여러 애그리게이트를 같이 변경하고 한번의 요청으로 처리하는 기능을 요구합니다.

8.3.1 복합 커맨드

카트에 담긴 아이템을 하나씩 삭제하거나 체크박스로 여러 개를 선택하고 [삭제] 버튼을 클릭해 아이템들을 한번에 삭제(선택삭제)합니다. 그림에는 없지만 때로는 우측 상단에 [전체삭제] 버튼을 제공하기도 합니다.

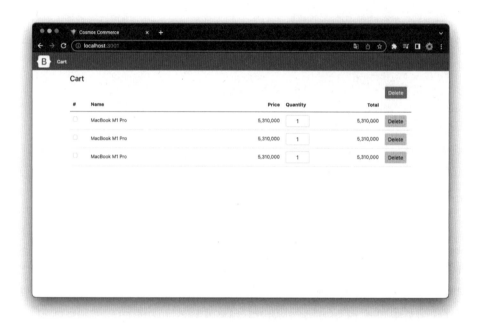

그림 8-4 다건 커맨드 처리

선택삭제나 전체삭제는 백엔드에서 여러 애그리게이트의 상태를 변경하기 위해 예제 8-1처럼 DeleteItem 커맨드의 목록 또는 itemId 목록을 속성으로 갖는 DeleteItems 커맨드를 사용할 수 있습니다.

예제 8-1 Task 기반 UI와 커맨드

```
public class DeleteItem {
  private String itemId;
}

//
```

```
public class DeleteItems {
  private List<String> itemIds;
}
```

앞서 카트에서 아이템을 삭제하는 사례는 동일한 기능을 제공하는 커맨드 집합입니다. 반대로 서로 다른 기능을 한번에 요청하는 커맨드가 필요하기도 합니다.

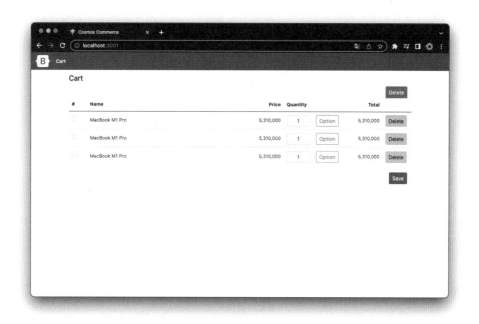

그림 8-5 복합 커맨드 다건 처리

서로 다른 기능을 요청하는 커맨드는 개별적인 커맨드 목록을 포함하는 복합 커맨드를 사용할 수 있습니다. 동일 카트에 담긴 첫 번째 아이템은 수량을 변경하고 두 번째 아이템의 옵션을 변경한 후 [저장] 버튼을 클릭하면 복합 커맨드인 ChangeItems 객체를 사용해 백엔드에 요청합니다. 이 커맨드는 ChangeQuantity 와 ChangeOption 커맨드 목록을 포함합니다.

```java
public class ChangeQuantity {
  private String productNo;
  private int quantity;
}

//

public class ChangeOption {
  private String productNo;
  private String option;
}

//

public class ChangeItems {
  private String cartId;

  private List<Command> changeQuantities;
  private List<Command> changeOptions;
}
```

복합 커맨드를 카트 애그리게이트로 전달하는 애플리케이션 서비스는 카트를 조회하고 애그리게이트에 커맨드를 반복해서 위임합니다.

예제 8-3 복합 커맨드와 애플리케이션 서비스

```java
public class CartService {

  public void changeItems(ChangeItems command) {
    Cart cart = this.cartStore.load(command.getCartId());

    command.getChangeQuantities().stream.foreach(cmd -> {
      cart.changeQuantity(cmd);
    });
    command.getChangeOptions().stream.foreach(cmd -> {
      cart.changeOption(cmd);
    });

    this.cartStore.save(cart);
  }
```

```
    }
```

8.3.2 목록과 상세

CQRS로 목록과 상세를 분리하면 기능 복잡도의 증가를 방지하면서 RESTful API의
단순함을 유지할 수 있습니다. 이벤트 소싱에서 목록은 CQRS로 생성한 구체화된 뷰
를 조회해 테이블로 바인딩하고 상세는 애그리게이트를 조회해 폼에 바인딩합니다.

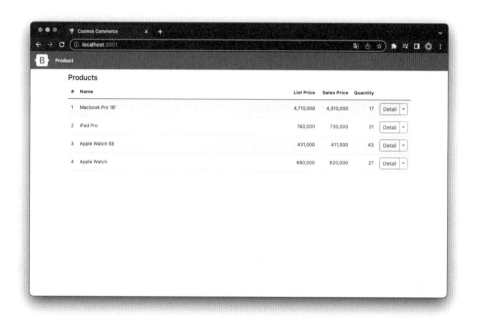

그림 8-6 목록과 자주 사용하는 커맨드

목록은 상세 정보를 확인할지 결정하는 데 필요한 중요한 속성만 제공하는 것이 좋습
니다.

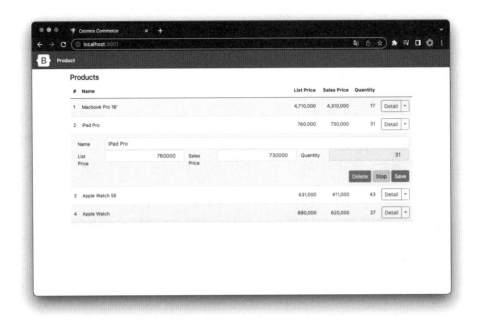

그림 8-7 목록과 확장 커맨드

도메인을 더 깊게 이해하면 사용자가 데이터 변경을 결정하는 데 사용하는 속성 값들에 규칙을 적용해 유도한 새로운 속성을 목록의 항목으로 바인딩합니다. 그리고 도메인 전문가는 개별 속성이 아닌 유도한 속성을 확인해서 데이터 변경을 결정할 수 있습니다. 또한 담당자가 상세 내용을 확인하거나 변경하기 위해 우측에 있는 [Detail] 버튼이나 아이템(상품명)을 클릭하면 그림 8-7처럼 아이템을 확장해서 목록에는 보이지 않는 애그리게이트의 상세 내용을 확인하고 변경합니다. 애그리게이트 단위의 조회는 CQRS로 분리한 조회용 데이터와 애그리게이트간 일시적으로 발생하는 일관성 이슈도 해결합니다. 관련 패턴은 '4장, 동시성과 이벤트 충돌'에서 설명했습니다.

그림 8-8은 사용자 편의성을 높이기 위해 유도한 속성에 따라 사용할 수 있는 버튼을 선택적으로 제공할 수 있음을 보여줍니다.

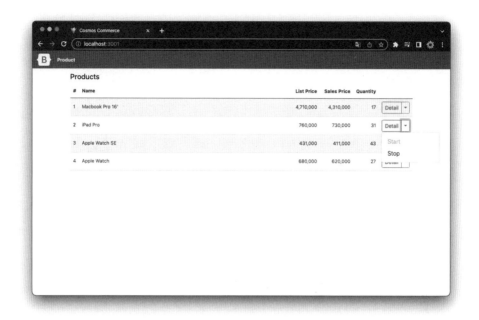

그림 8-8 애그리게이트 상태와 선택적인 확장 커맨드

또한 애그리게이트 상태 변경이 목록에 바인딩한 속성을 포함하거나 유도한 속성에 영향을 주면 목록 조회 API를 호출해서 테이블에 다시 바인딩해야 합니다. 리액트와 같은 프론트엔드 기술로 구현한 사용자 인터페이스는 커맨드의 응답으로 "200 OK"를 수신하면 목록을 다시 조회하지 않고 화면에서 목록의 속성을 직접 변경해서 API 호출을 줄일 수 있습니다. 이 패턴은 이어지는 비동기와 사용자 인터페이스에서 자세히 설명합니다.

한편 애그리게이트를 생성하는 커맨드의 속성이 많지 않고 반복적이면 폼을 목록 상단에 배치해 작업 효율성을 높일 수 있습니다. 이 패턴도 화면에 입력한 값만으로 목록을 렌더링할 수 있다면 등록 후 목록을 다시 조회할 필요가 없습니다.

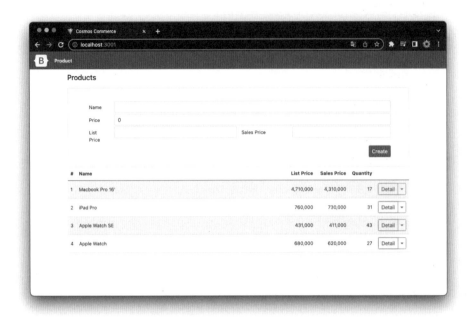

그림 8-9 커맨드와 화면 렌더링

8.4 페이지와 컴포넌트 구성

최신 프론트엔드 기술은 컴포넌트를 조합할 수 있는 방법을 제공하는데 컴포넌트 책임의 크기에 따라 유지보수성에 큰 영향을 줍니다. 예를 들어 하나의 애그리게이트를 여러 개의 목록과 상세 페이지에서 임포트^{import}해 사용할 때 상세 페이지는 다수의 목록 접근 경로가 있고 상세 페이지에 있는 [목록] 버튼을 클릭하면 진입한 목록 페이지로 다시 되돌아가야 합니다.

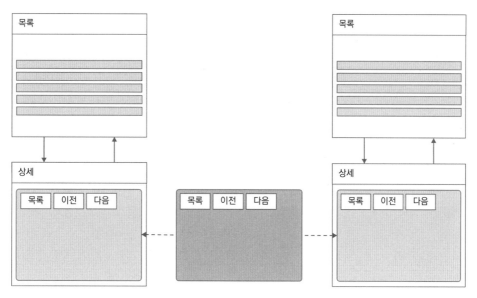

그림 8-10 컴포넌트와 페이지 영향도

이 경우 페이지 전체를 하나의 컴포넌트로 개발하는 사례를 많이 볼 수 있는데 목록 버튼은 상세 페이지로 유입한 목록 페이지로 돌아가기 위해 파라미터, Local Storage 등과 함께 다양한 조건문을 사용해야 합니다. 애그리게이트만 바인딩하는 더 작은 컴포넌트로 분리해 조합하면 유지보수성을 향상시킬 수 있습니다. 상세 페이지는 애그리게이트 컴포넌트를 임포트해 구성하지만 목록/이전/다음 버튼은 페이지가 직접 소유합니다.

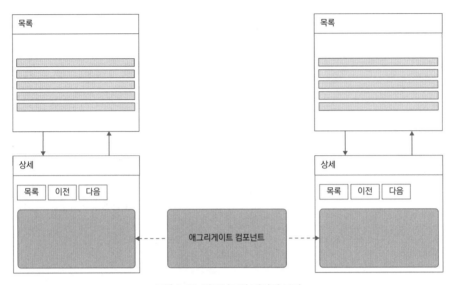

그림 8-11 컴포넌트와 페이지 분리

주의 깊게 설계한 애그리게이트 컴포넌트는 목록/상세 페이지에 접근하는 URL 경로에 변화가 있어도 상세 컴포넌트에 영향을 주지 않습니다. 이런 접근은 이전/다음 애그리게이트를 상세 페이지 하단에 추가하는 변경 요청이 있어도 페이지를 구성하기위해 이미 임포트한 컴포넌트에 영향을 주지 않습니다.

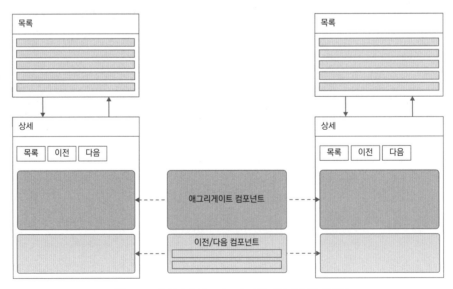

그림 8-12 이전/다음 컴포넌트 추가와 페이지 구성 영향도

8.5 사용자 인터페이스와 비동기 서비스

마이크로서비스 아키텍처가 주로 백엔드를 다루는 반면 프론트는 기술 자체에 집중하는 경향이 있습니다. 프론트와 백엔드간 요청과 응답은 동기식이지만 백엔드는 메시지(비동기)로 협력하는 비즈니스 트랜잭션이므로 사용자의 요청과 응답을 동기화할 수 없습니다.

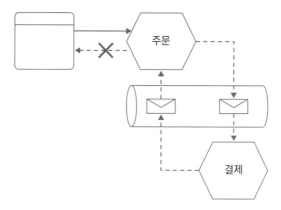

그림 8-13 UI 요청과 비즈니스 트랜잭션

또한 협력하는 백엔드 중 하나가 일시적인 오류 또는 성능 저하로 사용자 요청과 응답이 백엔드 서비스간 비즈니스 트랜잭션 완료 시간에 차이가 발생할 수 있습니다. 하지만 시스템은 사용자에게 요청한 비즈니스 트랜잭션이 완료됐음을 반드시 제공해야 하고 여기서 다섯 가지 방법을 소개합니다.

8.5.1 화면 비활성화 후 새로고침

사용자가 버튼을 클릭하면 화면을 비활성화하고 명령의 완료 여부를 표시합니다. 이후 지정된 시간 동안 대기한 후 화면을 다시 로드해서 결과를 업데이트합니다. 하지만 시스템이 지정된 시간 동안 비즈니스 트랜잭션을 완료하지 못하면 사용자에게 올바른 결과를 보여줄 수 없습니다. 이 방법은 개발이 쉬운 반면에 사용자 경험을 트레이드 오프해야 하고 최악의 경우 사용자는 서비스를 더 이상 이용하지 않을 수 있습니다.

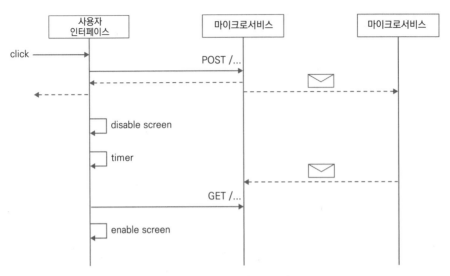

그림 8-14 비활성화 후 새로고침

8.5.2 확인(완료) 화면

사용자에게 '확인' 또는 '감사합니다' 화면을 먼저 표시합니다. 비즈니스 트랜잭션을 완료하는 일반적인 지연 시간을 할당하고 사용자가 다른 화면으로 이동했을 때 최신 상태를 표시합니다. 처리 흐름은 다음에 설명할 예상 결과 표시 방법과 유사합니다. 이 방법은 판매 완료 또는 티켓 예매와 같은 프로세스 완료 화면(완료됐습니다 > 예매내역 보기 버튼 클릭 > 예매내역)에 적합합니다.

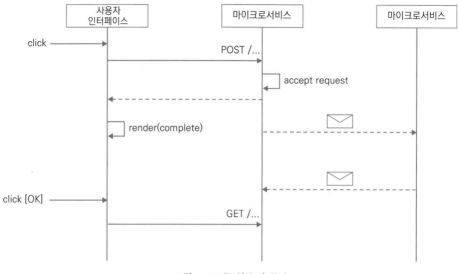

그림 8-15 확인(완료) 화면

8.5.3 예상 결과 표시

사용자 인터페이스는 요청이 접수됐다는 응답을 받으면 새로운 읽기 모델의 상태(성공시 화면에 어떻게 표시할지)를 예상할 수 있습니다. 이는 요청 접수가 명령의 유효성을 검사했기 때문에 백엔드 서비스간 비즈니스 트랜잭션이 정상적으로 완료될 것으로 기대합니다. 응답을 받았을 때 화면 변경을 예측할 수 있으므로 서버가 제공하는 조회 API를 호출하지 않고 프론트에서 화면을 직접 렌더링할 수 있습니다. 앞서 설명한 방법과 비교했을 때 구현에 시간이 조금 더 걸리지만 훨씬 더 자연스러운 사용자 경험을 제공합니다.

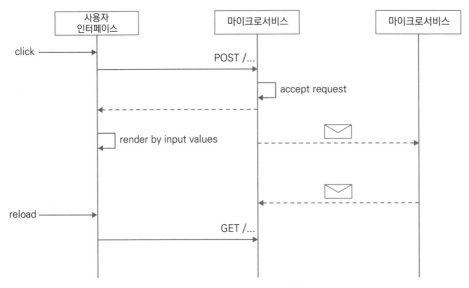

그림 8-16 입력값만으로 화면 렌더링

트위터와 같은 서비스를 개발한다고 가정했을 때 새로운 메시지를 트윗하면 서버는 유효성을 검사하고 그 결과로 "200 OK"를 반환합니다. 트윗 목록에 추가하는 데 필요한 속성 값은 메시지를 작성한 컨트롤에서 모두 얻을 수 있으므로 정상 응답을 받으면 트윗 목록을 다시 조회해 화면에 표시하는 대신 포스트한 메시지를 목록의 맨위에 직접 추가합니다.

트위터는 같은 식별자를 가지는 메시지를 여러 사용자가 동시에 변경하지 않기 때문에 추가적으로 고려해야 할 이슈가 없지만 여러 사용자가 같은 애그리게이트를 변경하면 동시성을 고려해야 합니다. 동시성은 4장에서 설명한 "200 OK" 응답에 해당 애그리게이트 버전을 함께 반환하고 커맨드로 요청할 때 버전을 포함해 갱신 분실을 방지해야 합니다.

8.5.4 이벤트와 푸시

사용자 인터페이스는 요청을 보낸 후 화면을 비활성화시키고 기대하는 이벤트를 받을 때까지 유지합니다. 비즈니스 트랜잭션을 완료하면 백엔드는 프론트에 완료 메시지를 보내고 프론트는 화면을 다시 활성화시키거나 지정한 페이지로 이동시킵니다.

프론트는 백엔드로부터 메시지를 받기 위해 이벤트를 사용합니다. 이벤트는 다른 개발 방법과 비교했을 때 오버 헤드(복잡도, 복잡도로 인한 개발 시간)가 있으므로 실시간 업데이트가 꼭 필요한 요구사항인지 한번 더 고민해야 합니다. 대표적인 구현 기술로 웹소켓 WebSocket과 SSE^Server-Sent Events가 있습니다.

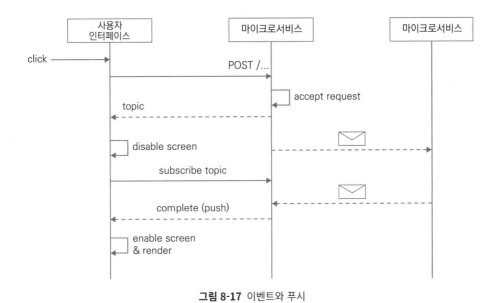

그림 8-17 이벤트와 푸시

8.5.5 타이머와 폴링

화면을 비활성화시키는 방법은 동일하지만 서버에서 완료 이벤트를 수신할 때까지 대기하지 않고 사용자 인터페이스에서 타이머를 이용해 주기적으로 처리 상태를 확인합니다. 처리를 완료했으면 화면을 다시 활성화시키거나 다른 페이지로 이동시킵니다. 앞서 설명한 푸시와 비교했을 때 구현 난이도가 낮아 많이 사용하는 방법이지만 서버로 요청이 많은 단점이 있습니다.

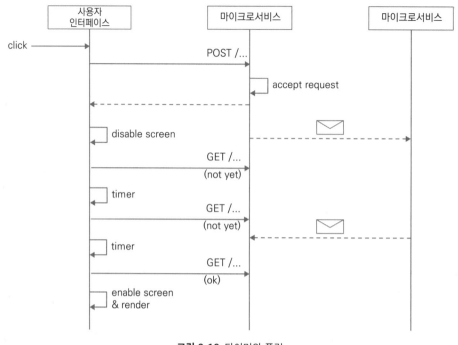

그림 8-18 타이머와 폴링

8.6 스벨트와 비트

최신 프론트 구현 기술인 리액트/앵귤러/뷰를 브라우저에서 수행되는 라이브러리/프레임워크라 부르는 반면 스벨트^Svelte^는 컴포넌트 프레임워크라고 합니다. 하지만 스벨트는 컴파일러에 더 가깝고 컴파일 단계에서 다양한 기능을 제공해 개발자에게 큰 호응을 얻고 있습니다. 스벨트는 다른 라이브러리/프레임워크에 비해 훨씬 적은 양의 코드로 웹 프론트를 개발할 수 있을 뿐만 아니라 반응성도 지원합니다. 스벨트는 다른 기술과 마찬가지로 컴포넌트 개발을 지원하면서 적은 학습량으로 빠른 러닝커브를 제공합니다.

번들링^{Bundling}은 프론트 개발자가 특정 브라우저용 코드를 작성하지 않게 해 생산성을
대폭 향상시켰고 대표적인 도구로 웹팩^{webpack}과 롤업^{rollup}이 있습니다. 웹팩과 롤업은
다른 도구와 마찬가지로 시간이 지나면서 여러 가지 단점이 대두됐는데, 대표적인 단
점은 프로젝트의 크기가 커질수록 빌드 시간 증가와 다양한 플러그인 사용에 따른 복
잡한 의존성 관리입니다. 비트^{Vite}는 이런 단점들을 극복하기 위해 새롭게 만든 번들링
도구입니다.

8.6.1 스벨트 프로젝트 생성

비트는 리액트, 뷰 외에도 다양한 기술 스택을 포함한 템플릿을 제공하며, 스벨트도 지
원합니다. 먼저 비트를 사용해 스벨트 프로젝트를 생성합니다.

1. framework로 svelte를 선택한다.

2. variant로 svelte-ts(typescript)를 선택한다.

예제 8-4 스벨트 프로젝트 생성

```
> npm init vite front
Need to install the following packages:
  create-vite
Ok to proceed? (y) y
✔ Select a framework: > svelte (1)
✔ Select a variant: > svelte-ts (2)

Scaffolding project in /Users/cosmos/Documents/99-temp/front...

Done. Now run:

  cd front
```

```
npm install
npm run dev
```

8.6.2 서버 설정

스벨트가 실행될 개발 서버를 설정합니다. 예제를 실행하기 위해 웹 브라우저에서 개발 서버에 접속하는 포트를 3000으로 설정(1)합니다.

백엔드 서비스인 transfer와 account를 호출하려면 vite.config.ts에 프록시Proxy를 설정해야 합니다. 프록시는 개발 서버에 요청한 URL을 프록시에 등록한 경로와 비교해, 일치하면 지정한 target(백엔드)으로 전달합니다. 예제 8-5는 /api로 시작하는 URL로 받은 요청(2)에서 /api를 제거(4)한 나머지 URL로 백엔드가 실행 중인 172.30.1.90:8081(3)로 포워드합니다.

changeOrigin 속성(5)은 한 서버에서 실행 중인 웹 애플리케이션이 다른 서버의 자원에 접근할 수 있는 권한을 제한하는 교차 출처 리소스 공유Cross-Origin Resource Sharing, CORS 오류가 발생하지 않도록 HTTP 헤더를 자동으로 변경합니다.

예제 8-5 vite.config.ts Proxy 설정

```
import { defineConfig } from 'vite'
import { svelte } from '@sveltejs/vite-plugin-svelte'

// https://vitejs.dev/config/
export default defineConfig({
  plugins: [svelte()],
  server: {
    host: true,
    port: 3000,                                     (1)
    proxy: {
      '/api': {                                     (2)
        target: 'http://10.0.2.4:8081',            (3)
        rewrite: path => path.replace('/api', ''),  (4)
        changeOrigin: true,                         (5)
        secure: false
      }
    }
  }
```

```
    }
})
```

8.6.3 svelte-navigator 의존성

스벨트에서 라우팅은 사용자가 요청한 URL에 해당하는 페이지를 보여줍니다. 다른 기술 스택처럼 스벨트에서 사용할 수 있는 다양한 라우팅 라이브러리가 있습니다. 예제는 svelte-navigator를 사용합니다.

package.json은 메이븐이 사용하는 pom.xml처럼 프론트엔드 프로젝트에서 의존성을 관리합니다. dependencies에 최신 버전의 svelte-navigator를 추가하고 npm install 명령으로 패키지를 설치합니다.

예제 8-6 package.json router 의존성 추가

```
{
  "name": "front",
  "private": true,
  "version": "0.0.0",
  "type": "module",
  "scripts": {
    "dev": "vite --debug",
    "clean": "rm -rf node_modules",
    "build": "vite build",
    "preview": "vite preview",
    "check": "svelte-check --tsconfig ./tsconfig.json"
  },
  "devDependencies": {
    "@sveltejs/vite-plugin-svelte": "^1.0.1",
    "@tsconfig/svelte": "^3.0.0",
    "svelte": "^3.49.0",
    "svelte-check": "^2.7.0",
    "svelte-preprocess": "^4.10.7",
    "tslib": "^2.4.0",
    "typescript": "^4.6.4",
    "vite": "^3.0.7"
  },
  "dependencies": {
    "svelte-navigator": "3.1.6"
```

```
      }
    }
```

App.svelte에 라우터를 정의합니다. 예를 들어 transfer 프론트엔드는 웹 브라우저
가 /나 /transfer를 요청했을 때 Transfer.svelte 페이지를 보여주도록 App.svelte
에서 Router와 Route를 사용(3)합니다. 예제 8-7은 라우팅을 정의하는 svelte-
navigator 라이브러리에서 Rotuer와 Route를 임포트(1)하고 /와 /transfer 요청
을 수신하면 Transfer.svelte 페이지를 렌더링하게 Route에 등록합니다. Header.
svelte는 account와 transfer 서비스 프론트엔드로 이동하는 하이퍼링크를 가진 단
순한 컴포넌트(2)입니다.

예제 8-7 App.svelte Router 설정

```
<script lang="ts">
  import { Router, Route } from 'svelte-navigator'; (1)

  import Header from './Header.svelte';              (2)
  import Transfer from './Transfer.svelte';
</script>

<Header />

<Router>                                             (3)
  <Route path="/transfer">
    <div class="container-xxl">
      <div class="container flex-row col-12">
        <main>
          <Transfer />
        </main>
      </div>
    </div>
  </Route>
  <Route path="/">
    <div class="container-xxl">
      <div class="container flex-row col-12">
        <main>
          <Transfer />
        </main>
      </div>
    </div>
```

```
    </Route>
  </Router>
```

8.7 계좌 이체와 계좌 페이지

계좌 이체 페이지는 그림 8-19처럼 출금과 입금할 계좌와 이체 금액을 입력할 수 있습니다. 사용자는 여러 계좌를 소유할 수 있으므로 CQRS로 계좌 목록을 제공할 수도 있습니다. 태스크 기반 UI 접근법에서는 [이체] 버튼을 클릭하면 입금 계좌를 입력하거나 검색하는 기능을 제공해 사용성을 높일 수 있습니다.

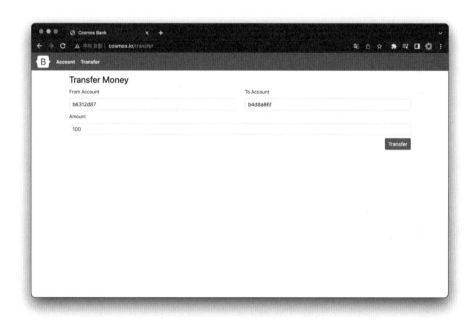

그림 8-19 계좌 이체 페이지

계좌 페이지는 그림 8-20처럼 계좌 번호를 입력하고 [조회]를 클릭하면 현재 잔액을 보여줍니다. 이벤트 소싱을 적용하면 계좌에서 발생한 도메인 이벤트인 계좌 생성, 입금, 출금과 같은 도메인 이벤트를 타임라인^{Timeline} 형식으로 보여줄 수 있습니다. 타임라인은 삭제로 처리한 이벤트를 선택적으로 포함시킬 수도 있습니다. 계좌 페이지는 단순한 입금과 출금을 위한 버튼도 포함합니다.

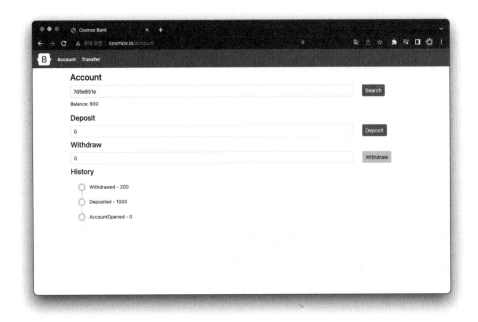

그림 8-20 계좌 페이지

8.8 비동기 구현

8.8.1 폴링과 setInterval 함수

프론트는 계좌 이체를 요청하고 백엔드가 Transfer 애그리게이트의 transferId 를 반환하면 타이머(1)를 사용해 500ms마다 completeTransfer 함수를 호출합 니다. 이 함수는 Transfer 애그리게이트를 조회하고 상태 속성을 비교해 계좌 이체 가 완료됐는지 확인(3)합니다. 상태가 Completed이면 타이머를 종료하고 사용자 에게 계좌 이체가 완료됐음을 알림으로 표시(4)하고 그렇지 않으면 500ms 후 다시 completeTransfer 함수를 실행합니다. HTTP 요청 헤더에서 service(2)는 9장 이 스티오의 버추얼 서비스에서 설명합니다.

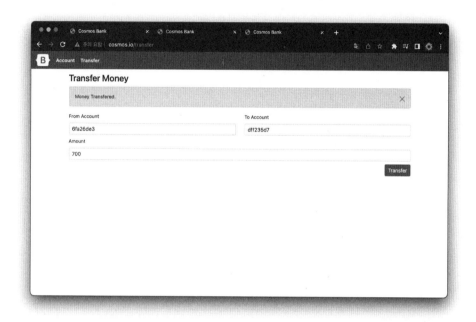

그림 8-21 계좌 이체 완료

예제 8-8 setInterval을 이용한 폴링

```ts
<script lang="ts">
  import AlertBox from './Alert.svelte';

  let fromAccountNo: string = 'b6312d87';
  let toAccountNo: string = 'b4d8a86f';
  let amount: number = 100;
  let timer: long;                              (1)
  let alertBox;
```

```
  function initialize(element) {
    element.focus();
  }

  async function transferMoney() {
    console.log(fromAccountNo + ' -> ' + toAccountNo + ': ' + amount);

    const response = await fetch('/api/transfer', {
      method: 'POST',
      headers: {
        'Content-Type': 'application/json',
        'service': 'transfer',                          (2)
        'command': 'TransferMoney'
      },
      body: JSON.stringify({
        fromAccountNo: fromAccountNo,
        toAccountNo: toAccountNo,
        amount: amount
      })
    });
    let transferId: string = await response.text();
    timer = setInterval(function() {                    (3)
      console.log("Timer Started.");
      completeTransfer(transferId);
    }, 500);
  }

  async function completeTransfer(transferId: string) {
    const response = await fetch('/api/transfer/' + transferId, {
      method: 'GET',
      headers: {
        'Content-Type': 'application/json',
        'service': 'transfer',
        'query': 'QueryTransfer'
      }
    });
    let transfer = await response.json();
    if (transfer.state == 'Succeed' || transfer.state == 'Fail') { (4)
      console.log("Timer Stopped.");
      clearInterval(timer);
      alertBox.show();
    }
  }
</script>
```

8.8.2 푸시와 웹소켓

클라이언트가 주기적으로 상태를 확인하는 폴링과 반대로 푸시는 서버에서 완료를 알려줍니다. 웹소켓은 클라이언트와 서버가 연결이 유지된 상태에서 메시지를 주고 받는 양방향 통신을 위한 표준화된 방법을 제공합니다.

웹소켓을 지원하는 다양한 라이브러리가 있지만 예제는 스프링이 제공하는 라이브러리를 사용합니다. 웹소켓을 사용하기 위해 pom.xml에 spring-boot-starter-websocket 의존성을 추가합니다.

예제 8-9 메이븐과 스프링 웹소켓 의존성

```xml
<dependencies>
  <dependency>
    <groupId>org.springframework.boot</groupId>
    <artifactId>spring-boot-starter-websocket</artifactId>
  </dependency>
</dependencies>
```

백엔드는 /transfer로 보낸 메시지에 반응하는 이벤트 핸들러인 TransferWebSocketHandler를 WebSocketHandlerRegistry에 등록(1)합니다. 또한 클라이언트가 웹소켓으로 서버에 연결할 때 전달하는 파라미터인 Transfer 애그리게이트 식별자이자 상관 관계 아이디로 사용하는 transferId를 얻기 위해 TransferWebSocketInterceptor를 등록(2)합니다. 인터셉터는 뒤에서 설명합니다.

예제 8-10 WebSocket 설정

```java
@Configuration
@EnableWebSocket
public class WebSocketConfiguration implements WebSocketConfigurer {

  private final TransferWebSocketHandler transferWebSocketHandler;

  public WebSocketConfiguration(TransferWebSocketHandler
                                transferWebSocketHandler) {
    this.transferWebSocketHandler = transferWebSocketHandler;
  }
```

```
@Override
public void registerWebSocketHandlers(
                WebSocketHandlerRegistry webSocketHandlerRegistry) {
  webSocketHandlerRegistry
          .addHandler(transferWebSocketHandler,                (1)
                  "/transfers")
          .setAllowedOrigins("*")
          .addInterceptors(new TransferWebSocketInterceptor()); (2)
  }

}
```

계좌 이체 비즈니스 트랜잭션을 완료하면 TransferSagaCoordinator가
transferId로 연결돼 있는 웹소켓에 결과를 전송해야 하므로 연결돼 있는 웹소켓
(WebSocketSession) 목록을 관리하는 TransferWebSockets 클래스를 선언합니다.
이 클래스는 transferId로 연결돼 있는 웹소켓을 찾는 find 메소드를 제공합니다.

예제 8-11 연결돼 있는 WebSocketSession 관리

```
@Component
public class TransferWebSockets {

  private final Set<WebSocketSession> sessions = ConcurrentHashMap
                                                  .newKeySet();

  public void add(WebSocketSession webSocketSession) {
    this.sessions.add(webSocketSession);
  }

  public Optional<WebSocketSession> find(String transferId) {
    return this.sessions
                  .stream().filter(session -> {
                    return transferId.equals(session.getAttributes()
                                  .get("transferId").toString());
                  }).findFirst();
  }

  public void remove(WebSocketSession webSocketSession) {
    this.sessions.remove(webSocketSession);
  }

}
```

백엔드는 transferId를 이용해 계좌 이체 성공과 실패 결과를 기다리는 클라이언트와 연결된 WebSocketSession을 구별해야 합니다. WebSocketSession은 HTTP 세션과 동일한 방식으로 다양한 속성을 보관하는 용도로 사용할 수 있는 attributes를 제공합니다. 백엔드는 계좌 이체 비즈니스 트랜잭션을 완료하면 attributes에서 키가 transferId인 WebSocketSession을 찾아 프론트로 메시지를 전송합니다.

예제 8-12 WebSocket 핸들러

```java
@Component
public class TransferWebSocketHandler extends TextWebSocketHandler {

  private final TransferWebSockets transferWebSockets;

  public TransferWebSocketHandler(TransferWebSockets
                                  transferWebSockets) {
    this.transferWebSockets = transferWebSockets;
  }

  @Override
  public void afterConnectionEstablished(
                           WebSocketSession session) throws Exception {
    System.out.println("afterConnectionEstablished - "
                     + session.getAttributes().get("transferId"));
    sessions.add(session);
  }

  @Override
  protected void handleTextMessage(WebSocketSession session,
                                   TextMessage message) throws Exception {
    // 웹소켓 클라이언트에서 보내는 데이터 없음
  }

  @Override
  public void afterConnectionClosed(WebSocketSession session,
                                    CloseStatus status) {
    System.out.println("afterConnectionClosed");
    sessions.remove(session);
  }

}
```

TransferWebSocketIntercepter는 클라이언트가 웹소켓으로 서버에 연결할 때 전달하는 파라미터에 접근하는 방법을 제공합니다. 예를 들어 웹소켓 프로토콜과 함께 transferId를 쿼리스트링으로 ws://cosmos.io/transfer?transferId=e9x29b1에 연결하면 인터셉터는 transferId인 e9x29b1을 WebSocketSession의 attributes에 할당합니다.

인터셉터는 ServerHttpRequest를 HttpServletRequest로 캐스팅(1)하고 getParameter 메소드를 이용해 transferId를 얻은 후 WebSocketSession의 attributes에 추가(2)합니다.

예제 8-13 웹소켓 인터셉터와 transferId

```java
public class TransferWebSocketInterceptor
                        extends HttpSessionHandshakeInterceptor {

  @Override
  public boolean beforeHandshake(ServerHttpRequest httpRequest,
                ServerHttpResponse httpResponse,
                WebSocketHandler wsHandler,
                Map<String, Object> attributes) throws Exception {
    ServletServerHttpRequest request =
                            (ServletServerHttpRequest) httpRequest;
    HttpServletRequest servletRequest =
                        request.getServletRequest();          (1)
    attributes.put("transferId",
                    servletRequest.getParameter("transferId")); (2)

    return super.beforeHandshake(httpRequest, httpResponse,
                                wsHandler, attributes);
  }

}
```

계좌 이체 트랜잭션 완료 이벤트에 반응하는 TransferSagaCoordinator는 이벤트 핸들러 마지막에 TransferWebSockets에서 transferId로 연결돼 있는 WebSocketSession을 찾아(1) 클라이언트에게 transferId를 전송(2)합니다.

예제 8-14 웹소켓에 연결된 클라이언트에 계좌 이체 결과 푸시

```java
@Component
public class TransferSagaCoordinator {

  private final TransferWebSockets transferWebSockets;

  @EventListener
  public void on(SagaCompleted event) throws IOException {
    CompleteTransfer command = new CompleteTransfer(event
                                            .getTransferId());
    this.transferService.complete(command);

    SagaTimeout sagaTimeout = this.sagaTimeoutStore
                                  .retrieve(event.getTransferId());
    sagaTimeout.complete();
    this.sagaTimeoutStore.update(sagaTimeout);

    Optional<WebSocketSession> session =
            this.transferWebSockets.find(event.getTransferId());   (1)
    if (session.isPresent()) {
      session.get()
            .sendMessage(new TextMessage(event.getTransferId())); (2)
    }
  }

}
```

예제 8-15에서 Transfer.svelte 컴포넌트는 계좌 이체를 요청하고 Trasnfer 애그리게이트 식별자 transferId를 응답(1)으로 수신합니다. 응답받은 transferId를 파라미터로 전달해서 백엔드에 연결(2)하고 계좌 이체 완료 메시지를 기다립니다. 서버가 완료 메시지를 보내면 이체 완료를 알림으로 표시(3)합니다.

예제 8-15 Transfer.svelte와 웹소켓

```
let socket;

async function transferMoney() {
  console.log(fromAccountNo + ' -> ' + toAccountNo + ': ' + amount);

  const response = await fetch('/api/transfer', {
    method: 'POST',
    headers: {
      'Content-Type': 'application/json',
      'service': 'transfer',
      'command': 'TransferMoney'
    },
    body: JSON.stringify({
      fromAccountNo: fromAccountNo,
      toAccountNo: toAccountNo,
      amount: amount
    })
  });
  let transferId: string = await response.text();     (1)
  connect(transferId);
}

function connect(transferId) {
  socket = new WebSocket("ws://cosmos.io/transfers?transferId="
                          + transferId);              (2)
  socket.addEventListener("open", ()=> {
    console.log("Opened")
  });
  socket.addEventListener("message", (event) => {
    console.log(event.data);
    alertBox.show();
  });                                                 (3)
}
```

8.9 마이크로 프론트엔드

마이크로서비스 아키텍처가 백엔드를 주로 다루다 보니 시스템의 기능은 여러 서비스 간 협력으로 달성하지만 프론트는 여전히 전통적인 접근법을 취합니다. 이런 접근은 거대한 하나의 모노리식 프론트엔드를 만들어 내는데 특히 단일 페이지 애플리케이션

Single Page Application, SPA으로 구현한 대규모 모노리식 프론트엔드는 복잡도가 높아지고 빌드 및 배포 시간도 증가하면서 기민한 대응을 어렵게 합니다.

마이클 기어스Michael Geers는 마이크로 프론트엔드 인 액션에서 모노리식 프론트엔드의 문제점을 지적하면서 마이크로 프론트엔드를 소개했습니다. 마이크로 프론트엔드는 마이크로서비스의 개념을 프론트엔드로 확장해 더 작은 단위로 개발하고 API나 이벤트를 이용해 구성하는 접근법입니다. 그림 8-22는 마이클 기어스의 프론트엔드 진화 과정과 함께 이상적인 배포 단위를 보여줍니다.

그림 8-22 프론트엔드 구성과 배포 단위의 변화 과정

마이크로 프론트엔드는 단순히 컴포넌트 조합에 머물면서 거대한 모노리식 프론트를 만들지 않고 하이퍼링크를 사용해 서로 연결합니다. 하이퍼링크로 작은 마이크로 프론트엔드를 연결하면 백엔드와 마찬가지로 프론트엔드도 더 작은 단위를 독립적으로 배포할 수 있습니다. 백엔드와 마찬가지로 프론트엔드도 독립적으로 배포할 수 있다면 백엔드와 프론트엔드를 하나의 배포 단위 구성해 더 높은 응집도와 낮은 결합도를 가진 시스템을 구축할 수 있습니다.

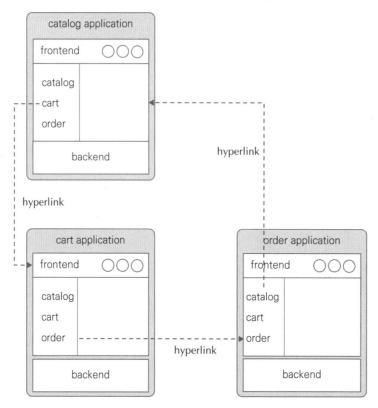

그림 8-23 마이크로 프론트엔드와 하이퍼링크

스프링 부트는 resources/static이나 resource/public 디렉토리에 html, css, js, ico와 같은 파일을 포함시키면 웹 서버로 동작해 정적 자원에 접근할 수 있습니다. 계좌 이체 프론트엔드 프로젝트를 빌드하면 dist 디렉토리에 번들 파일인 css, js, html, svg를 생성합니다. 이 번들 파일을 /resources/public에 복사해 백엔드와 프론트엔드를 하나의 배포 단위로 만들 수 있습니다.

한 시스템이 서로 다른 스타일 시트를 사용하는 사례를 찾기는 매우 어렵습니다. 프론트를 포함해서 배포하는 마이크로서비스도 같은 스타일 시트를 사용합니다. 하지만 스타일 시트 변경은 시스템 범위이므로 영향도를 파악하고, 필요하면 모든 서비스를 다시 배포해야 합니다. 이 경우 시스템 전체 스타일을 정의하는 글로벌 스타일 시트(global.css)를 독립된 웹 서버에 배포하고 실행시간에 참조하면서 마이크로 프론트엔드에서 스타일 시트를 덮어쓰는 방법을 사용할 수 있습니다.

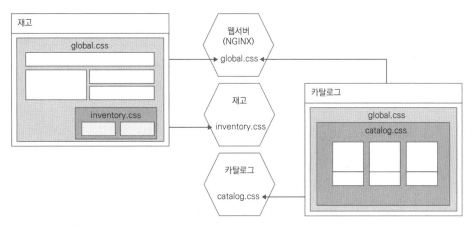

그림 8-24 글로벌 CSS와 덮어쓰기

8.9.1 단일 페이지 애플리케이션과 컴포넌트

'1장, 도메인 주도 설계'에서 상품과 창고 담당자는 관심사에 따라 상품의 도메인 모델이 다름을 설명했습니다. 하지만 상품 설명을 관리하는 사용자 인터페이스에서 부피 Volume를 확인할 수 있어야 하고 때로는 변경해야 하기도 합니다. 마이크로서비스는 무엇보다 독립성을 우선해 설계해야 하므로 코드베이스도 분리해야 합니다.

그림 8-25는 상품을 관리하기 위한 전형적인 페이지 구성으로 상품을 관리하는 부서에서 모든 정보를 입력합니다. 재고 마이크로서비스는 상품의 이름과 부피가 필요하므로 상품 서비스에서 상품에 변경이 발생하면 이벤트를 활용해서 속성을 동기화합니다.

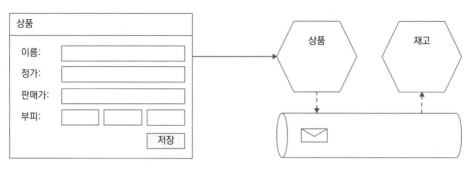

그림 8-25 모노리스 스타일 페이지

마이크로 프론트엔드는 페이지에서 상품 정보를 한번에 변경하지 않고 그림 8-26처럼 단일 속성이나 관련 속성을 그룹 단위로 변경합니다. 변경 요청은 애그리게이트를 소유한 마이크로서비스가 직접 처리합니다.

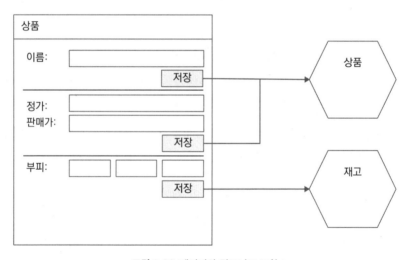

그림 8-26 페이지와 컴포넌트 조합

마이크로 프론트엔드는 변경 요청뿐만 아니라 페이지를 구성하는 상세 컴포넌트도 애그리게이트를 소유한 마이크로서비스가 제공하고 복합 화면은 이 컴포넌트를 임포트해서 구성합니다.

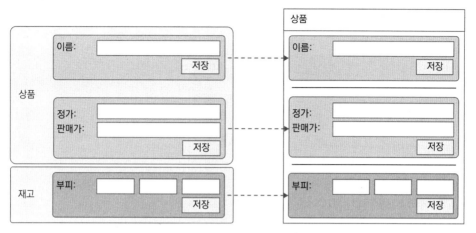

그림 8-27 마이크로 프론트엔드 페이지와 컴포넌트 구성

8.9.2 컴포넌트와 이벤트 프로그래밍

프론트엔드에서 컴포넌트간 함수를 직접 호출하면 함수 변경에 영향을 받습니다. 컴포넌트를 사용하는 클라이언트가 많을수록, 중첩 관계가 깊을수록 영향도가 커집니다. 그림 8-28은 등록과 목록 컴포넌트를 조합해 구성한 페이지 보여줍니다. [저장]을 클릭하면 백엔드를 호출①하고 "200 OK" 응답을 받으면 목록 컴포넌트가 제공하는 함수를 호출②해 갱신③합니다. 목록 컴포넌트가 제공하는 함수에 변경이 있으면 이를 호출하는 컴포넌트도 변경해야 합니다. 두 컴포넌트를 서로 다른 팀이 소유해서 운영하면 코드를 변경하는 것보다 팀간 변경 방법과 일정을 조율하는 데 더 많은 비용이 들 수밖에 없습니다.

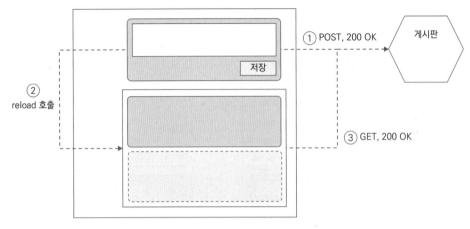

① POST, 200 OK

게시판

②
reload 호출

③ GET, 200 OK

그림 8-28 컴포넌트 함수 직접 사용

예제 8-16과 8-17에서 등록 컴포넌트(NewProduct)는 목록 컴포넌트(Products)가 제
공하는 함수를 호출하므로 직접적인 의존성을 가집니다.

예제 8-16 Products.svelte - 컴포넌트간 의존성

```
<script lang="ts">
  export function reload() {
    console.log("Products.reload();");
  }
</script>

<div class="container-xxl">
  <div class="container flex-row col-12">
    <main>

      <h5>Products</h5>

      <div class="bd-example">
        <NewProduct reloadCallback={reload} />
      </div>
    </main>
  </div>
</div>
```

예제 8-17 NewProduct.svelte - 컴포넌트간 의존성

```ts
<script lang="ts">
  export let reloadCallback;

  let product = {
    productName: "",
    price: 0
  }

  function createProduct() {
    if (reloadCallback != null) {
      reloadCallback();
    }
  }
</script>

<div class="container-xxl">
  <div class="container flex-row col-12">
    <main>
      <div class="row">
        <div class="col-2"></div>
        <div class="col-10 text-end">
          <button class="btn btn-primary btn-sm"
                      on:click={createProduct}>Create</button>
        </div>
      </div>
    </main>
  </div>
</div>
```

그림 8-29는 함수 의존성을 이벤트로 바꿨을 때 컴포넌트간 협력을 보여줍니다. 하단 목록 컴포넌트에서 등록 컴포넌트가 발행하는 이벤트에 반응하는 핸들러를 등록합니다. 상단 컴포넌트에서 상품을 등록하면 웹 브라우저에 이벤트를 발행하고 이벤트를 수신한 이벤트 핸들러가 목록을 갱신합니다.

백엔드와 마찬가지로 이벤트를 사용하는 방법은 앞서 설명한 함수 호출 방식과 반대로 반응의 주도권을 역전시킵니다. 컴포넌트가 발행하는 이벤트의 속성에 변화(속성 삭제, 속성 타입 변경)가 있더라도 이벤트 핸들러가 사용(또는 접근)하는 속성에 변화가 없다면 영향을 받지 않으므로 사이드 이펙트 발생 가능성을 낮출 수 있습니다.

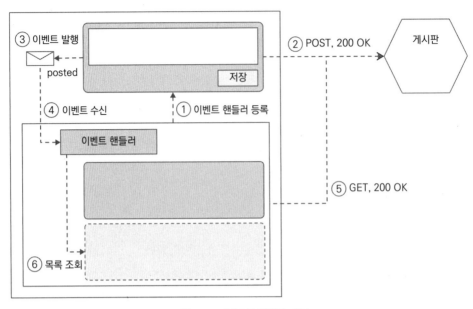

그림 8-29 이벤트로 결합도 제거

예제 8-18과 8-19에서 Products와 NewProduct 컴포넌트는 이벤트로 협력합니다. Products 컴포넌트는 NewProduct 컴포넌트가 발행하는 productCreated 이벤트에 반응해서 목록을 갱신합니다.

예제 8-18 Products.svelte - 컴포넌트와 이벤트 핸들러

```ts
<script lang="ts">
  function onProductCreated(event) {
    console.log('Products.onProductAdded:' + event.detail.productNo);
    // 상품 목록 조회
  }
</script>

<div class="container-xxl">
<div class="container flex-row col-12">
  <main>

    <h5>Products</h5>

    <div class="bd-example">
      <NewProduct on:productCreated={onProductCreated} />
```

```
        </div>
      </main>
    </div>
```

예제 8-19 NewProduct.svelte - 컴포넌트와 이벤트 핸들러

```ts
<script lang="ts">
  import { createEventDispatcher } from "svelte";

  const dispatcher = createEventDispatcher();

  function createProduct() {
    let newProductNo = await response.text();
    dispatcher('productCreated', {
      productNo: newProductNo
    });
  }
</script>

<div class="container-xxl">
  <div class="container flex-row col-12">
    <main>
      <div class="container">
        <div class="row">
          <div class="col-2"></div>
          <div class="col-10 text-end">
          <button class="btn btn-primary btn-sm"
                    on:click={createProduct}>Create</button>
          </div>
        </div>
      </div>
    </main>
  </div>
</div>
```

이벤트를 활용해서 컴포넌트들이 협력할 때 소유권에 따른 의존성에 주의를 기울여야
합니다. 특히 컴포넌트를 사용하는 클라이언트 팀을 위해 사용법과 발행하는 이벤트를
포함한 상세하고 정확한 명세를 제공해야 합니다.

8.9.3 컴포넌트 vs. 웹 컴포넌트

프론트엔드 기술 스택이 컴포넌트 개발을 지원하고 컴포넌트가 재사용을 가능하게 하지만 현실에서는 동일 기술 스택으로 한정해야 하는 제약이 있습니다. 프론트엔드를 독립적으로 배포하고 상호운용성interoperability을 지원할 수 있다면 백엔드와 마찬가지로 폴리글랏polyglot 프로그래밍이 가능합니다.

커스텀 엘리먼트Custom Element API를 사용해 스타일(CSS), 마크업(HTML), 행위(JS)를 단일 요소로 통합한 하나의 자바스크립트 파일을 웹 컴포넌트Web Component라고 합니다. 이 파일은 추가적인 의존성이 없는 독립적인 실행 단위로 웹 브라우저에서 직접 사용할 수 있습니다. 또한 웹 컴포넌트는 서로 다른 기술 스택을 사용하는 프론트엔드에서 상호운용성을 지원합니다.

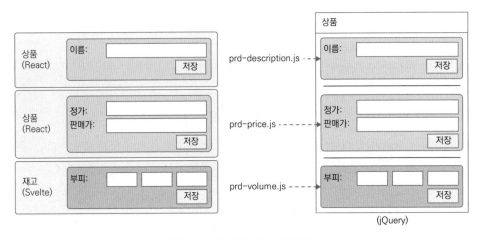

그림 8-30 웹 컴포넌트와 폴리글랏

스벨트는 다른 프론트 기술 스택보다 훨씬 간결하게 웹 컴포넌트를 개발할 수 있는 컴파일 옵션을 제공합니다. 예제 8-20에서 customElement를 true로 설정하면 스벨트 컴파일러는 웹 컴포넌트로 번들링합니다.

예제 8-20 vite.config.ts와 스벨트 커스텀 엘리먼트 컴파일러 설정

```
export default defineConfig({
```

```
plugins: [svelte({
  compilerOptions: {
    customElement: true
  }}
)],
build: {
  // 생략
}
})
```

그림 8-31은 cart-additemtocart와 cart-items 웹 컴포넌트를 임포트해 구성한 카탈로그 페이지입니다. 카탈로그의 상품 카드 컴포넌트를 구성하는 [Add to Cart(상품번호)] 버튼은 cart-additemtocart 웹 컴포넌트이고 우측 카트에 담은 상품 목록은 cart-items 웹 컴포넌트입니다.

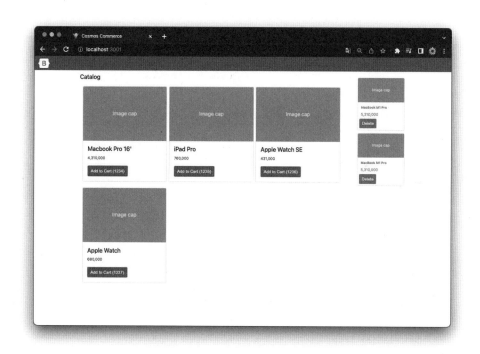

그림 8-31 웹 컴포넌트로 구성한 카탈로그 페이지

커스텀 엘리먼트는 엘리먼트 이름 중간에 하이픈(-)을 하나 이상 포함해야 하는 제약

사항이 있는데 마이크로서비스명을 접두어로 사용할 수 있습니다. 예제 8-21은 cart 가 제공하는 cart-additemtocart 컴포넌트입니다.

웹 컴포넌트는 객체를 직접 전달할 수 없는 제약사항도 있습니다. 따라서 객체를 JSON 문자열로 전달받는 변수를 선언(1)하고 반응성을 활용해 itemjson 변수에 변화가 있을 때 item 변수에 다시 객체로 변환해 할당(2)해야 합니다. 버튼을 클릭하면 RESTful API를 호출하고 브라우저 객체에 prodId를 포함한 itemadded 이벤트를 발행(3)합니다.

예제 8-21 cart-additemtocart 웹 컴포넌트

```ts
<script lang="ts">
  export let itemjson;                               (1)
  let item = itemjson ? JSON.parse(itemjson) : {}; (2)

  async function additemtocart(event) {
    event.preventDefault();

    let response = await fetch('/api/cart', {
      method: 'PUT',
      headers: {
        'Content-Type': 'application/json',
        'command': 'AddItem'
      },
      body: JSON.stringify({
        productNo: item.prodId,
        productName: item.prodName,
        price: item.price,
        quantity: 1
      })
    })

    document.dispatchEvent(new CustomEvent('itemadded', {
      detail: { prodId: item.prodId },
      bubbles: true,
      cancelable: true,
      composed: true
    }));                                              (3)
  }
</script>
```

```
<svelte:options tag="cart-additemtocart" accessors={true} />

<button class="btn btn-primary btn-sm" on:click={additemtocart}>Add to Cart
({item.prodId})</button>
```

카탈로그 우측에 카트에 담은 상품 목록을 배치하기 위한 cart-items 웹 컴포넌트를 생성합니다. 이 컴포넌트를 사용하는 부모 컴포넌트가 reload 함수를 호출하면 카트에 담긴 상품 목록을 갱신(1)합니다. [Delete] 버튼을 클릭하면 상품을 삭제(2)하고 목록을 다시 갱신합니다.

예제 8-22 cart-items 웹 컴포넌트

```
<script lang="ts">
  import {onMount} from "svelte";

  let cart = {};

  onMount(() => {
    reload();
  })

  export async function reload() {                    (1)
    let response = await fetch('/api/cart', {
      method: 'GET',
      headers: {
        'Content-Type': 'application/json',
        query: 'QueryCart'
      }
    });
    cart = await response.json();
  }

  async function deleteItem(prodNo) {                 (2)
    let response = await fetch('/api/cart', {
      method: 'DELETE',
      headers: {
        'Content-Type': 'application/json',
        command: 'RemoveItem'
      },
      body: JSON.stringify({
        productNo: prodNo
      })
```

```
    });
    let resultCode = response.status;
    if (resultCode == 200) {
      reload();
    }
  }
</script>

<svelte:options tag="cart-items" accessors={true} />

{#if cart && cart.items}
{#each cart.items as item}
  <div class="col-sm-6" style="margin: 10px; width: 30%;">
    <div class="card" style="width: 10rem;">
      <svg class="bd-placeholder-img card-img-top"></svg>
      <div class="card-body" style="padding: 5px;">
        <h5 class="card-title">{item.product.name}</h5>
        <p>{item.product.price.toLocaleString('ko-KR')}</p>
        <button class="btn btn-danger btn-sm"
                on:click={() => { deleteItem(item.product.no); }}>
                  Delete</button>
      </div>
    </div>
  </div>
{/each}
{/if}
```

> **참고**
>
> 스벨트로 웹 컴포넌트를 빌드하면 items-2938jha.js와 같이 해시값을 포함한 번들 파일을 생성합니다. 런타임에 임포트해 사용하려면 해시값을 제거한 번들 파일이 필요하고 해시값을 제거하기 위해 vite.config.ts에서 rollupOptions.output을 아래와 같이 설정해야 합니다.
>
> ```
> rollupOptions: {
>   input: ['src/additem.svelte','/src/item.svelte'],
>   output: {
>     minifyInternalExports: false,
>     entryFileNames: '[name].js',
>     chunkFileNames: '[name].js',
>     assetFileNames: '[name].[ext]'
>   }
> }
> ```

cart-items 웹 컴포넌트를 사용하는 스벨트 컴포넌트나 페이지는 items.js를 실행 시간에 참조하고 커스텀 태그^{Custom Tag}를 사용해 카트에 담긴 상품 목록을 필요한 페이지에 선언합니다. 예제 8-23은 catalog 페이지에서 cart-items 웹 컴포넌트를 사용하는 방법을 보여줍니다.

예제 8-23 index.html – 웹 컴포넌트 사용

```html
<!DOCTYPE html>
<html lang="en">
  <head>
    <meta charset="UTF-8" />
    <link rel="icon" type="image/svg+xml" href="/vite.svg" />
    <meta content="width=device-width, initial-scale=1.0" />
    <title>Cosmos Commerce</title>
  </head>
  <body>
    <div id="app"></div>
    <script type="module" src="/src/main.ts"></script>

    <script type="module" src="/index.js"></script>
    <script type="module" src="/addItem.js"></script>
    <script type="module" src="/items.js"></script>
  </body>
</html>
```

> **참고**
>
> 한 페이지에서 여러 웹 컴포넌트를 사용하려면 type을 "text/javascript"가 아닌 "module"로 사용해야 변수간 충돌이 발생하지 않습니다.

웹 컴포넌트는 프론트엔드 기술 스택이 제공하는 구현 방법이 아닌 순수 자바스크립트 함수를 이용해서 파라미터를 전달하거나 이벤트 핸들러를 등록해야 합니다. 상품 카탈로그를 구성하는 카드 컴포넌트는 자바스크립트가 제공하는 getElementById 함수를 이용해 [Add To Cart] 버튼에 props로 상품번호를 전달(1)합니다. [Add To Cart] 버튼으로 상품을 추가하면 itemadded 이벤트를 발행합니다.

우측 cart-items 컴포넌트는 addEventListener 함수로 itemadded 이벤트에 반응하는 핸들러를 등록⑶합니다. 이벤트를 수신한 핸들러는 우측 카트 목록을 제공하는 cart-items의 reload 함수를 호출⑵합니다.

예제 8-24 페이지와 커스텀 엘리먼트간 협력

```ts
<script lang="ts">
  import {onMount} from "svelte";

  let items = [];

  onMount(() => {
    items.forEach(item => {
      let element = document
                       .getElementById("additem-" + item.prodId);
      element.setAttribute("itemjson", JSON.stringify(item));
    });                 (1)

    let cartItems = document.getElementsByTagName("cart-items")[0];
    document.addEventListener('itemadded', (event) => {
      cartItems.reload(); (2)
    });                 (3)
  })
</script>

<div class="container-xxl">
  <div class="container flex-row col-12">
    <main class="bd-main">
      <div class="bd-content">
        <h5>Catalog</h5>

        <div class="row" style="padding: 10px;">
          <Category />
        </div>

        <div class="row">
        {#each items as item}
          <div class="col-sm-3" style="margin: 10px; width: 30%;">
            <div class="card" style="width: 18rem;">
              <div class="card-body">
                <h5 class="card-title">{item.prodName}</h5>
                <p>{item.price.toLocaleString('ko-KR')}</p>
                <cart-additemtocart id="additem-{item.prodId}" />
```

```
                </div>
              </div>
            </div>
        {/each}
        </div>
      </div>

      <div class="bd-toc mt-3 mb-5 text-muted">
        <cart-items></cart-items>
      </div>
    </main>
  </div>
</div>
```

한편 카탈로그 페이지의 우측 카트 목록을 조회할 때 카트에 담은 상품이 없거나 카트
서비스에 일시적인 부하 증가로 응답 지연이 발생하기도 합니다. cart-items 웹 컴포
넌트가 결과를 받는 데 시간이 걸리면 전체 페이지가 틀어져 보일 수 있습니다. 조회
결과를 반환하기 전까지 영역을 유지하기 위해 부트스트랩의 플레이스 홀더^{PlaceHolder}
를 활용할 수 있습니다.

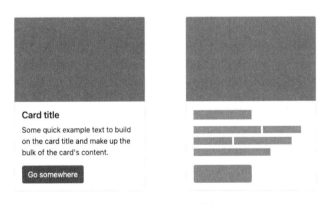

그림 8-32 부트스트랩 플레이스 홀더

반면 카트 마이크로서비스와 함께 배포하는 프론트엔드는 단순한 목록으로 수량 변경
과 상품을 삭제할 수 있는 기능을 제공합니다.

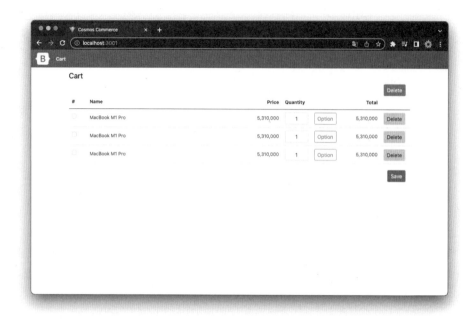

그림 8-33 카트 페이지

여러 사용자가 같은 카트를 사용하는 경우 상품을 삭제하면 카탈로그 페이지에서 사용하는 카트 목록도 갱신해야 합니다. 이 사례는 앞서 설명한 폴링 또는 푸시를 응용해여러 사용자가 동시에 카트를 사용할 때 카트에 담긴 아이템 목록을 실시간으로 갱신할 수 있습니다.

8.9.4 Assets output 경로

스벨트 프로젝트를 빌드하면 기본 설정에 의해 번들 파일을 /assets 폴더 하위에 생성합니다. 쿠버네티스와 이스티오 환경에 배포하면 account와 transfer에서 http://cosmos.io/assets 경로로 정적 리소스인 js 파일을 요청하므로, 둘 중 하나는 자신이 사용해야 하는 번들 파일이 아닌 다른 서비스의 번들 파일을 참조하는 문제가 있습니다.

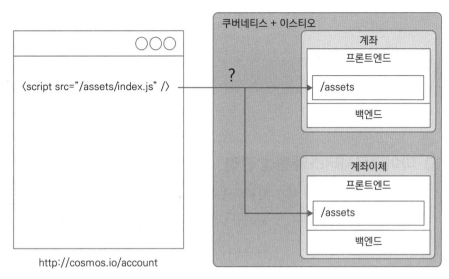

그림 8-34 URL과 번들 파일 중복

서비스를 구분하기 위해 번들 파일의 경로 앞에 접두어로 서비스명을 추가해야 합니다. 예제 8-25는 rollupOptions.output 설정으로 번들 파일을 각각 /account/assets와 /transfer/assets로 번들링해 서비스간 요청을 분리합니다.

예제 8-25 vite.config.ts assets output 디렉토리 변경

```
import { defineConfig } from 'vite'
import { svelte } from '@sveltejs/vite-plugin-svelte'

// https://vitejs.dev/config/
export default defineConfig({
  plugins: [svelte()],
  build: {
    rollupOptions: {
      output: {
        assetFileNames: (assetInfo) => {
          return 'transfer/assets/[name]-[hash][extname]';
        },
        chunkFileNames: 'transfer/assets/[name]-[hash].js',
        entryFileNames: 'transfer/assets/[name]-[hash].js',
      },
    },
  },
```

```
  server: {
    host: true,
    // 생략
  }
})
```

8.10 마이크로서비스와 형상 관리

백엔드와 프론트엔드를 단일 배포 단위로 통합하기 위해 형상 관리 도구에서 프론트
와 백엔드를 하나의 프로젝트로 구성합니다. 웹 컴포넌트는 fragment 디렉토리로 구
성합니다.

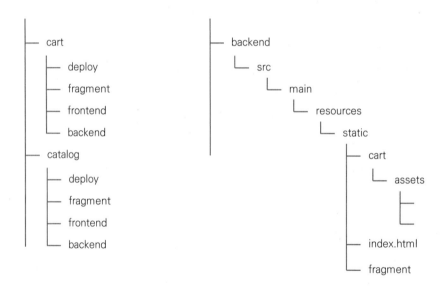

그림 8-35 프론트엔드와 백엔드를 통합한 형상 관리

지속적인 통합과 배포 스크립트에서 fragment와 frontend를 순서대로 빌드하고 번
들 파일을 backend 프로젝트의 /resources/public로 복사한 후 백엔드를 빌드합
니다. 웹 컴포넌트는 /resources/public/fragment에 둬 다른 서비스가 실행 시간
에 참조할 수 있게 합니다.

deploy 디렉토리는 9장에서 설명하는 도커 이미지 생성 및 푸시, 쿠버네티스 배포 등 CI/CD에 필요한 파일을 포함합니다.

8.11 요약

8장에서는 사용자 인터페이스와 이벤트 주도 아키텍처를 적용했을 때 발생할 수 있는 이슈와 이를 해결하는 방법에 대해 알아봤습니다.

- 사용자 인터페이스는 단순한 CRUD가 아닌 사용자가 무엇을 할 수 있는지를 안내해야 합니다.

- 태스크 기반 UI는 사용자 행동에 따라 다음에 무엇을 해야 하는지를 안내합니다.

- 최신 라이브러리/프레임워크를 사용해 컴포넌트를 개발할 때 조금 더 작은 컴포넌트를 고려해야 합니다.

- 이벤트 주도 아키텍처는 비즈니스 트랜잭션을 비동기로 처리해 사용자의 요청/응답과 트랜잭션 완료간 불일치가 발생합니다.

- 프론트엔드와 백엔드간 비즈니스 트랜잭션 불일치를 해결하는 방법을 소개했고 상황에 따라 조합해서 사용할 수 있습니다.

- 사용자 인터페이스에서 사용자에게 비즈니스 트랜잭션의 완료를 알릴 수 있는 방법을 폴링과 푸시로 구현했습니다.

- 마이크로 프론트엔드는 백엔드와 프론트를 함께 배포할 수 있는 아이디어를 제공합니다.

- 마이크로서비스가 제공하는 프론트간 이동에 하이퍼링크를 사용해서 독립성을 확보할 수 있습니다.

- 웹 컴포넌트는 프론트 기술 스택간 상호운용성을 지원하고 폴리글랏 프로그래밍을 가능하게 합니다.

클라우드 환경

9장에서 다루는 내용

- 컨테이너와 도커
- 컨테이너 오케스트레이션 도구 – 쿠버네티스
- 서비스 메시 – 이스티오
- 오픈소스 모니터링 – 프로메테우스와 그라파나, 키알리

서버 관리는 전통적인 물리 서버에 애플리케이션을 배포하는 시대를 지나 가상화 그리고 컨테이너를 기반으로 애플리케이션을 관리하는 방식으로 진화해 왔습니다. 컨테이너가 이전 방식과 비교해 많은 장점이 있지만 여전히 직접 관리하고 확장해야 합니다. 이 한계를 보완하기 위해 컨테이너 오케이스레이션 도구가 등장했습니다. 컨테이너 오케스트레이션 도구는 컨테이너의 배포, 관리, 확장뿐만 아니라 네트워킹까지 자동화합니다.

9장에서는 대표적인 컨테이너와 컨테이너 오케스트레이션 도구인 도커와 쿠버네티스를 PC에 설치해 앞서 개발한 서비스를 배포하고 운영하는 데 필요한 기초적인 지식과 사용법을 다룹니다.

9.1 도커

도커는 리눅스 기반의 컨테이너 런타임 오픈소스입니다. 호스트 운영 체제에 하이퍼바이저^{Hypervisor}를 설치하고 서비스를 구성하는 버추얼 머신^{Virtual Machine}과 유사한 기능을 제공합니다. 하지만 도커는 버추얼 머신과 달리 하이퍼바이저 없이 호스트 운영 체제에서 직접 실행되므로 훨씬 가볍고 빠릅니다.

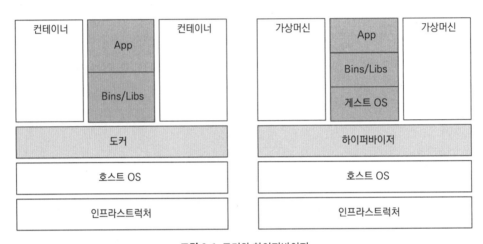

그림 9-1 도커와 하이퍼바이저

도커의 가장 큰 특징이자 장점은 컨테이너 레지스트리^{Container Registry}입니다. 컨테이너 레지스트리는 컨테이너 이미지를 중앙 저장소에 저장한 후 다른 환경에서 다운로드해 사용할 수 있습니다. 예를 들어 PC에서 mysql 이미지를 만들고 레지스트리에 업로드(PUSH)한 후 다른 PC나 서버에서 다운로드(PULL)해 바로 사용할 수 있습니다.

컨테이너 이미지는 애플리케이션, 환경 정보 등 실행에 필요한 모든 설정을 포함하기 때문에 물리 서버를 직접 관리할 때 사소한 설정 차이로 서비스 실행에 문제를 발생시키지 않아 훨씬 낮은 비용으로 서비스를 관리할 수 있습니다.

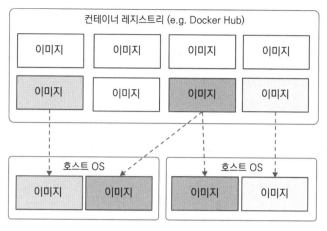

그림 9-2 컨테이너 레지스트리와 도커

일반적인 시나리오에서 도커는 컨테이너 이미지를 생성할 때 베이스 이미지^{Base Image}와 Dockerfile을 사용합니다. 운영 체제 설치부터 시작해서 필요한 애플리케이션을 포함한 이미지를 Dockerfile로 만들 수 있지만 실무에서는 이미 공개돼 있는 베이스 이미지에 사용할 프로그램을 설치하는 방식으로 사용합니다. 예를 들어 Ubuntu 베이스 이미지에 emacs와 NGINX를 설치해 새로운 컨테이너 이미지를 생성할 수 있습니다.

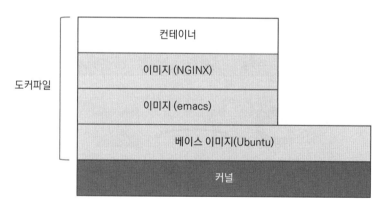

그림 9-3 베이스 이미지와 Dockerfile

9.1.1 도커 테스크탑 다운로드 및 설치

PC에서 도커를 사용하기 위해 https://www.docker.com/products/docker-desktop/에서 운영 체제에 맞는 도커 데스크탑을 다운로드해 설치합니다.

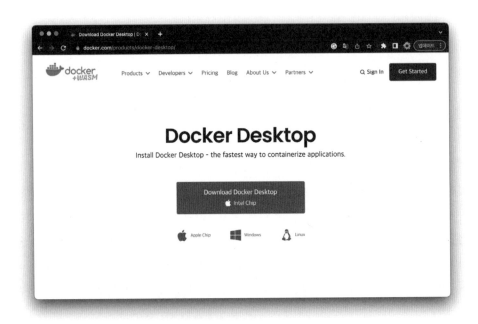

그림 9-4 도커 데스크탑 다운로드

그림 9-5 도커 데스크탑 설치

9.1.2 도커 리소스 설정

도커는 실행되는 물리 서버의 프로세서와 메모리 전체가 아닌 도커가 사용하는 프로세서와 메모리를 제한할 수 있습니다. 이어서 설명할 이스티오를 설치하고 서비스를 배포하기 위해 하드웨어 최소 요구사항인 4 CPU와 8GB 메모리로 변경합니다.

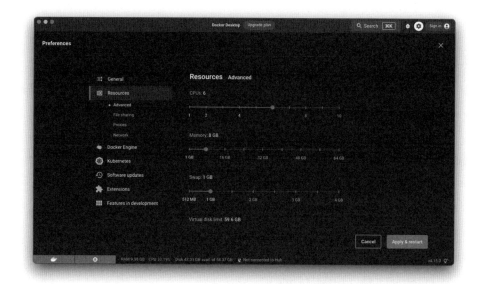

그림 9-6 도커 리소스 할당

9.1.3 Dockerfile

이벤트 소싱으로 구현한 계좌 이체 서비스[transfermoney]를 빌드하면 transfermoney-1.0.0.jar 파일을 생성합니다. 운영 체제만 있는 베이스 이미지를 기반으로 JRE[Java Runtime Environment]와 서비스를 포함한 새로운 이미지를 만들 수 있지만 여기서는 openjdk를 포함한 베이스 이미지(1)에 jar 파일을 복사(2)합니다. docker run 커맨드로 컨테이너를 실행하면 java -jar 명령어로 서비스를 시작(3)합니다.

예제 9-1 Dockerfile과 transfermoney 서비스

```
FROM adoptopenjdk/openjdk15:x86_64-tumbleweed-jre-15.0.2_7 (1)
VOLUME /tmp
COPY target/transfermoney-1.0.0-SNAPSHOT.jar app.jar          (2)
ENTRYPOINT ["java", "-Duser.timezone='Asia/Seoul'",
            "-Djava.security.egd=file:/dev/./urandom", "-Xmx256m",
            "-jar","/app.jar"]                                 (3)
```

9.1.4 이미지 생성

docker build 명령어로 컨테이너 이미지를 생성합니다. -t 옵션은 이미지에 이름을 부여하고 마지막 -f 옵션은 이미지 생성에 사용할 Dockerfile 파일명입니다.

예제 9-2 도커 이미지 생성

```
> docker build -t cosmos/transfermoney:1.0.0 -f Dockerfile .
[+] Building 2.5s (8/8) FINISHED
 => [internal] load build definition from Dockerfile
 => => transferring dockerfile: 37B
 => [internal] load .dockerignore
 => => transferring context: 2B
 => [internal] load metadata for
docker.io/adoptopenjdk/openjdk15:x86_64-tumbleweed-jre-15.0.2_7
 => [auth] adoptopenjdk/openjdk15:pull token for registry-1.docker.io
 => [internal] load build context
 => => transferring context: 74.64MB
 => CACHED [1/2] FROM docker.io/adoptopenjdk/openjdk15:x86_64-
tumbleweed-jre-15.0.2_7@sha256:e64d2e…980b28f27985
 => [2/2] COPY target/transfermoney-eventsourcing-1.0-SNAPSHOT.jar
app.jar
 => exporting to image
 => => exporting layers
 => => writing image sha256:350e0f…c57e2b008e79
 => => naming to docker.io/cosmos/transfer:1.0.0
```

9.1.5 도커 허브에 이미지 푸시

도커 허브^{Docker Hub}(hub.docker.com)에 이미지를 업로드하기 위해 docker login 명령어로 도커 허브에 로그인합니다.

예제 9-3 도커 허브 로그인

```
> docker login -u [ID]
Password:
WARNING! Your password will be stored unencrypted in /home/lainyzine/.
docker/config.json.
Configure a credential helper to remove this warning. See
https://docs.docker.com/engine/reference/commandline/login/#credentials-
store

Login Succeeded
```

빌드한 이미지를 다른 PC에서 다운로드(pull)할 수 있도록 예제 9-4와 같이 docker push 명령어를 사용해 컨테이너 레지스트리인 도커 허브에 업로드합니다.

예제 9-4 도커 이미지를 도커 허브에 푸시

```
> docker push cosmos/transfermoney:1.0.0
The push refers to repository [docker.io/cosmos/transfermoney]
3e449cbacfbd: Pushed
bdd9392b8fc9: Layer already exists
e2625589b21a: Layer already exists
6d3630a0f5f1: Layer already exists
1.0.2: digest: sha256:c2880e75152d5990c488c607f3f5a69ac6bcb3bfc88166d096d
4c4c834d2573d size: 1164
```

9.2 쿠버네티스

적은 수의 컨테이너를 관리하면 물리적으로 분리된 서버, 버추얼 머신, 도커에 직접 배포해 운영할 수 있지만 컨테이너가 수가 증가할수록 관리가 힘들어집니다. 특정 하드웨어 스펙을 요구하는 서비스를 포함하는 컨테이너는 설치 계획을 수립하고 배포할 서버를 준비해야 합니다. 또한 컨테이너가 정상적으로 작동하고 있는지 모니터링하면서 문제가 발생했을 때 재시작하거나 페일오버Fail-over와 같은 장애 상황에도 대응해야 합니다.

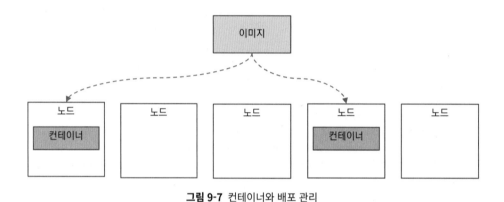

그림 9-7 컨테이너와 배포 관리

쿠버네티스는 앞서 언급한 컨테이너화한 워크로드(도커 컨테이너)와 서비스를 관리하기 위한 오픈소스 플랫폼입니다. 컨테이너 운영 환경은 표준이 없었지만 AWS/Google과 같은 클라우드 서비스와 OpenShift/Tanzu처럼 Private PaaS 솔루션이 쿠버네티스를 채택하면서 사실상의 표준(de-facto)이 됐습니다.

9.2.1 쿠버네티스 설치

도커 데스크탑은 손쉽게 쿠버네티스를 설치할 수 있는 옵션을 제공합니다. [Settings] 또는 [Preferences] > [Kubernetes] 탭 > "Enable Kubernetes"를 선택하고 [Apply & Restart]를 클릭해 쿠버네티스를 설치합니다.

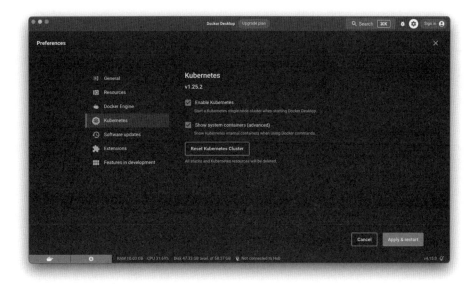

그림 9-8 도커 데스크탑에 쿠버네티스 설치

[Show system container (advanced)]를 선택하면 컨테이너 목록을 보여주는 docker container –ls 명령어 실행 결과에 쿠버네티스 기능을 제공하는 컨테이너를 함께 보여줍니다. 또한 도커 데스크탑 대시보드는 도커 명령어를 사용하지 않고 사용자 인터페이스로 컨테이너 목록, 컨테이너의 시작, 중지, 삭제할 수 있는 다양한 기능을 제공합니다.

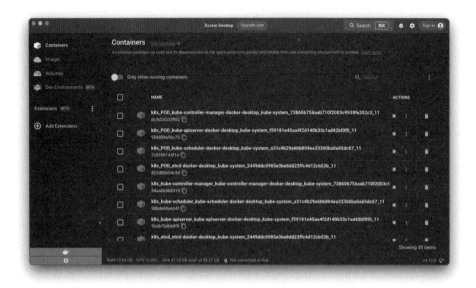

그림 9-9 쿠버네티스 파드

9.3 쿠버네티스 구성 요소

그림 9-10은 쿠버네티스 주요 구성 요소인 네임스페이스, 파드, 컨피그맵, 시크릿, 서비스, 엔드포인트의 관계를 보여줍니다.

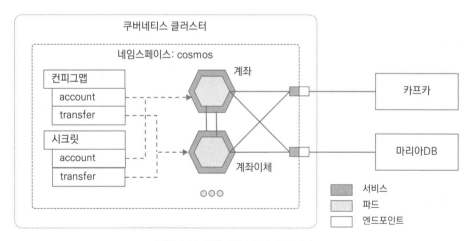

그림 9-10 쿠버네티스 주요 구성 요소

9.3.1 네임스페이스

네임스페이스^{Namespace}는 쿠버네티스 클러스터에서 파드^{Pod}, 컨피그맵^{ConfigMap}, 시크릿^{Secret}, 서비스^{Service}와 같은 객체들을 논리적으로 분리하는 가상의 단위입니다. 이어서 설명할 구성 요소의 이름은 하나의 네임스페이스에서 유일해야 하지만 다른 네임스페이스에서는 중복될 수 있습니다.

9.3.2 파드

파드^{Pod}는 쿠버네티스에서 생성해 관리하는 배포 단위로 컨테이너를 하나 이상 포함하는 그룹입니다. 쿠버네티스는 대표적인 컨테이너 런타임인 도커와 가장 많이 사용하지만 도커 외에도 다양한 컨테이너 런타임을 지원합니다. 파드가 하나의 컨테이너를 관리하는 것이 일반적이지만 밀접한 관계가 있거나 부하가 낮은 컨테이너를 묶어서 함께 배포할 수도 있습니다. 쿠버네티스를 사용할 때 파드를 직접 관리하는 경우는 드물고 이어서 설명할 디플로이먼트^{Deployment}를 주로 사용합니다.

9.3.3 컨피그맵

컨피그맵^{ConfigMap}은 키-값의 쌍으로 데이터베이스 드라이버나 사용자와 비밀번호를 포함하지 않는 연결 정보와 같이 보호가 필요없는 데이터를 저장하는 데 사용합니다. 예를 들어 파드에서 접근하는 카프카 브로커의 호스트 정보를 컨피그맵에 저장하고 컨테이너에서 이 값을 환경 변수로 사용할 수 있습니다. 반대로 보호가 필요한 데이터는 시크릿을 사용합니다. 예제 9-5는 아이디와 비밀번호를 제외한 데이터베이스 연결 정보와 카프카 호스트 정보를 선언한 컨피그맵입니다.

예제 9-5 쿠버네티스 컨피그맵

```
apiVersion: v1
kind: ConfigMap
metadata:
  name: account
data:
  spring.profile: kubernetes
```

```
datasource.url: jdbc:h2:mem:account
datasource.driver.class.name: org.h2.Driver
broker: broker:9092
```

9.3.4 시크릿

일반적인 환경 설정 정보가 아닌 데이터베이스의 사용자와 비밀번호, API키(토큰)처럼 보안이 중요한 정보는 시크릿Secret을 사용합니다. 시크릿은 컨피그맵처럼 키-값 쌍으로 선언하지만 값을 BASE64로 인코딩하고 컨피그맵과 동일하게 디플로이먼트에서 파드의 환경 변수로 참조합니다. 시크릿은 kubectl create secret 명령어나 yml 파일로 생성할 수 있습니다.

create secret 명령으로 account 데이터베이스에 접근하기 위한 비밀번호를 시크릿으로 생성하고 get secret 명령으로 시크릿 내용을 확인할 수 있습니다.

예제 9-6 커맨드로 시크릿 생성

```
> echo -n 'usrnm' > datasource.username
> echo -n 'usrpw' > datasource.password
> kubectl create secret generic account --from-file=datasource.username
--from-file=datasource.password -n cosmos
secret/account created
> kubectl get secret account -n cosmos
NAME       TYPE      DATA    AGE
account    Opaque    2       25s
```

예제 9-7에서 datasource.username(1)과 datasource.password(2)가 base64로 인코딩돼 있음을 확인할 수 있습니다.

예제 9-7 시크릿 확인

```
> kubectl get secret account -n cosmos -o yaml
apiVersion: v1
data:
  datasource.password: dXNycHc=      (1)
  datasource.username: dXNybm0=      (2)
kind: Secret
```

```
metadata:
  creationTimestamp: "2022-10-25T00:00:05Z"
  name: account
  namespace: cosmos
  resourceVersion: "88303331"
  uid: 5a8185ee-2d1a-4165-a177-d1c4cc557757
type: Opaque
```

예제 9-8은 데이터베이스 사용자명과 비밀번호를 시크릿으로 생성하는 secret.yml 입니다. 주의할 것은 명령어로 시크릿을 생성할 때와 달리 BASE64로 인코딩한 값으로 파일을 생성해야 합니다.

예제 9-8 시크릿 생성을 위한 yml

```
apiVersion: v1
kind: Secret
metadata:
  name: account
data:
  datasource.username: dXNybm0=
  datasource.password: dXNycHc=
```

예제 9-9에서 kubectl apply 명령어로 시크릿을 생성하고 생성한 시크릿은 예제 9-7과 동일한 값으로 생성된 것을 확인할 수 있습니다.

예제 9-9 yml로 시크릿 생성 및 확인

```
> kubectl apply -f secret.yml -n cosmos
secret/account created
> kubectl get secret account -o yaml
apiVersion: v1
data:
  datasource.password: dXNycHc=
  datasource.username: dXNybm0=
kind: Secret
metadata:
  creationTimestamp: 2018-08-01T10:37:30Z
  name: user-pass-secret
  namespace: cosmos
  resourceVersion: "42669"
```

```
    selfLink: /api/v1/namespaces/default/secrets/user-pass-secret
    uid: e4a7fd41-9576-11e8-84cf-025000000001
  type: Opaque
```

9.3.5 서비스

파드는 한 번 배포한다고 영구적으로 유지되지 않습니다. 쿠버네티스는 파드에 문제가 있으면 파드를 다시 생성하거나 새 버전의 서비스를 배포하면 새로운 IP를 할당합니다. 다른 서비스가 이 파드에 접근하려면 다시 할당받은 IP를 알아야 하는데 이는 협력하는 다른 서비스에서 IP를 변경해서 다시 배포해야 하는 문제가 있습니다. 이를 해결하기 위해 실행 중인 애플리케이션이 일관된 방법으로 접근할 수 있도록 노출하는 방법이 서비스[Service]입니다.

예제 9-10 쿠버네티스 서비스

```
apiVersion: v1
kind: Service
metadata:
  name: account
  labels:
    app: account
spec:
  ports:
    - name: http
      port: 8080
      targetPort: 8080
  selector:
    app: account
  type: ClusterIP
```

9.3.6 엔드포인트

엔드포인트[Endpoint]는 데이터베이스나 이벤트 브로커처럼 쿠버네티스 외부 자원에 접근할 수 있게 합니다. 네임스페이스에 배포한 파드에서 다른 파드에 접근할 수 있는 방법인 서비스와 함께 이용하면 파드가 외부 자원에 접근할 수 있습니다. 서비스와 엔드포인트를 연결하려면 동일한 이름을 사용해야 합니다.

서비스 metadata.name(1)과 엔드포인트 metadata.name(2)을 동일하게 지정하고 엔드포인트에 외부 자원의 접근 정보인 아이피(3)와 포트(4)를 설정합니다. 예제 9-11 은 kafka로 네이밍한 서비스와 엔드포인트 설정입니다.

예제 9-11 쿠버네티스 서비스와 엔드포인트 – kafka-endpoint-service.yml

```
apiVersion: v1
kind: Service
metadata:
  name: kafka          (1)
spec:
  ports:
  - port: 9092
---
apiVersion: v1
kind: Endpoints
metadata:
  name: kafka          (2)
subsets:
- addresses:
  - ip: 172.30.1.90  (3)
  ports:
  - port: 9092         (4)
```

9.3.7 디플로이먼트와 레플리카셋

일반적으로 파드는 직접 생성해서 관리하지 않고 선언적으로 관리할 수 있는 디플로이먼트^{Deployment}에 위임합니다. 예를 들어 반드시 함께 배포해야 하는 컨테이너가 있다면 디플로이먼트에 두 개의 컨테이너를 선언합니다. 디플로이먼트는 컨테이너뿐만 아니라 몇 개의 파드가 실행돼야 하는지 설정하는 레플리카셋^{ReplicaSet}도 있습니다. 예를 들어 레플리카셋을 2로 설정하면 쿠버네티스는 2개의 파드를 생성하고 모니터링하면서 파드 수를 유지합니다.

sidecar.istio.io/inject는 이스티오 환경에서 파드에 엔보이 프록시 컨테이너를 함께 배포하게 합니다. 이 설정은 이스티오 사이드카 설정이 필요하며, 이어서 다룰 이스티오에서 설명합니다.

- spec.replicas

- spec.template.metadata.annotations.sidecar.istio.io/inject

- spec.container.image

- spec.container.env.name

- spec.volumes.name[tz-config]

예제 9-12 쿠버네티스 디플로이먼트

```
apiVersion: apps/v1
kind: Deployment
metadata:
  name: account
  labels:
    app: account
spec:
  replicas: 1
  selector:
    matchLabels:
      app: account
  template:
    metadata:
      labels:
        app: account
      annotations:
        sidecar.istio.io/inject: "true"
    spec:
      containers:
        - name: account
          image: cosmos/account:1.0.4
          ports:
            - containerPort: 8080
          imagePullPolicy: Always
          env:
            - name: SPRING_PROFILES_ACTIVE
              valueFrom:
                configMapKeyRef:
                  name: account
```

```
                    key: spring.profile
            envFrom:
              - configMapRef:
                  name: account
            volumeMounts:
              - name: tz-config
                mountPath: /etc/localtime
        volumes:
          - name: tz-config
            hostPath:
              path: /usr/share/zoneinfo/Asia/Seoul
    strategy:
      type: RollingUpdate
```

9.3.8 디플로이먼트와 시크릿

시크릿은 파드 환경 변수로 제공해 서비스 시작 시 데이터베이스에 접속하는 데 사용합니다. SECRET_USERNAME(1)은 서비스가 참조하는 환경 변수이고 secretKeyRef 하위의 name(2)은 앞서 생성한 시크릿 이름입니다. 마지막으로 key(3)는 시크릿 등록 시 사용한 키[username, password]입니다.

예제 9-13 디플로이먼트와 시크릿

```
env:
  - name: SECRET_USERNAME           (1)
    valueFrom:
      secretKeyRef:
        name: account               (2)
        key: datasource.username (3)
  - name: SECRET_PASSWORD
    valueFrom:
      secretKeyRef:
        name: account
        key: datasource.password
```

9.4 이스티오

넷플릭스 OSS와 스프링 클라우드로 마이크로서비스 아키텍처를 적용한 시스템을 개발할 수 있지만 각 서비스는 비즈니스 로직 외에 넷플릭스 OSS와 스프링 클라우드를 사용하는 다양한 코드를 포함해야 합니다. 서비스 메시 패턴은 넷플릭스 OSS나 스프링 클라우드와 같이 마이크로서비스간 연계, 관리, 운영을 위한 기능을 마이크로서비스와 분리해 서비스를 개발할 때 비즈니스에 집중할 수 있게 합니다. 서비스 메시 패턴의 주요 기능은 다음과 같습니다.

- 서비스 디스커버리Service Discovery

- 부하분산Load Balancing

- 동적 라우팅Dynamic Routing

- 서킷 브레이커Circuit Breaker

- 분산 추적Distributed Tracing

이스티오는 앞서 언급한 5가지 주요 기능을 제공하기 위해 서비스간 호출을 라우팅할 때 서비스를 직접 연결하지 않고 프록시를 활용합니다. 이스티오는 사이드카 패턴을 적용하면서 프록시인 엔보이Envoy를 파드내 컨테이너로 함께 배포합니다.

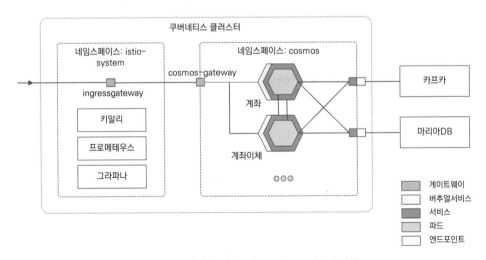

그림 9-11 쿠버네티스/이스디오 구성 요소와 요청 흐름

9.4.1 이스티오 설치

이스티오 설치 방법은 공식 홈페이지(https://istio.io)에서 제공하는 Getting Started 페이지를 참고합니다.

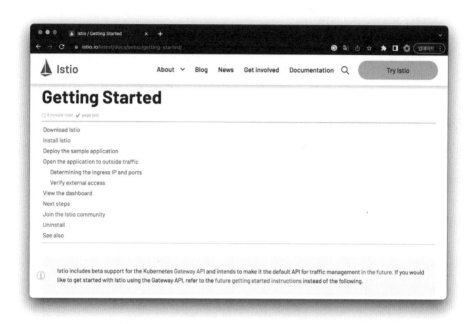

그림 9-12 이스티오 Getting Started

이스티오 설치 파일을 다운로드한 후 압축을 해제합니다.

예제 9-14 이스티오 다운로드 및 압축 해제

```
> curl -L https://istio.io/downloadIstio | sh -
```

istio 패키지로 이동해 클래스 패스(CLASSPATH)에 istio-{version}/bin 디렉토리를 등록하고 istioctl install 명령으로 이스티오를 설치합니다.

예제 9-15 이스티오 설치

```
> cd istio-1.13.3
> export PATH=$PWD/bin:$PATH
> istioctl install
✔ Istio core installed
✔ Istiod installed
✔ Egress gateways installed
✔ Ingress gateways installed
✔ Installation complete
```

9.4.2 네임스페이스 생성

앞서 개발한 서비스를 논리적으로 분리하기 위해 쿠버네티스에 cosmos 네임스페이스를 생성합니다.

예제 9-16 쿠버네티스 네임스페이스 생성

```
> kubectl create namespace cosmos
namespace/cosmos created
```

9.4.3 사이드카 설정

이스티오는 서비스 메시 패턴의 주요 기능을 사이드카 구현체인 엔보이 컨테이너로 대체합니다. 네임스페이스에 파드를 생성할 때 엔보이를 함께 배포하게 cosmos 네임스페이스에 istio-injection 레이블을 enabled로 설정합니다.

예제 9-17 이스티오 사이드카 설정

```
> kubectl label namespace cosmos istio-injection=enabled --overwrite
namespace/cosmos labeled
```

9.4.4 게이트웨이

이스티오 게이트웨이는 외부의 요청을 클러스터에 전달하면서 로드 밸런싱 및 호스트 라우팅을 담당합니다. 예제 9-18은 ingressgateway로 들어온 요청중 HTTP 프로토콜이면서 호스트가 cosmos.io인 요청을 cosmos-gateway가 수신하게 합니다.

예제 9-18 이스티오 게이트웨이

```
apiVersion: networking.istio.io/v1alpha3
kind: Gateway
metadata:
  name: cosmos-gateway
spec:
  selector:
    istio: ingressgateway # use istio default controller
  servers:
    - port:
        number: 80
        name: http
        protocol: HTTP
      hosts:
        - "cosmos.io"
```

kubectl apply 명령어로 cosmos 네임스페이스에 cosmos-gateway를 생성합니다. -f 옵션으로 yml 파일을 지정하고 -n 옵션으로 게이트웨이를 생성할 네임스페이스를 지정합니다.

예제 9-19 이스티오 게이트웨이 생성

```
> kubectl apply -f cosmos-gateway.yml -n cosmos
```

PC 환경에서는 cosmos.io 도메인을 hosts 파일에 등록합니다. 예제 9-20에서 172.30.1.90은 PC에 할당돼 있는 IP입니다. 이후에 설명할 프로메테우스, 그라파나, 키알리 도메인도 함께 등록합니다.

예제 9-20 /etc/hosts 도메인 등록

```
# cosmos
172.30.1.90 cosmos.io
172.30.1.90 prometheus.cosmos.io
172.30.1.90 grafana.cosmos.io
172.30.1.90 kiali.cosmos.io
```

9.4.5 버추얼 서비스

버추얼 서비스는 외부 요청을 파드로 전달하는 라우팅을 결정합니다. 단일 쿠버네티스에서 여러 호스트로 들어오는 서비스를 운영하면 여러 gateway를 생성해야 하므로 버추얼 서비스는 라우팅 규칙을 적용해야 하는 gateway를 spec.gateways에 지정합니다. 반대로 생각하면 앞서 생성한 cosmos-gateway에 라우팅 규칙을 등록한다고 할 수 있습니다.

예제 9-21에서 설정한 라우팅 규칙은 다음과 같습니다.

- /account/assets로 시작하는 요청을 같은 경로로 account 서비스로 전달(1)

- /api/account로 시작하면서 헤더에 service=account인 요청을 /account로 변경해 account 서비스로 전달(2)

- /account로 시작하는 요청에서 account를 제거하고 account 서비스로 전달(3)

예제 9-21 account 버추얼 서비스

```
apiVersion: networking.istio.io/v1alpha3
kind: VirtualService
metadata:
  name: account
spec:
  gateways:
    - cosmos-gateway
  hosts:
    - cosmos.io
  http:
```

```
      - match:                          (1)
        - uri:
            prefix: /account/assets
        route:
          - destination:
              host: account
      - match:                          (2)
        - uri:
            prefix: /api/account
          headers:
            service:
              exact: account
        rewrite:
          uri: /account
        route:
          - destination:
              host: account
      - match:                          (3)
        - uri:
            prefix: /account
        rewrite:
          uri: /
        route:
          - destination:
              host: account
```

kubectl apply 명령어로 cosmos 네임스페이스에 account 서비스로 라우팅하는 버추얼 서비스를 cosmos 네임스페이스에 생성합니다.

예제 9-22 account 버추얼 서비스 생성

```
> kubectl apply -f account-virtualservice.yml -n cosmos
```

> **참고**

라우팅 규칙과 논리적 AND/OR

서비스에 따라 match에 논리적인 AND와 OR 조건을 사용해야 하는 경우 들여쓰기와 하이픈(–)의 조합을 사용합니다.

첫 번째 규칙은 /api/account와 HTTP 헤더 값이 모두 만족하는(AND) 경우 요청을 라우팅하고 두 번째 규칙은 두 가지 조건 중 하나만 만족하면(OR) account 서비스로 요청을 라우팅합니다.

```
logical AND
- match:
  - uri:
      prefix: /api/account
    headers:
      service:
        exact: account

logical OR
- match:
  - uri:
      prefix: /api/account
  - headers:
      service:
        exact: account
```

예제에서 headers.service.exact는 서비스를 구별하는 용도로 사용하지만 account/v1처럼 API 버전을 포함하거나 headers.version.exact로 버전을 구별하는 헤더를 분리할 때 AND, OR에 주의해야 합니다.

9.5 프로메테우스와 그라파나

프로메테우스는 메트릭 기반의 오픈소스 모니터링 시스템으로 애플리케이션과 인프라의 성능을 분석할 수 있는 데이터를 수집하고 조회하는 기능을 제공하는 대표적인 시계열$^{Time-Series}$ 데이터베이스입니다.

- https://istio.io/latest/docs/ops/integrations/prometheus/

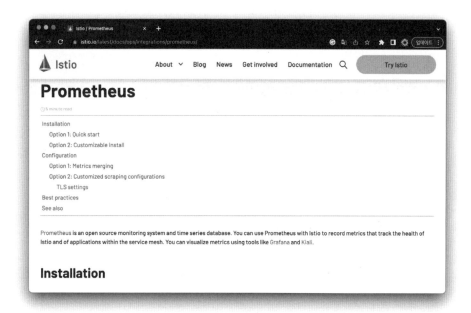

그림 9-13 이스티오와 프로메테우스 통합

그라파나는 프로메테우스에 수집된 데이터를 조회해 시각화하는 도구입니다. 이스티오는 프로메테우스와 그라파나 에드온을 제공해 손쉽게 모니터링 환경을 구성할 수 있습니다.

- https://istio.io/latest/docs/ops/integrations/grafana/

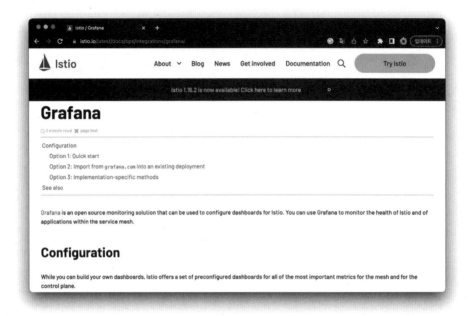

그림 9-14 이스티오와 그라파나 통합

9.5.1 프로메테우스와 그라파나 설치

프로메테우스 설치 가이드를 따라 kubectl apply 명령으로 설치합니다.

예제 9-23 프로메테우스 설치

```
> kubectl apply -f https://raw.githubusercontent.com/istio/istio/
release-1.15/samples/addons/prometheus.yaml
```

그라파나 설치 가이드를 따라 kubectl apply 명령으로 설치합니다.

예제 9-24 그라파나 설치

```
> kubectl apply -f https://raw.githubusercontent.com/istio/istio/
release-1.15/samples/addons/grafana.yaml
```

9.5.2 이스티오 게이트웨이

이스티오에 프로메테우스와 그라파나 애드온을 설치한 후 바로 클러스터 외부에서 접근할 수 없습니다. 앞서 cosmos-gateway를 생성한 것과 같은 방법으로 prometheus-gateway.yml을 만들고 prometheus.cosmos.io 도메인으로의 요청을 라우팅하도록 kubectl apply -f 명령어로 게이트웨이를 생성합니다.

예제 9-25 이스티오와 프로메테우스 게이트웨이

```yaml
apiVersion: networking.istio.io/v1alpha3
kind: Gateway
metadata:
  name: prometheus-gateway
spec:
  selector:
    istio: ingressgateway # use istio default controller
  servers:
    - port:
        number: 80
        name: http
        protocol: HTTP
      hosts:
        - "prometheus.cosmos.io"
```

prometheus-gateway로 들어온 요청을 prometheus 파드로 라우팅하기 위해

버추얼 서비스를 생성합니다. prometheus-virtualservice.yml 파일을 만들고 kubectl apply -f 명령어를 사용합니다.

예제 9-26 이스티오와 프로메테우스 버추얼 서비스

```
apiVersion: networking.istio.io/v1alpha3
kind: VirtualService
metadata:
  name: prometheus
spec:
  hosts:
    - "prometheus.cosmos.io"
  gateways:
    - prometheus-gateway
  http:
    - match:
        - uri:
            prefix: /
      rewrite:
        uri: /
      route:
        - destination:
            host: prometheus
            port:
              number: 9090
```

그라파나도 같은 방법으로 grafana-gateway와 grafana-virtualservice를 만들어 클러스터 외부에서 접근하게 설정합니다.

> **강조**
>
> 프로메테우스와 그라파나는 시스템과 관련있는 다양한 정보를 제공하므로 허용하지 않은 네트워크에서의 접근을 차단해야 합니다.

9.5.3 마이크로미터

프로메테우스 설치는 서비스의 메트릭을 수집하는 환경만 준비했을 뿐 스프링 부트로 개발한 마이크로서비스가 다양한 메트릭을 제공해야 합니다. 스프링 부트는 액추에이터[Actuator]와 마이크로미터[Micrometer] 조합으로 메트릭을 제공할 수 있습니다. 액추에이터와 마이크로미터를 사용하려면 pom.xml에 의존성을 추가해야 합니다.

예제 9-27 메이븐과 마이크로미터 의존성

```xml
<dependencies>
  <dependency>
    <groupId>org.springframework.boot</groupId>
    <artifactId>spring-boot-starter-actuator</artifactId>
  </dependency>
  <dependency>
    <groupId>io.micrometer</groupId>
    <artifactId>micrometer-registry-prometheus</artifactId>
  </dependency>
</dependencies>
```

스프링 부트에서 메트릭을 조회할 수 있는 엔드포인트를 application.yml에 설정합니다. 이 설정은 8090 포트로 마이크로미터가 수집한 다양한 메트릭을 제공합니다.

예제 9-28 스프링 부트 액추에이터와 마이크로미터

```yaml
management:
  server:
    port: 8090
  endpoint:
    metrics:
      enabled: true
    prometheus:
      enabled: true
  endpoints:
    web:
      exposure:
        include: "*"
  metrics:
    tags:
      application: ${spring.application.name}
    export:
```

```
prometheus:
   enabled: true
```

프로메테우스는 쿠버네티스 서비스의 prometheus.io 어노테이션 설정을 읽어 메트릭을 수집합니다. prometheus.io/path와 promethues.io/port는 각각 메트릭을 제공하는 스프링 부트의 RESTful API URL과 포트입니다. 예제 9-29는 쿠버네티스 서비스에 어노테이션으로 프로메테우스가 메트릭을 수집하게 선언한 것을 보여줍니다.

프로메테우스는 account:8090/actuator/promethues를 호출해 기본 주기인 15초 간격으로 메트릭을 수집합니다.

예제 9-29 쿠버네티스 서비스와 프로메테우스 설정

```
apiVersion: v1
kind: Service
metadata:
  name: account
  labels:
    app: account
  annotations:
    prometheus.io/path: /actuator/prometheus
    prometheus.io/port: "8090"
    prometheus.io/scrape: "true"
// 생략
```

그림 9-15와 9-16은 프로메테우스가 제공하는 프로메테우스 매트릭과 그라파나 대시보드입니다. 그라파나가 제공하는 대시보드는 https://grafana.com/grafana/dashboards/에서 검색해 임포트할 수 있습니다. 그림 9-16은 대시보드 ID 4701인 JVM(Micrometer)입니다.

그림 9-15 프로메테우스 메트릭

그림 9-16 그라파나 JVM(Micrometer) 대시보드

9.6 키알리

키알리는 프로메테우스에서 수집한 데이터를 기반으로 서비스간 의존 관계를 시각화하는 도구입니다. 이스티오는 프로메테우스와 그라파나와 같이 키알리와 통합된 애드온도 제공합니다. 키알리는 트래픽 흐름을 모니터링해 서비스간 의존 관계를 추론합니다.

- https://istio.io/latest/docs/ops/integrations/kiali/

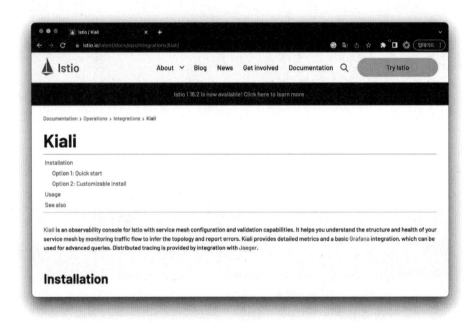

그림 9-17 이스티오와 키알리 통합

9.6.1 키알리 설치

키알리 설치 가이드를 따라 kubectl apply 명령으로 설치합니다.

```
> kubectl apply -f https://raw.githubusercontent.com/istio/istio/
release-1.13/sample s/addons/kiali.yaml
```

키알리는 예제 9-30과 같이 kubectl 커맨드로 설치하고 프로메테우스와 그라파나와 마찬가지로 외부에서 접근할 수 있도록 kiali-gateway, kiali-virtualservice를 생성합니다. 키알리의 기본 포트번호는 20001이므로 kiali-virtualservice.yml 파일에서 route.destination.port.n umber를 20001로 선언합니다.

9.6.2 키알리와 서비스 의존성

그림 9-18은 kiali.comos.io로 접속했을 때 배포한 transfer, account 마이크로서비스 그리고 broker(카프카)와 이스티오 구성 요소들의 의존 관계를 보여줍니다. 최근 5분 동안 transfer, account 서비스가 broker(카프카)를 이용해 이벤트를 발행하거나 소비한 것을 유추할 수 있고 갱신 주기를 조정하면 입금/출금/계좌이체에 따라 account와 broker간에 의존성이 있음을 보여줍니다.

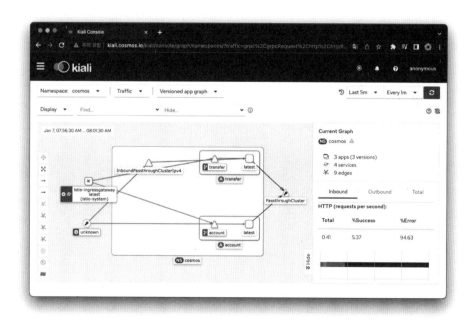

그림 9-18 키알리

9.7 요약

9장에서는 서비스를 배포하고 운영할 수 있는 도커, 쿠버네티스, 이스티오와 메트릭 기반의 모니터링 도구인 프로메테우스, 그라파나, 키알리의 설치 및 설정에 대해 알아봤습니다.

- 도커를 사용해 하이퍼바이저 기반의 버추얼 머신보다 빠르게 애플리케이션을 배포하고 확장할 수 있습니다.

- 쿠버네티스를 사용하면 서비스 배포 및 운영 비용을 절감할 수 있습니다.

- 쿠버네티스의 주요 구성요소로 파드, 컨피그맵, 시크릿, 서비스, 엔드포인트, 디플로이먼트, 레플리카셋이 있습니다.

- 서비스 메시 패턴을 구현한 이스티오를 이용하면 클라우드 환경을 고려하지 않고 비즈니스 로직에 집중해 마이크로서비스를 개발할 수 있습니다.

- 쿠버네티스와 이스티오 환경에서 프로메테우스, 그라파나, 키알리를 이용해 기본적인 모니터링 환경을 구성할 수 있습니다.

참고 문헌은 내용의 중요도가 아닌 출판일 순으로 정리했습니다.

- 『Uml Components: A Simple Process for Specifying Component-Based Software』, Addison-Wesley Professional, John Cheesman, John Daniels, 2000.

- 『Object Design: Roles, Responsibilities, and Collaborations』, Addision-Wesley Professional, Rebecca Wirfs-Brock, Alan McKean, 2002.

- 『Patterns of Enterprise Application Architecture』, Addison-Wesley Professional, Martin Fowler, 2002.

- 『UM for Java Programmers, 』 Prentice Hall, Martin, Robert C., 2003.

- 『Applying UML and Patterns: An Introduction to Object-Oriented Analysis and Design and Iterative Development An Introduction To Object-Oriented Analysis And Design And Iterative Development』, Prentice Hall, Craig Larman, 2004.

- 『Application Architecture Guide 2.0 Designing Applications on the .NET Platform』, Microsoft, 2008.

- 『도메인 주도 설계 소프트웨어의 복잡성을 다루는 지혜』, 위키북스, 에릭 에반스 저/이대엽 역, 2011.

- 『사용자를 생각하게 하지 마! 웹과 모바일 사용성 원칙으로 디자인하는 UX』, 인사이트, 스티브 크룩 저/이미령 역, 2014.

- 『도메인 주도 설계 구현』, 에이콘출판사, 반 버논 저/윤창석,황예진 역, 2016.

- 『Domain-Driven Design Distilled』, Addison-Wesley Professional, Vaughn ersion, 2016.

- 『Versioning in an Event Sourced System』, Leanpub, Gregory Young, 2017.

- 『Kotlin in Action』, Manning, Dmitry Jemerov and Svetlana Isakova, 2017.

- 『Microservices Patterns With examples in Java』, Manning, Chris Richardson, 2018.

- 『Microservices in Action』, Manning, Morgan Bruce, Paulo A. Pereira, 2018.

- 『클린 아키텍처 소프트웨어 구조와 설계의 원칙』, 인사이트, 로버트 C. 마틴/송준이 역, 2019.

- 『Docker in Action Second Edition』, Manning, Jeff Nickoloff and Stephen Kuenzli, 2019.

- 『쿠버네티스 인 액션 그림과 상세한 설명으로 명확하게 이해하는』, 에이콘출판사, 마르코 룩샤 저/강인호,황주필,이원기,임찬식 역. 2020.

- 『Svelte and Sapper in Action』, Manning, Mark Volkmann, 2020.

- 『Micro Frontends in Action』, Manning, Michael Geers, 2020.

- 『마이크로서비스 도입, 이렇게 한다 기업의 유연성과 확장성을 높이는 마이크로서비스 마이그레이션 패턴과 현장 사례』, 책만, 샘 뉴먼 저/박재호 역, 2021.

- 도메인 주도 설계로 시작하는 마이크로서비스 개발 핵심 개념과 패턴, 구현으로 배우는 - DDD와 MSA』, 한정헌, 유해식, 최은정, 이주영 저, 2021.

- 『Istio in Action, Manning』, Christian E. Posta and Rinor Maloku, 2022.

- 『Kaka in Action, Manning』, Dylan Scott, Viktor Gamov, Dave Klein, 2022.

- 『Practical Event-Driven Microservices Architecture Building Sustainable and Highly Scalable Event-Driven Microservices』, Apress, Hugo Filipe Oliveira Rocha, 2022.

- 『도메인 주도 설계 첫걸음 소프트웨어 아키텍처와 비즈니스 전략의 일치를 위한 핵심 패턴, 원칙, 실천법』, 위키북스, 블라드 코노노프 저/김민석, 오창윤 역, 2022.

- 『도메인 주도 개발 시작하기 DDD 핵심 개념 정리부터 구현까지』, 최범균 저, 2022.

- 『객체지향 UI 디자인 쓰기 편한 소프트웨어 디자인 원리』, 에이콘출판사, 소시오미디어 주식회사, 우에노 마나부, 후이지 코타 저/송지연 역, 2022.

- 『마이크로서비스 아키텍처 구축 대용량 시스템의 효율적인 분산 설계 기법』, 한빛미디어, 샘 뉴먼 저/정성권 역, 2023.

찾아보기

이벤트 소싱과 마이크로서비스 아키텍처

성공적인 이벤트 기반 시스템 구축하기

발　행 | 2024년 7월 30일

지은이 | 손 경 덕

펴낸이 | 옥 경 석
편집장 | 황 영 주
편　집 | 김 진 아
　　　　임 지 원
　　　　김 은 비
디자인 | 윤 서 빈

에이콘출판주식회사
서울특별시 양천구 국회대로 287 (목동)
전화 02-2653-7600, 팩스 02-2653-0433
www.acornpub.co.kr / editor@acornpub.co.kr

Copyright ⓒ 에이콘출판주식회사, 2024, Printed in Korea.
ISBN 979-11-6175-858-9
http://www.acornpub.co.kr/book/microservices-eventsourcing

책값은 뒤표지에 있습니다.